社会治理创新与
和谐社区建设：广东探索

岳经纶　管兵　等◎著

SHEHUI ZHILI CHUANGXIN YU
HEXIE SHEQU JIANSHE: GUANGDONG TANSUO

·广州·

版权所有　翻印必究

图书在版编目（CIP）数据

社会治理创新与和谐社区建设：广东探索/岳经纶，管兵，等著.—广州：中山大学出版社，2019.11

ISBN 978-7-306-06769-2

Ⅰ.①社…　Ⅱ.①岳…②管…　Ⅲ.①社会管理—研究—广东②社区建设—研究—广东　Ⅳ.①D676.5

中国版本图书馆 CIP 数据核字（2019）第 259223 号

出 版 人：	王天琪
策划编辑：	赵　婷
责任编辑：	赵　婷
封面设计：	曾　斌
责任校对：	裴大泉
责任技编：	何雅涛
出版发行：	中山大学出版社
电　　话：	编辑部 020-84110771，84113349，84111997，84110779
	发行部 020-84111998，84111981，84111160
地　　址：	广州市新港西路 135 号
邮　　编：	510275　传　真：020-84036565
网　　址：	http://www.zsup.com.cn　E-mail: zdcbs@mail.sysu.edu.cn
印刷者：	广州市友盛彩印有限公司
规　　格：	787mm×1092mm　1/16　19.75 印张　376 千字
版次印次：	2019 年 11 月第 1 版　2019 年 11 月第 1 次印刷
定　　价：	42.00 元

如发现本书因印装质量影响阅读，请与出版社发行部联系调换

目　录

前言 ……………………………………………………………………（1）

理论与研究编

社会治理与多中心合作体系的培育 ………………… 岳经纶　管　兵（3）
新世纪初期珠三角地方社会治理创新探索 ………… 岳经纶　谢　菲（17）
社区治理的广州探索：多元参与的视角 …………… 岳经纶　李　宏（34）
社会治理创新中的协商民主：珠三角公共服务政策的
　　公众评议实践研究 …………………………… 岳经纶　刘　璐（76）

实践与经验编

社会工作委员会与广东社会治理创新 ……………………… 温金荣（93）
广东社区文化建设：现实与挑战 …………………………… 江　蓝（103）
广东社区社会组织：发展与反思 …………………………… 郭英慧（119）
广东社区社会服务：发展与问题 …………………………… 谢　菲（134）
佛山市南海区农村社区治理创新试验："政经分离"
　　………………………………………………… 李晓燕　岳经纶（144）
珠海"双层社区建设"：创新与局限 ………………… 岳经纶　钟　嫦（155）
中山和谐社区建设：城乡一体化的先行者 ………………… 邓智平（187）
广州社区"网格化管理"实践研究 ………………………… 韩清颖（202）
云浮和谐社区建设：传统文化的现代转身 ………………… 陈　勇（216）
珠海社区民主治理的探索 …………………………… 岳经纶　方　萍（227）
城市社区治理改革的"深圳经验"：回顾与
　　反思 …………………………… 马卫红　汪宇慧　王春红（243）

调查报告编

广州市越秀区社区公共服务调查
  报告 ·· 越秀区民政局和中山大学课题组（255）
中山市公益创投公众评议报告 ··················· 岳经纶 庄文嘉 易 剑（289）

后记 ··（305）

前　言

　　党的十八大以来，以习近平同志为核心的党中央高度重视国家治理体系的构建，从"治理"进入政策话语到党的十八届三中全会将治理作为全面深化改革的目标，一个整观性的、覆盖各领域、各层次的治理格局逐渐形成。社区是国家治理的基本单元和应对社会主要矛盾变化的基层场域。加强社区治理，是创新和发展社会治理的基础工程、推进城乡社会治理体系和治理能力现代化的重要组成部分。城乡社区治理关乎党和国家大政方针的贯彻落实、基层社会的稳定和谐与千家万户的切身利益。在十九大报告中，高度重视社区治理问题，凸显了社区治理与社会治理的紧密关系。十九大报告着眼于新时代党和政府进行伟大斗争、建设伟大工程、推进伟大事业、实现伟大梦想，对社区治理现代化和法治化提出了新的时代要求，把实现党、政、社共治共建共享作为重大历史任务摆到全党和全社会面前。我们必须认真贯彻落实党的十九大精神，以实现社区居民集体福利最大化为指引，不断总结社区治理经验，坚持问题和服务导向，聚焦群众反映强烈的突出问题，持续用力，久久为功，将城乡社区治理常态化，与时俱进地推动社区治理体制和实践创新。

　　社区虽小，牵涉千家万户。社区治理的最终目的不在于政府绩效的提升，而是民生诉求的有效回应。随着社会转型和改革深化，中国特色社会主义进入新时代，我国社会主要矛盾已经转化为人民日益增长的美好生活需要和不平衡不充分的发展之间的矛盾。我国社会主要矛盾的变化是关系全局的历史性变化，对党和国家的社区治理工作提出了许多新要求。加强社区治理体系建设，推动社会治理重心向基层下移，发挥社会组织作用，实现政府治理和社会调节、居民自治良性互动。在党和国家大政方针指引下，我国社区治理创新实践取得丰富成果。例如，南京市推动社区体制改革减负增效，促进社区组织去行政化；北京市朝阳区开展党政群共商共治工程，推动共享共治治理格局的构建；沈阳市沈河区实施社区"还权、赋能、归位"工程，重塑基层政府与社区组织关系，提升社区组织自治活力；上海市徐汇区"三一两全"的社区惠民工程，推进条线信息系统资源共享，有效提升社区服务整体效能；湖北省秭归县"幸福村落"建设的创造性战略构想，打开农村社区治理新局面。

作为改革开放的先行者,广东一直走在经济社会改革的前列。改革开放以来,广东充分利用政策、地缘和人缘优势,抓住各种机遇,以"敢为天下先"的精神,在全国经济改革中先行一步,率先建立起社会主义市场经济体制。随着经济的快速发展,广东省在1996年就实现了人均GDP超过1000美元的目标,较早地进入了社会矛盾凸显期。在经济高速增长的表面下,隐藏着经济增长与社会发展不协调的矛盾,这些矛盾主要体现为公共服务供给不足、社会力量发展相对滞后。

进入21世纪以来,特别是党的十六大以来,随着科学发展观以及和谐社会理论的提出,中国改革进入了一个以社会改革为主体的新阶段,要求转变社会政策长期以来从属于经济建设的不和谐局面。在此背景下,广东适时地推出了社会领域的改革,再次走在社会改革的前列。2011年,中共广东省委十届九次全会通过的"广东省委省政府关于加强社会建设的1+7文件",标志着广东省社会改革全面进入快车道,社会建设取得了和经济建设同等的地位。党的十九大报告作出了"中国特色社会主义进入新时代"的重大决策,并据此绘就了决胜全面建成小康社会的蓝图,并就新时代中国特色社会主义发展作出了战略安排。新时代、新目标、新安排,意味着城乡社区治理进入新的发展空间。广东省各级党委、政府认真学习党的十九大报告关于社区治理的论述,以及习近平总书记关于广东"在营造共建共治共享社会治理格局上走在全国前列"的重要指示,努力走出一条具有广东特色的社区治理发展之路。

近年来,广东省社会改革亮点频出,在基层社会治理创新方面创造了丰富多样的经验。这些经验材料可以让我们对政府与社区的关系、社区内社会资本的成长、基层社会组织与社区的关系演变有一个详细的考察,从而回应国家治理与社会治理、社会治理创新与社区治理创新,乃至国家与社会的相关问题。

本文集以广东省不同地区的社会治理具体经验作为案例,通过收集现实经验材料,调查了解不同社区的全面情况,尤其是社区发展的历史;也通过对社区活跃人士、基层政府干部、相关社会团体的工作人员等进行的多次访谈,了解到社区与其他组织的关系;或者依据统计数据进行整体宏观的分析,从不同层面和角度展示广东省在建设和谐社区中的具体制度和实践。最近几年以来,政府开始强调政府的服务理念,并切实投入资金和人力提供和改善公共服务。这当中的很多公共服务都是通过基层社区提供的。政策的转变和公共服务方面的投入是否给社区基层带来了变化?尤其是,基层社区是否能在提供公共服务的过程中促进自身能力的发展?这些经验材料可以在一定程度上回答上述问题。

基层治理的焦点和难点在于:基层是国家与社会交汇之处,在这一治理层面上，既需要不折不扣地完成自上而下交代下来的各种行政任务，又需要因地制宜地满足自下而上提出的差异化的需要。这一结构性特点塑造了基层治理的具体模式。社区建设更是在这一结构性的体制中展开的，有着机遇，也有着系统性约束。和谐社区建设的具体经验就是利用发展带来的具体机遇去克服一直存在的系统性约束，增加新的治理因素，改革和调整旧的因素。广东省在这些方面不断作出尝试，探索能够满足多方面需要的治理之道。

本文集中关于不同地区的案例介绍，向我们描述了地方政府的社会治理创新与弱社会发育的关系。在具体领域上，理论与研究编中的文章分别介绍了广东省在不同领域的社会建设和治理实践，力图展示一幅相对完整的图景。在社会治理领域，广东省一直是先行先试区域，全省进行了大胆的制度探索，引领实践，积累了丰富的经验。我们认为，社区政治文化、社区社会组织、社区社会服务是当前建设和谐社区的重中之重。社区政治文化包括社区居民的自治参与、集体活动、政府与居民的合作与互动，是和谐社区建设的基础。社区社会组织是社会治理与社区建设的具体落脚点，居民的自治和参与需要依赖社区社会组织，政府在社区递送公共服务也需要社区社会组织的合作与参与。并且，社区社会组织的发展和培育是一个非常具体并且可行的策略，这一点可以作为弱社会发育的一个起点。社区社会服务是和谐社区建设的最终目的，也是政府职能转变的重心，尤其是在社区层面，政府的核心职责就是提供和落实公共服务。

实践与经验编中介绍了广东省一些有代表性的社会治理创新与和谐社区建设案例。这些案例包括佛山南海的基层社区改革、中山和谐社区建设、广州的网格化建设和相关的社区建设、云浮和谐社区建设、珠海和谐社区建设、深圳市和谐社区建设等的经验。整体而言，这些案例代表了广东省在和谐社区建设中的整体情况。广州市是国家级特大城市，也是省会城市，人口多且居住密集，经济总体规模大，外来人口多，其社区治理一直具有代表性和指标性意义。深圳、珠海是经济特区，深圳更是特大城市。与广州和深圳不同的是，佛山和中山这些地方正在经历急速的城市化进程，一些农村地区也实现了高度城镇化，镇街经济高度发达。相对而言，云浮地处广东省经济相对落后地区，但云浮根据本地实情，也积极进行了社会治理创新，产生了较大影响，成为其他地区学习借鉴的一个典型。

岳经纶　管兵
2018 年 7 月

理论与研究编

社会治理与多中心合作体系的培育

岳经纶 管 兵[*]

社会治理创新与和谐社区建设的核心是公共服务供给。随着公共管理实践的发展，人们越来越认识到，公共服务供给不仅仅是政府的义务，建立多元的、多中心的公共服务供给模式已成为学术界的共识（Ostrom，2000；杨团，2002；Ostrom，2010）。然而，在中国强政府弱社会的整体格局下，社会应该如何扮演好提供公共服务的另一个中心的角色呢？进一步说，弱社会如何才能在强政府的环境下得到发育、壮大并有自治和提供公共服务的能力？

作为政府、市场之外的第三部门，社会的发育与市场、政府密切相关。长期以来，学者非常关注中国经济改革和开放给社会带来的变化，普遍认为市场经济的发展会促进社会的发展（White, et al., 1996）。对于政府的作用，普遍关注的是政府与社会的紧张关系，尤其是政府对社会的控制和管理，而很少关注政府对社会发育的正面作用。随着社会群体利益的分化以及公共服务需求的多样化和复杂化，政府已经无法作为单一的公共服务提供者。培育社会力量作为公共服务供给的另一个中心，已经成为政府的客观需求。最近一些年，各地涌现了多种多样、鲜活耀眼的社会治理创新实践，这其中非常多的类别都集中在政府与社会如何有效合作方面。实践的新发展，要求学者们以更大的热情去关注国家在促进公民社会（Civil Society，即公民组织或公民团体）发育方面的正面作用。

一、公共服务供给与弱社会的困境

良好的公共服务供给至少在两个方面依赖于一个社会的发育程度。第一，公民社会和社会资本理论都讨论过各种志愿团体、利益群体、社会团体的活动可以促进政府的治理，尤其是在民主国家（Biox and Posner, 1998；Edwards

---

[*] 岳经纶，中山大学中国公共管理研究中心、政治与公共事务管理学院教授；管兵，华南理工大学公共管理学院教授。

and Foley，1996；Ehrenberg，1999；Putnam，1993）。社会资本和公民社会可以让民主或者政府的政策运转起来。毫无疑问，这可以推论出社会资本和公民社会可以让政府的公共服务政策运转起来。对中国农村的研究也发现，村庄中社会资本和社会组织的发育情况也直接跟农村的公共服务提供水平和质量显著相关（Tsai，2007；孙秀林，2011）。农村中的这些社会组织可以通过非正式的规则和行为准则来约束地方基层干部和村干部。相对于没有这些社会组织的村庄，存在这些社会组织的村庄可以促使村干部和地方政府提供更好的公共服务（Tsai，2007）。

第二，各种社会组织本身就是提供公共服务的重要渠道。这跟许多国家和社会的历史传统是一致的，比如在有着深厚自治传统的美国（托克维尔，1997；奥斯特罗姆，等，2004）。托克维尔发现美国乡镇有着长期自治的传统，乡镇公共事务完全由地方公民组成的各种委员会来处理。当地公民还组成大量社会组织，参与地方治理和公共服务的供给（托克维尔，1997）。波兰尼（1951）首先提出"多中心"一词，区别了组织社会任务的两种方法或者两种秩序：一是设计的或者指挥的秩序，由终极的权威协调，该权威通过一体化的命令结构实施控制。这就是一元的或者单中心的秩序。另一种类型定义为"自发的"或者多中心的秩序。在这种秩序下，不同行为主体是相互独立的，但是彼此之间能够协调。在普遍的规则体系中确定相互关系。在这些规则下，个人决策者可以自由地追求自己的利益，但这些规则会约束和塑造追求利益的行为和结果。奥斯特罗姆夫妇后来在此基础上提出多中心的治理模式。他们在1961年针对大城市管理体制提出：大城市地区的治理模式应看作多中心的政治体制，而不是由单一政府垄断提供公共服务的模式（Ostrom, et al.，1961）。在多中心的秩序中，公共服务的提供依赖于商业企业、立法机关、政党、公共机构的决策者进行的战略计算（Ostrom，2010）。公共服务供给是由多个性质的组织共同努力实现的。

从这两个方面出发，社会的发育对于提供公共服务至关重要。社会要么可以让政府的公共服务政策有效运转起来，要么可以直接提供各种公共服务。但在一个弱社会的背景下，首要的问题是社会如何才能组织起来。埃莉诺·奥斯特罗姆（2000：51）在她的名著《公共事物的治理之道》中写道："本项研究的中心问题是一群相互依赖的委托人如何才能把自己组织起来，进行自主治理，从而能够在所有人都面对搭便车、规避责任或其他机会主义行为诱惑的情况下，取得持久的共同收益。必须同时解决的问题是如何对变量加以组合，以便：（1）增加自主组织的初始可能性；（2）增强人们不断进行自主组织的能力；（3）增强在没有某种外部协助的情况下通过自主组织解决公共池塘资源问题的能力。"

国家与社会力量的强弱以及两者的关系直接影响到公共服务供给中是否能够实现多中心供给模式。如果我们把国家能力分为强弱两类，社会力量也分为强弱两类，那么交互之后可以有四种国家社会关系类型（表1）。按照米格代尔（2009：4）的定义，"国家能力"包括渗入社会、调节社会关系、提取资源，以及以特定方式配置或运用资源四大能力。强国家是可以完成这些任务的国家，弱国家则相反。通过对国家能力强弱的划分以及社会发育程度强弱的划分，最终形成四种国家社会关系模型，即强国家强社会、强国家弱社会、弱国家强社会、弱国家弱社会（米格代尔，2009）。

表1　国家社会关系与公共服务提供模式

	强国家	弱国家
强社会	多中心供给模式 冲突/协商 公共服务供给良好	地方自治 公共服务供给稀缺
弱社会	政府主导 吸纳/培育社会力量 公共服务供给有限	政府社会无力供给 公共服务缺失

资料来源：参考米格代尔对国家和社会关系模式的划分（米格代尔，2009：37），这里增加了公共服务供给模式。

社会相对于国家而存在，社会的发展毫无疑问与国家密切相关。但长期以来，学者们看到更多的是社会发育对政治制度运转的影响，这方面的经典著作是普特南（1993）关于意大利的研究。通过对比，普特南发现意大利北部的公民社会发育较好，社区中的社会资本发育较好；意大利南部则发展较差。由于这种差异，民主制度在北部可以有效运转起来，在南部却无法得到有效实施。对普特南研究的一个主要批评来自塔罗。塔罗（1996）的核心批评意见是普特南的研究结论并不能经受时间和空间的检验。把意大利的历史更向前推，可以发现意大利南部缺乏社会资本的根源在于国家本身，是国家本身最终导致了民主制度无法在南部有效运转。无论是在诺曼底人统治时期，还是在1861年建立统一政府后，意大利的统治者总是把南部作为外国来看待，采取殖民剥削的统治方式，运用多种策略破坏当地民众之间的信任，激化他们的内部冲突，消除内部的横向联系，来维持垂直的由上而下的依赖和剥削（Tarrow，1996）。国家力量破坏了南部的社会资本，最终让民主制度无法在南部有效运转。这一点不能仅仅从社会资本上去解释，社会资本只能是一个中间变量。由此可以看到国家在社会发展中的作用。

在中国，众多学者把公民社会的发育与市场经济的发展联系起来，尤其是在经济活动比较活跃的城市（Pearson，1997）。在政府与社会关系方面，学者也主要关注国家对社会发育的管理和控制，而对国家在社会发育中的作用关注较少（Unger and Chan，1995）。然而，国家对社会发育的作用显然不是单一的，绝不能只从一个维度去看待。这一点在一些商业协会性质的社会组织上有明显的表现，地方政府出于服务地方经济和有效协调行业发展的需要，会投入时间和财力去促进这些商业协会的发展（White，et al.，1996）。

长期以来，城市基层的治理是大政府小社会的典型写照。虽然有学者呼吁建立城市基层多中心的公共服务供给模式（杨团，2002），但城市基层社区力量的发育始终是一个核心问题。如果社区本身无法发育出有效的组织力量，那么多中心的治理只能是空谈。社区社会资本和社会组织的发育显然跟市场经济的深入发展密切相关，尤其是私有商品房业主出于保护产权利益进行的维权活动和组建业主委员会，都有效地促进了基层社区的发展（管兵，2010）。然而，并非所有的社区都能够自我组织起来。城市基层社区仍普遍面临着弱社会的问题。在这种情况下，弱社会如何发育，才能具有提供公共服务的职能？本文中的各项研究实际上都以公共服务在基层供给模式的转变作为具体的案例，来看待政府在公共服务方面的投入对基层社区的影响。不过，整体上，从政府的公共政策方面分析社区社会资本和社会组织发育的研究还不够充分。

二、社区治理的多元研究

社区是连接国家与社会的节点，社区研究是透视国家与社会关系的重要领域。长期以来，公共管理、政治学、社会学等各门社会科学都对这一领域进行了广泛而深入的研究。我们在这一部分从宏观、中观、微观的视角进行对社区治理文献的介绍。

（一）宏观视角下的社区治理：国家与社会的关系

社区作为一个城市的基本细胞和基层单位，其治理的发展趋势通常与国家、社会间的关系有关，因此，国家与社会的关系就成为影响社区治理的重要价值导向之一。国内外学术界对于城市社区治理过程中国家与社会的关系在宏观上形成了三种理论取向：一是国家中心主义理论；二是公民社会理论；三是法团主义理论。三种理论侧重于不同的面向，聚焦于不同的问题，从多个维度上丰富了我们对社区治理的理解。

1. 国家中心主义的取向

国家中心主义理论以黑格尔和吉登斯为代表。国家中心理论认为国家是绝对的,更加肯定国家政府对公民社会的渗透与统治的政治性,因为只有它才能体现伦理的价值准则。黑格尔的主要观点有:第一,国家与公民社会的关系是互相依赖的关系;第二,国家是目的而不是一种手段;第三,在社会进程中,公民社会在道德伦理上是不自足的、低下的,只能依靠国家来解决问题。受到国家中心主义理论影响的社区治理更加强调国家、政府对社会力量的渗透,强调限制社会力量的发展,强调国家在社区治理中占绝对的主导地位。

基于国家中心主义的理论视角,学者倾向于强化基层社区管理以保证基层的稳定发展。经济的增长、需求的增多引发的基层社区的动荡凸显了社区治理的弊端,整合"碎片化"的社会迫在眉睫。朱健刚(1997)用"社区行政建设"这一概念来指代社区建设中城市基层的行政化建设,以街道办事处为中心的社区行政权力体系能够加大行政力度,增强国家力量,从而使得街区成为真正的一级政府。国家中心主义取向的学者更强调坚持国家的自主性和国家能力,强调党和政府在社区治理中的主导作用,并提出"强国家、弱社会"的模式。

2. 公民社会的取向

公民社会理论的典型代表人物是约翰·洛克。洛克(1964)认为"公民社会先于或外于国家"。这一论述强调了个人权利的天赋性以及公民社会对国家的优先性,在一定程度上否定了国家置于公民社会之上的正面意义,并对国家侵吞公民社会作出了强有力的回应。自由主义的公民社会观更加强调社会与国家的分离甚至是对立与抵抗。这种理论指导下的社区治理会更加强调自下而上的改革和发展模式,强调与政府脱离干系,强调真正意义上的社区自治。

公民社会的理论视角强调,中国社区建设的目标应该是逐步实现社区民主以及社区自治。基于此,研究者将目光聚焦于社区建设的"行政化"问题上。顾骏(2001)首次提出"行政社区"这一概念,并强调目前的社区建设正处在"行政社区"的困境中,而行政因素的渗透在一定程度上挤占了社区的空间,并使得自组织力量及其运行机制难以发挥其重要作用。"自组织"这一概念便是近年来中国学界对"公民社会""自治"研究范式反思的结果。这一概念强调的是一定范围内的社会成员主动通过契约、协商和谈判等方式结成相应组织的过程。此外,部分学者还以"社会资本"为切入点对社区治理进行了探讨,这同样是公民社会理论取向的一个方面。孙立平(2002)提出社区是培养公民精神和培育社会信任最重要的地方,社区发育的真正内涵就是社会资本的创造。

3. 法团主义的取向

对于国家与社会的关系,法团主义观与公民社会观有很大的区别。法团主义不同意公民社会的观点——国家是不得不忍受的恶,社会先于国家产生并凌驾于国家之上;相反,它认为"国家是影响利益构成和团体作用的决定性力量,应当寻求在利益团体和国家之间建立制度化的联系通道"(张静,1998)。法团主义理论的典型代表人物菲利普·施密特(1974)认为,经济、社会、政治行为不能仅仅依据个体选择和偏好或者公共机构的习惯和指令来理解。法团主义主张国家将介于国家与市场之间的半自治组织团体吸纳到体制中,让他们在接受国家统一管理的同时参与制定公共决策,以此来避免不必要的冲突与斗争。换句话说,就是这些民主团体成为沟通国家与个体间关系的桥梁。同时,施密特提出了社团的六大特征:①数量有限;②非竞争性格局;③以等级方式组织;④具备功能分化的特征;⑤或者国家直接组建,或者获得国家认可而具有代表地位的垄断性;⑥在组织支持、利益表达等方面,国家行使一定的控制权。在法团主义理论影响下的社区治理往往会倾向于强调社会组织的发展,强调社区组织的融入,强调社会利益与国家整合的正当性。

基于法团主义的理论视角,学者强调国家与社会从来就不是对立的,基层社区发育与国家基层政权建设应该是重合的,代表国家和社会力量的两个群体在自下而上和自上而下的实践过程中相互依赖、相互发展,实现利益最大化。胡位钧(2005)强调了"内卷化"的概念,并提出片面强调国家的自主性和片面强调社会的主体性都是不符合实际的,因为国家与社会之间从来都不是简单的零和博弈,与其关注国家与社会两股力量的此消彼长,倒不如探讨两者之间的互动方式。治理理论的兴起在一定程度上对国家与社会关系的分析架构产生了拓展作用,并带来了研究的新趋向——建立在"社会中的国家"。这是一种新型的国家与社会关系范式,凸显了国家与社会之间存在正和博弈关系的可行性,也与治理理论的最终目标——善治相符。魏娜(2003)指出,社区环境的改善、社区经济的发展、社区居民生活质量的提高,有赖于政府与社区组织、非营利组织和社区居民的共同努力,只有国家和社会通力合作,才能实现"善治"。

(二)中观视角下的社区治理:组织及其关系

从具体的研究内容来看,学界的研究具体集中在以下几个方面:对社区权力问题的研究,对社区组织及其关系的研究,对社区治理模式转变的原因及动力的研究。

1. 对社区权力问题的研究

由于权力的一元化、精英化与多元化的分布会对社区互动、社区关系、社区工作产生一定的影响,从而影响社区治理的展开,社区权力资源的分布被视为影响社区治理效果的最重要因素。因此,在一定程度上,社区治理结构的核心就是社区的权力结构,即谁掌握了社区的资源,谁就掌握了社区的话语权。

对社区权力的研究最早可以追溯到美国社会学家林德夫妇1929年所写的《中镇》,书中描述了某家族控制社区商业的现象。正是林德夫妇对中镇社区权力不对等现象的描述,引发了众多学者对社区权力的极大关注。受到国外社区权力研究的启发,我国学者认识到社区权力不单是社区资源分配的结果,还是社区资源分配的起因。社区权力资源的分配一方面影响着社区组织的地位,另一方面则影响着社区组织间的关系。朱健刚(1997)认为,目前街区权力网络属于三叠组织网络,包括街道党工委的网络、街道办与居委会的行政权力网络以及社会中介组织构成的非正式权力网络。这表明了街区内的权力资源不再局限于政府一方,越来越多的社区自治组织和社会中介组织都将参与到权力资源的分配中,实现权力资源三方共享。李友梅(2003)通过对康健社区的考察,阐述了社区资源分配的不同给居委会、业委会和物业公司带来的一系列社区交易行为以及权力竞争的基本状态,进而引出社区权力秩序的不稳定特性。

2. 对社区组织及其关系的研究

社区内的各类组织不单单是城市社区的治理主体,还是社区管理体制的落脚点,在某种程度上,社区组织建设的好坏以及社区组织间关系的协调程度影响着社区治理的效果。当前对社区组织的研究成果主要集中在居委会组织、居委会组织内部的制度分化以及社区组织间关系的研究,对社区其他自治组织、社区党组织、非营利性组织等的研究缺乏深度,更多的是停留在原则性讨论的阶段。

对居委会组织的研究可以分四个方面来理解:一是对居委会组织及其职能历史演变的研究,受社会转型、政治生态变化和经济变迁的影响,居委会的职能产生改变,但其应然角色应该是自治;二是对居委会选举的关注,这更多是政治学层面上的关注,因为以何种方式开展居委会选举工作对于社区治理是至关重要的,特别是如今权威性领袖人物在社区建设中仍占有重要地位;三是针对当前居委会组织存在"双重角色"或者"强行政性"等问题展开的,其目的为"去行政化";四是对居委会组织过度行政化的原因分析,包括权威主义行政体制惯性、民间资源不足和政策执行不力等方面。曹锦清(2000)通过对居委会组织的工作性质、工作目的、工作类型以及工作量进行个案研究,用实际数据表明居委会工作的行政性倾向。随着社区管理实践进程的推进，居委会内部出现了制度分化，这主要体现为居委会内部承接政府职能、居委会议事职能、居委会执行职能之间的分化，这就使得居委会组织内部出现了分工的精细化。对于居委会组织内部分工的研究主要集中于政府机关的研究人员，其目的更多的是出于对基层社会的控制。

对社区党组织的研究除了考察基层党组织的协调地位和协调能力之外，还有社区党组织的角色定位以及改革方向。徐中振、李友梅（2003）提到社区党组织试图通过向社会延伸重建权力秩序，但却因为其思维方式和组织体制存在一定的局限性而难以有效地应对社区的复杂环境；陈伟东（2004）认为，社区党组织是社区自治事务的决策者和领导者，社区组织应该服从党组织的领导，在党组织的领导下开展工作，但是社区党组织与社区居委会的关系又不是上下级的领导与被领导的关系，而是相互扶持、相互协商、相互合作的关系；部分学者对此作出了回应，打着"社区自治"旗号的社区建设其实更多是政府的无奈之举，一方面鼓吹社区自治，另一方面则设置新的决策主体——社区党支部，这容易使得社区自治流于形式，为此，应取消社区党组织对社区居委会的领导权力。

对社区组织间关系的研究主要是围绕社区党组织、居委会、业委会和物业管理组织之间的关系来展开的，其中最突出的是社区党组织与居委会组织间的关系以及业委会与物业管理组织的关系。徐勇、陈伟东（2002）指出社区党组织与居委会难以协调一致是常态，为了降低二元对立所带来的内耗，提高两大组织的办事效率，社区党组织应该走组织内置化的道路。在业委会与物业管理公司的关系上，徐中振等（2003）指出，由于业委会不具备法人资格，在与物业管理公司的关系中通常处于弱势，并难以为业主谋取利益；李友梅（2002）通过对上海康健社区居委会、物业管理公司、业委会三者的组织行为特征、介入社区生活的方式与组织间关系进行了研究，指出社区权力秩序是动态的，是通过彼此之间的竞争、合作和冲突来构建的，且基层社区组织是追求自身利益最大化的行动者。

3. 对社区治理模式转变的原因及动力的研究

这类研究主要从两个不同的研究视角展开：单位制理论与市场转型理论。

单位制理论之所以能够合理地解释我国基层社区治理模式的演变，主要有以下几点原因：①相对于单位制管理，街居制所管理的范围较窄且有边缘化的趋势，从单位制逐步过渡到社区制是社会管理创新的基本要求；②经济改革使得城市社区逐步向"非单位社区"过渡，在这一过程中产生了大量的"无单位"人员，此外，单位制的解体还在一定程度上瓦解了社会弱势群体的社会支持网络,社会支持网的重塑、社会人员的身份认同以及"无单位"人员的"单位"情感都只能通过社区、通过改变治理模式予以配合;③单位制下的企业社会职能过重,而由于现代企业制度的建立,社会职能逐步转移出去了,但城市政府却缺乏相应的体制来承担,因此,类似的问题重新落在社区,从而推动着基层社会管理的改革;④单位制的解体使得党组织面临新的挑战,要想实现党建与基层民主建设的良性互动,同样需要社区基层管理的改革。确实,社区治理模式的转变是从单位制的解体开始的,单位制理论的研究成果很好地回答了政府为什么要转变社区治理模式这一问题。当然,单位制理论也存在一定的不足:对国家、市场和社区三者间的关系解释得不太透彻。

市场转型理论主要研究市场制度发育、产权制度改革及其带来的社会分层、社会不平等、精英转变等问题。孙立平(2002)运用市场转型理论来分析社区转型,他指出,该理论较少关注人们的日常生活及其组织形式的变化,使得其对"社会转变"的认识不全面,当前社区研究的重点应该是单位与社区的关系及其变化过程与模式;王文元(1999)认为,国家、市场、社区三者之间在功能上是密切联系的,市场的发达程度越高,社区为人们提供的服务范围就越大,社区从政府那里承接的功能就越来越多,这就要求改变当前的社区治理结构;马仲良(1999)则认为市场化改革在一定程度上分化了中国社会结构,社区、市场和国家之间的分工更加清晰,同时也提升了社区居民间互助、互惠、互利的关系。

(三)微观视角下的社区治理:居民参与

对于社区治理的分析,微观的视角聚焦于社区治理中一个不可或缺的主体——人身上,社区正是由成千上万的居民组成的,居民对于社区事务的认识与参与、居民之间的关系、居民与社区组织、居民在社区的归属感都直接影响社区治理的效果。关于社区中居民参与的研究主要可以分成以下几个方面:居民参与和社区类型间的关系、影响居民参与的因素以及居民参与的动力机制。

张宝锋(2006)通过对Z大学的研究发现,单位型社区居民很少参与到社区事务的决策与监督中,存在参与意识弱、参与程度浅、参与内容简单、参与结构不合理等问题;陈鹏(2009)通过对新型商品房社区的考察发现,相比较而言,新型社区的业主更愿意共同行动,参与社区治理的意愿较为强烈,参与的程度更深一点。因此,新型商品房社区较之传统社区有更广泛的居民参与。

何康(2007)认为,一方面,"单位人"对单位产生了严重的依赖;另一方面,社区由于自身造血能力不足使得其难以单独寻求发展,这都使得居民的主动性和自觉性偏低，难以有效地参与社区治理；崔彩周（2009）从居民参与制度保障的角度出发，发现居民参与渠道的不顺畅、制度化环境的不够完善以及政府的行政主导地位都影响了居民参与的积极性；徐中振（2000）从社会文化的角度来剖析原因，指出家庭本位是中国传统文化的基石，缺乏公德的伦理基础，此外，居民习惯了单位参与和单位意识，缺乏新时期的社区参与意识，这些都在一定程度上影响了居民参与。

三、社会治理与弱社会的发育：以和谐社区建设为例

中国当前的宏观背景是大政府、小社会的格局。在这种大背景下，城市基层治理表现出非常明显的行政化（敬乂嘉、刘春荣，2007）。同时，城市基层治理缺乏市民的参与（熊易寒，2008）。破解这种情况要依靠两个方面：第一，政府出于基层治理的需要，需要加强基层自治组织的力量，基层自治组织的壮大有利于提供基层公共服务，并能够培育社会组织。第二，城市基层出现了新现象并积累了大量的问题，政府必须对这些现象和问题作出反应。在自上而下的治理需求和自下而上的公共服务需求的结合下，城市基层有可能发生根本的变化。在一些社区里，出于维权的需要，再加上有强有力的领袖人物，居民的自我组织能力非常强大，并不需要政府去培育社区内的民间组织（管兵，2010）。然而，对于一些自治能力和组织能力比较弱的商品房小区和老旧社区，政府的作用就非常明显，政府通过政策、资源、人力的配备，以促进基层社会组织提供公共服务的形式，直接或者间接地促进社会的发育。

市场经济的发展当然可以促进公民组织的发育，但很多城市基层社区并没有参与到活跃的经济活动中去，市场经济带来的效应并不明显。但社区的公共服务需求客观存在，并越来越多样且强烈，这给政府提出了公共服务供给的职责要求。这种政治的和行政的力量成为基层弱社会发育的一个契机，并且通过培育基层社会组织，社区社会资本确定得到有效发育。而当前的学术界一方面过度关注市场经济对社会组织和社会资本发展的促进作用，另一方面过度关注国家对社会组织发展的控制和管理，两方面都忽略了强国家对于弱社会发育扮演正面意义的可能性。

进入21世纪以来，社会管理体制改革已经开始得到中央决策层的高度重视：2005年，中共中央在《关于制定国民经济和社会发展的第十一个五年规划的建议》中提出，"必须加强社会建设和完善社会管理体系"，"健全社会协同、公众参与的社会管理格局"；2005年，温家宝在《关于制定第十一个五年规划建议的说明》中也指出，"要不失时机地推进经济体制改革、政治体制改

革、文化体制改革、社会管理体制改革";2007年,党的十七大报告在强调改革和完善社会管理体制的同时,进一步明确指出要"健全基层社会管理体制"。

为了深入贯彻党的十七大精神,落实科学发展观,建设和谐社会,2007年12月25日,中共广东省委书记汪洋在省委十届二次全会第一次全体会议上发表的重要讲话《继续解放思想 坚持改革开放 努力争当实践科学发展观的排头兵》中,特别强调了"统筹经济与社会发展,促进人的全面发展",提出要着力解决民生问题,加强社会管理和公共服务,注重社会发展的规划与研究,促进社会和谐稳定。2011年7月,广东省出台了《中共广东省委、省政府关于加强社会建设的决定》,在改善民生、加强基层组织建设、改进基层服务管理、培育壮大社会组织、营造民主法治环境方面等亦有具体规定。从中可以看出,基层组织建设和服务管理方面都与社区密切相关,社区层次上的管理体制创新是社会建设的重要部分。党的十八大以来,从中央政府到广东省,都进一步重视社会治理和社会治理创新。社区治理正是社会治理中至关重要的组成部分。广东省在最近一些年积累了非常丰富的经验,尤其是在大力培育社会组织和促进社会力量参与社区治理方面先行先试。

在一系列政策引导和治理创新实践中,我们可以看到如下效果:

第一,地方社会治理创新此起彼伏。在最近一些年中,尤其是2008年全球金融危机之后,广东省把社会建设放到了至关重要的位置,不仅在省一级的层面上出台了很多创新性的政策,省内各地也因地制宜地改进本地治理实践。在广东省各城市,都能够看到社区治理领域的创新,可以说是各有特色。在社会治理领域的创新与过去地方政府最愿意投入的经济发展领域的政策创新不同,这个领域要解决的问题要么是从消极的角度去化解社会冲突,要么是从积极的角度去提供公共服务。一方面,地方政府需要有财政资源去支持这些政策创新;另一方面,这些政策创新的绩效并不能像经济增长那样有着硬指标。这为地方社会治理创新提供了机会,也显示其创新的约束性。

第二,社区公共服务成为治理创新的焦点,着眼于如何盘活现有资源和开拓新资源去提供更有效率的服务,是其重中之重。地方政府创新因为层级的局限,很难进行体制性的改革,因此,在广东省各地的治理创新案例中,我们可以较多地看到服务供给机制的创新。这一点与政府职能的转型密切相关,公共服务供给越来越成为政府最核心的职能,对于基层的地方政府来说,这一点更加真实。

第三,社会组织是政府重要的伙伴,培育社会组织是各地创新和提供公共服务的应有之义。广东省社会治理创新的一个非常鲜明的特点是政府与社会力量的合作。这一点亦是社会治理创新目前的普遍模式。在社会治理领域，如果无法调动社会力量的积极性，鼓励公众的参与，单纯依赖政府自上而下的动员和工作，一来并不能真实客观地了解公众的需要，二来政府也并不具备这样的人力和资源去开展这些工作。专业性的社会组织的特点正好可以弥补政府的局限性。社会组织关注公共利益而非私利，天然是政府的好伙伴；社会组织具有专业性，有能力服务公众。政社合作已经成为全球性的治理模式。对于广东省乃至中国来说，政社合作还需要一个关键性的配套政策，即如何促进和培育社会组织发育。因此，我们在两个方面看到广东省各地社会治理创新的内容：治理模式本身和培育社会组织的鼓励政策。

我们可以从中看出，广东省各地政府一系列的政策创新实践的直接目标大多是为了提供优质的公共服务，与此同时，也在客观上促进社会力量的发育，这或许是弱社会发育的一个契机。

参考文献

[1] ［美］埃莉诺·奥斯特罗姆. 公共事物的治理之道［M］. 上海：上海三联书店，2000.

[2] 曹锦清. 社区管理与物业运作［M］. 上海：上海大学出版社，2000.

[3] 陈伟东. 社区自治：自组织网络与制度设置［M］. 北京：中国社会科学出版社，2004.

[4] 陈鹏. 从产权走向公民权——当前中国城市业主维权研究［J］. 开放时代，2009（4）.

[5] 崔彩周. 试论中国经济体制转轨时期的社区参与［J］. 广东社会科学，2009（6）.

[6] 顾骏. "行政社区"的困境及其突破［J］. 北京行政学院学报，2001（1）.

[7] 顾昕，王旭. 从国家主义到法团主义——中国市场转型过程中国家与专业团体关系的演变［J］. 社会学研究，2005（2）.

[8] 管兵. 业主维权与基层民主参与［J］. 社会，2010（5）.

[9] 何康. "强单位"社区：依赖症与市场化［D］. 武汉：华中师范大学，2007.

[10] 胡位钧. 20世纪90年代后期以来城市基层自治制度的变革与反思［J］. 武汉大学学报，2005（5）.

[11] 敬义嘉，刘春荣. 居委会直选与城市基层治理——对2006年上海市居委会直接选举的分析［J］. 复旦学报：社会科学版，2007（1）.

[12] 李友梅. 基层社区组织的实际生活方式——对上海康建社区实地调查的初步认识［J］. 社会学研究，2002（4）.

[13] 李友梅. 城市基层社会的深层权力秩序［J］. 江苏社会科学，2003（6）.

[14] ［英］洛克. 政府论［M］. 北京：商务印书馆，1964.

[15] 马仲良. 有中国特色社区建设的几个基本问题［J］. 北京社会科学，1999（增刊）.

[16]［美］乔尔·S. 米格代尔. 强社会与弱国家：第三世界的国家社会关系及国家能力［M］. 南京：江苏人民出版社，2009.

[17] 孙立平. 从市场转型到社区转型：组织与体制［C］//上海社区发展理论研讨会2002年会议资料汇编. 2002.

[18] 孙秀林. 华南的村治与宗族——一个功能主义的分析路径［J］. 社会学研究，2011（1）.

[19]［美］托克维尔. 论美国的民主［M］. 北京：商务印书馆，1997.

[20]［美］文森特·奥斯特罗姆，罗伯特·L. 比什，埃莉诺·奥斯特罗姆. 美国地方政府［M］. 北京：北京大学出版社，2004.

[21] 王文元. 社区在现代化进程中的地位和作用［J］. 北京社会科学，1999（增刊）.

[22] 魏娜. 城市社区建设与社区自治组织的发展［J］. 北京行政学院学报，2003（1）.

[23] 肖林. "社区"研究与"社区研究"——近年来我国城市社区研究述评［J］. 社会学研究，2011（4）.

[24] 熊易寒. 社区选举：在政治冷漠与高投票率之间［J］. 社会，2008（3）.

[25] 徐中振. 社区文化与精神文明——上海静安寺街道、南京东路街道等研究报告［M］. 上海：上海大学出版社，2000.

[26] 徐中振，李友梅. 生活家园与社会共同体［M］. 上海：上海大学出版社，2003.

[27] 徐勇，陈伟东. 中国城市社区自治［M］. 武汉：武汉出版社，2002.

[28] 杨团. 社区公共服务论析［M］. 北京：华夏出版社，2002.

[29] 张宝锋. 单位型社区居民政治参与的微观机制——对Z社区的个案研究［J］. 晋阳学刊，2006（4）.

[30] 张静. 法团主义［M］. 北京：中国社会科学出版社，1998.

[31] 朱健刚. 城市街区的权力变迁：强国家与强社会模式——对一个街区权力结构的分析［J］. 战略与管理，1997（4）.

[32] Read B L. Revitalizing the State's Urban "Nerve Tips"［J］. The China Quarterly，2000，163.

[33] Biox C，Posner D. Social Capital：Explaining its Origins and Effects on Governmental Performance［J］. British Journal of Political Science，1998，28（4）.

[34] Bob E，Foley M W. Social Capital and Civil Society Beyond Putnam［J］. The American Behavioral Scientist，1996，42（1）.

[35] Ehrenberg J. Civil Society：The Critical History of an Idea［M］. New York：New York University Press，1999.

[36] Ostrom E. A Long Polycentric Journey［J］. Annual Review of Political Science，2010，13（May）.

[37] Howell G W J，Shang X Y. In Search of Civil Society［M］. New York：Oxford University Press，1996.

[38] Unger J，Chan A. China，Corporatism，and the East Asian Model［J］. The Australian

Journal of Chinese Affairs, 1995, 33 (Jan.).

[39] Unger J, Chan A. Associations in a Bind: The Rise of Political Corporatism in China [M]//Unger J. Associations and the Chinese State: Contested Spaces, Armonk. NY: M. E. Sharpe, 2008.

[40] Tsai L L. Solidary Groups, Informal Accountability, and Local Public Goods Provision in Rural China [J]. American Political Science Review, 2007, 101 (2).

[41] Pearson M M. China's New Business Elite [M]. Berkeley/Los Angeles/London: University of California Press, 1997.

[42] Schmitter P C. Still the Century of Corporatism? [M] //Pike F B, Stritch T. The New Corporatism. Notre Dame: The University of Notre Dame Press, 1974.

[43] Putnam R. Making Democracy Work: Civic Traditions in Modern Italy [M]. Princeton: Princeton University Press, 1993.

[44] Tarrow S. Making Social Science Work Across Space and Time: A Critical Reflection on Robert Putnam's Making Democracy Work [J]. The American Political Science Review, 1996, 90 (2).

[45] Ostrom V, Tiebout C M, Warren R. The Organization of Government in Metropolitan Areas: A Theoretical Inquiry [J]. American Political Science Review, 1961, 55 (Dec.).

新世纪初期珠三角地方社会治理创新探索

岳经纶 谢 菲[*]

一、问题的提出

（一）从经济建设到社会建设

2003年以来，我国发展政策范式发生转变（岳经纶，2007），开始进入一个"关注民生、重视民生的新时代"（岳经纶，2008），王思斌（2004）、王绍光（2007）称之为"社会政策时代"，也即新时期社会建设和社会治理的阶段。在中央发展政策范式转变的引领下，广东也开始从"只有经济政策，没有社会政策"（王绍光，2007）向重视社会政策转变。

2005年，《中共广东省委广东省人民政府关于构建和谐广东的若干意见》，明确提出要构建"富裕、公平、活力、安康"的和谐广东。2006年，广东省委九届九次全会于次年通过《中共广东省委关于贯彻〈中共中央关于构建社会主义和谐社会若干重大问题的决定〉的实施意见》，把和谐广东细化为九大内容。2007年以后，加快转型升级、建设幸福广东成为广东工作的关键和核心，广东开始深入推进社会建设，并将广州、深圳、珠海列入改革试点城市。2008年6月，被誉为"广东社会经济转型的总纲"的《中共广东省委、广东省人民政府关于争当实践科学发展观排头兵的决定》发布，从政策上对经济、政治、文化、社会等方面，对未来5～10年的科学发展进行了规划，标志着广东又一次肩负起先行先试的历史重任。2008年8月，"借鉴香港经验、推进社会管理综合改革试点"首次被列入广东省的改革清单。2009年初，国务院通过《珠江三角洲地区改革发展规划纲要（2008—2020）》，提出"完善社会管理制度，创新社会管理方式"，赋予珠三角担当社会管理体制领域先行先试的"探路者"的使命。同年12月，《广东省基本公共服务均等化规划纲要

---

[*] 岳经纶，中山大学中国公共管理研究中心、政治与公共事务管理学院教授；谢菲，广东金融学院讲师，中山大学管理学博士。

(2009—2020)》颁布。2011年,广东省委十届九次全会通过《中共广东省委广东省人民政府关于加强社会建设的决定》及出台与之配套的七个文件①("1+7"文件②),并在各级政府设立社会工作委员会。此外,广东还制定了《广东省社会建设十大工程》《广东省社会建设综合考核指标体系》等,广东省政府承诺从2011年开始,各级政府每年办好十件民生实事,加大民生投入,可谓全面进入"社会建设的狂飙时代"(朱健刚,2011)。可以说,社会建设在某种程度、某一阶段获得了与经济建设比肩的关注,以一种前所未有的姿态进入了广东改革的新单元。

(二)从社会管理到社会治理

自2004年党的十六届四中全会通过的《中共中央关于加强党的执政能力建设的决定》提出"加强社会建设和管理,推进社会管理体制创新"以及要"建立健全党委领导、政府负责、社会协同、公众参与的社会管理格局"以来,社会管理、社会建设、社会治理成为政治场域中广泛传播的公共话语。2011年中央政治局会议讨论通过《中共中央国务院关于加强和创新社会管理的意见》;2012年党的十八大报告进一步提出"在改善民生和创新社会管理中加强社会建设";2013年党的十八届三中全会通过《中共中央关于全面深化改革若干重大问题的决定》以"社会治理"一词替代"社会管理",提出"创新社会治理体制",加强和创新社会治理成为各级政府的一项重要工作。由此,实现了从社会管理到社会治理的转变,社会治理被提到国家治理的层面。在此背景下,广东出台了许多政策推进社会治理创新工作,社会治理创新的探索和实践层出不穷。

2008年始,珠三角各城市如广州、深圳、东莞、珠海等开始学习香港地区成熟的社会管理经验,进行适应性改良,有选择地先行先试。2009年初,国务院通过的《珠江三角洲地区改革发展规划纲要(2008—2020)》提出推进社会管理体制改革,"完善社会管理制度,创新社会管理方式",珠三角在社会管理体制上成为先行先试的"探路者"。2011年后,随着广东省社会建设工作全面铺开,社会建设以某种顶层设计的姿态进入了广东改革的议程,各种创

---

① 这也是改革开放30余年来,广东省委全会首次以社会建设工作作为研究议题。
② "1+7"文件中的"1"指《中共广东省委广东省人民政府关于加强社会建设的决定》,"7"指《关于加快推进社会体制改革建设服务型政府的实施意见》《关于加强社会组织管理的实施意见》《关于加强我省人口服务和管理的实施意见》《关于加强社会工作人才队伍建设的实施意见》《关于加强社会建设信息化的实施意见》《关于加强城市社区居民委员会规范化建设的实施意见》《关于加强和改进村民委员会建设的实施意见》。

新社会治理的探索和实践在珠三角井喷式出现，政府购买服务、培育社会组织、发展志愿服务、加强社区建设、培养社工人才、完善社会保障、村居基层自治、外来人口管理等方面的创新涌现出许多典型并走在全国前列。其中最为瞩目的是广州、深圳、珠海、佛山、中山等珠三角重点城市的探索和部署。例如，深圳自 2012 年就开始在大数据理念下开展社会建设"织网工程"，通过建设、整合各种系统信息的"虚拟网"和以网格化为基础的服务管理"实体网"，实现各部门信息共享、业务协同，该工程已成为创新社会治理的新标本；又如，佛山南海推进以"政经分离"为核心的社区基础改革，在"家·南海"品牌的引领下，打造出社会建设的金字塔模式，成立区级"社会创益园"和 8 个"镇街创益中心"，打造"1 + 8 + N"社会创益体系，创建"社会政策观测体系"；再如，中山在"善治中山"的理念下，打响全民品牌，形成"博爱 100"全民公益"1 + 1 + 1"、社区建设"2 + 8 + N"模式，出台社会建设规划，成立社会创新中心，初步形成了具有中山特色的善治"矩阵"。珠三角在社会建设和社会治理工作上成为先行先试的"探路者"，这些社会建设的探索和实践对广东省乃至全国具有启示意义。

（三）问题的提出

经过 40 多年的改革开放，广东的经济发展已从"摸着石头过河"进入一个世界范围内史无前例的连续 27 年稳居国内 GDP 总量榜首的高速增长的快车道。与此同时，广东珠三角的社会建设和社会治理工作也走在全国前列，探索出诸多颇具特色和影响力的模式。本文的研究问题是为什么广东在保持经济快速增长的同时，社会建设和社会治理也能成为"排头兵"，并形成不同的社会治理模式。本文运用质性研究方法，以珠三角为研究场域，研究珠三角地区社会治理的不同模式及其成因。

二、相关文献

地方政府（社会治理）创新在实践上已探索出丰富的经验，地方政府创新包含着复杂的动机。目前，学术界对地方政府创新动因的研究大致可以从地方竞争、制度变迁以及多维归因视角解读。

第一，地方竞争视角下的地方政府创新。其核心问题是激励机制——为了政绩与晋升。地方政府公务员晋升是将激励与控制、地区竞争与发展联系在一起的一个重要的枢纽（吴建南、马亮，2009）。这一视角主要表现为政治锦标赛理论。该理论强调上级政府的行政发包、量化考核、绩效排名等政绩因素在公务员晋升中的决定性作用（陈潭、刘兴云，2011），侧重于指出地方政府通过技术创新和制度创新提高生产率以吸引资源，在经济建设竞争中取得优势，从而赢得晋升。周黎安（2004）构建了公务员政治晋升博弈的模型，强调公务员的晋升激励对地区间经济竞争和合作的影响。在周黎安（2007）看来，晋升激励比财税激励更为重要。即使政策创新需要高投入，但地方仍愿意冒险实验和创新，原因在于创新和试验是受鼓励的，失败了也不会被惩罚，成功了则能获得晋升资本。因此，晋升锦标赛内在地鼓励地方政府的政策创新行为。

第二，制度变迁视角下的地方政府创新。现有体制为创新保留着一定的空间，并直接或间接支持着地方政府的创新行为。制度空间的存在为地方政府创新提供了体制内的支持，而社会资本和在基层形成的未被制度化的做法等非正式制度也为创新提供了支持（杨雪冬，2008）。张志辰（2011）认为，地方政府创新的模式可分为诱致性变迁和强制性变迁，创新的原因在于激励和压力双重外力下的制度变迁。在辖区内制度安排和发展目标不适应使得地方推进经济发展受阻和中央给予地区鼓励政策让地方政府获得了创新激励，回应居民需求与社会问题让地方政府有了创新压力，而资源有限下的地方竞争导致地方政府以制度变迁在竞争中占优势。葛天任、马伟（2013）认为制度变迁是创新的组合，并从制度供给和制度需求出发，把制度变迁的机制划分为诱致性、响应性、适应性和强制性等四种。他们提出中国制度变迁的过程是从强制性和响应性制度创新转向为适应性和诱致性制度创新。

第三，多维归因视角下的地方政府创新。政府创新何以发生？瓦尔特斯（Walters，2002）对美国政府创新奖获奖项目的研究发现，美国各级政府创新的动力包括对现实不满、有效回应危机、防止更坏的事情发生、希望获得更好的政策效果、新技术的采用和追求公正。贝瑞（Berry，1994）的研究认为国家机构在通过实施战略计划创新时，机构资源、机构领导者的任期、机构使命和目标、区域战略计划扩散是主要的因素。博林斯（Borins，2000）从发起人视角提出了五种动力，分别是法律、新任领导、危机事件、机构内部问题、技术等带来的机遇。陶建武（2015）考察了七届地方政府创新奖的118个获奖项目，提出地方政府实施创新项目的动力来自政绩型体制的激励、压力型体制下的维稳压力驱动、知识精英的推动以及民众需求的急剧提升。李景鹏（2007）认为政府创新来自政府结构和行为的现状与理想状况间的差距，他将地方政府创新的动力归纳为地方政府和基层政府领导层的社会责任感、地方和基层政府追求政绩的推动、上级机关的推动、学术界和媒体的推动以及人民群众的压力。吴建南等（2007）认为环境所迫、内在和外在的种种压力是地方政府改革创新的首要原因，而压力逼迫是根源。普遍认为政府创新更可能发生在经济相对发达的地方，而四川遂宁是中国西部欠发达地区，看起来更不像是会发生政府创新的地方，但那里的步云乡实施了乡长直接选举的创新。事实上，大量关键制度改革已经发生在贫穷而非改革后富起来的地方（Saich，Yang，2003）。

对政府创新动因的研究已有较大进展和突破，主要表现为从主观与客观、内部与外部各方面、多向度对政府创新的动因进行归纳。有学者将这些动力系统归纳为"实验型创新、战略型创新、探索型创新、问题型创新和功利型创新"（王焕祥、黄美花，2007），本质上，这些研究以要素分析为主，还未形成完整系统的研究框架。本文在对珠三角社会治理创新的实践探讨的基础上，结合对珠三角社会治理创新模式的讨论，从已有要素中提炼出问题、地缘、领导、制度和社会力量五个要素，尝试对珠三角社会治理创新的逻辑进行一个初步的分析。

三、珠三角社会治理创新的探索与实践

从2008年开始，珠三角就先行先试，学习香港地区先进的社会管理经验。这些年来，珠三角在社会组织、基层社区治理、社会工作、流动人口管理等方面积极创新，积累了许多宝贵的经验。

（一）积极培育社会组织

珠三角各地地方政府从政策法规体系、登记管理、扶持举措、法人治理结构和监管体制等方面不断加大培育和发展社会组织的力度，使社会组织获得量的增长和质的提升，扩展了社会组织的作用空间（张紧跟，2015）。在政策法规方面，较为典型的是社会组织获得直接登记的法律文本，即2008年深圳出台的《关于进一步发展和规范我市社会组织的意见》和2012年实施的《关于实施"广州市社会组织直接登记"社会创新观察项目的工作方案》。而《深圳经济特区社会建设促进条例》《广州市社会组织管理办法》则以立法的形式将社会组织发展制度化。在扶持举措上，广州、深圳、佛山、东莞等地政府不约而同地采用了建设孵化基地和政府购买服务的方式，如广州已建成29个社会组织培育基地，形成了市、区、街（镇）三级网络[①]；编制购买服务目录也是规定动作，2009—2012年全省支出约12亿元，其中珠三角地区的广州、深

---

① 《广州形成社会组织三级培育基地网络》，《南方日报》2013年12月12日。

圳、东莞、佛山、中山等市总额约占全省政府购买社工服务的98%①。在法人治理方面，广州市2006年起全面开展行业协会"五自四无"② 改革，截至2014年10月，287个行业协会已完全"去行政化"。③ 在内部治理结构方面，主要是珠三角城市出台规定，建立以章程为核心的内部管理制度和民主选举、民主决策、民主管理、民主监督、诚信自律和廉洁从业机制。在监管方面，主要是社会组织内部自律、信息公开以及综合评估。如珠海制定了《珠海市社会组织信息公开指引》《珠海市社会组织重大事项报告工作指引》等文件，规范社会组织信息公开行为，社会团体可以通过报刊、广播、电视或者"珠海市社会组织信息公示平台"网站、本社团网站等渠道进行信息披露。广州和深圳都建立了"政府指导、部门协同、社会参与"的社会组织评估机制，并重视第三方评估。

（二）基层社区治理

从2005年开始，广东即着手推进"和谐广东"建设，并且落实到基层。2005年，中共广东省委和广东省人民政府发布《关于全面推进平安和谐社区建设的意见》（粤发〔2005〕19号），提出建设"六好"④ 平安和谐社区。围绕和谐社区建设，珠三角在政策体系、社区服务、社区自治等方面进行了卓有成效的探索，形成了各种社区治理模式。深圳的社区建设致力于探寻基层社会治理体系现代化之路，于2006年通过"基层基础年"和"城市管理年"推进和谐社区建设，初步形成社区建设的政策体系，积极进行社区机制和体制创新，注重社区服务和社区文化建设以及财政投入，形成了各种在微观经验上各呈异彩、具有中观甚至宏观分析价值的社区管理体制创新的社区建设模式（唐娟，2008），如荣获"全球理想人居社区奖"等众多国内国际荣誉的宝安区"桃源模式"、龙岗区针对人民调解工作的"六约模式"、龙岗区农村城镇化社区自主治理的"南岭模式"、福田区"万能物业管理"经验及社区社会保障典型的"莲花北样本"、盐田区高水平居民自治的中英街社区、南山区与大学共建的粤桂社区、企业化管理的"华侨城模式"，这些独具风格的探索被称为社区建设的"深圳经验"（杨敏，2012）。佛山和中山是城乡一体化社区建

---

① 广东省民政厅：《广东省社工人才队伍建设的成效与反思》，http://sgxh.mca.gov.cn/article/sgrc/201403/20140300609242.shtml。
② 即"自愿发起、自选会长、自筹经费、自聘人员、自主会务，无行政级别、无行政事业编制、无行政业务主管部门、无政府公务员兼职"。
③ 《广州287个行业协会率先全部"去行政化"》，《羊城晚报》2015年7月12日。
④ "六好"即"自治好、管理好、服务好、治安好、环境好、风尚好"。

设的先行者，其中，佛山南海区的"政经社分离"和"城乡社区建设一体化发展新模式促进本地人和外来人口的融合"、顺德的"政社分离"和社区营造、禅城社区综合信息平台建设和"15分钟社区卫生服务圈"颇具特色，中山的农村社区建设"2+8+N"模式更是获得"全国创新社会治理最佳案例"奖。

（三）社会工作

珠三角的社会工作探索走在全国前列。2009年民政部与广东省人民政府签订《共同推进珠江三角洲地区民政工作改革发展协议》，提出在珠三角"率先建立现代社会工作制度"，要"将珠三角地区逐步建成社会工作发展和社会工作人才队伍建设示范区"。在此引领下，珠三角各政府积极试点，成立社会工作领导小组，社会服务的专业化水平不断提升，民办社工机构不断发展，社工人才队伍建设不断加强，现代社会工作制度初具雏形。

一是设立了工作机构，如广州、深圳、珠海、中山、东莞、江门等地民政局设立了社工处（科），广州、深圳、珠海、佛山、东莞、江门已成立社会工作（者）协会。

二是出台了一系列文件规范社工、民办社工机构以及专业社工服务。广州、深圳、东莞、珠海出台了社会工作人才培养及民办社工机构扶持办法，如广州出台了《关于加快推进社会工作及其人才发展的意见》"1+5"文件，深圳2007年印发了《关于加强社会工作人才队伍建设推进社会工作发展意见》"1+7"文件，东莞2009年发布了《关于加快社会工作发展的意见》"1+7"文件，通过这些制度支持，珠三角建立起现代社会工作制度和专业化、职业化的社工人才队伍。

三是形成了各具特色的社会工作模式。如深圳的社会工作模式注重"政府购买服务、民办社工机构运作和社工督导"（刘晓玲，2010），广州模式则倾向试探"民政—高校—社会机构"，即草根NGO与政府合作提供社会服务、高校社会工作系教师成立民办社工机构承接政府购买社会工作服务项目，政府所办NGO如残联、工会、共青团、妇联等设置社工岗位（童远忠，2014）。东莞被定为"全国社会工作人才队伍建设试点示范市"和"全国社会工作服务示范区"，在全国率先将社会工作经费纳入财政预算范围。市妇联的"白玉兰"家庭服务品牌、团市委的"莞香花"青年服务品牌、市总工会的"先锋号"服务品牌、东莞理工学院提出的"大学社区"，都是非常有东莞特色的社工服务模式。

(四) 流动人口管理

广东是我国最大的流动人口流入省,以异地务工人员为主的大规模流动人口流入珠三角。据统计,截至 2015 年底,广东流动人口达 3201.96 万人,91.94% 的流动人口聚集在珠三角区域。① 广州、深圳、东莞、佛山等地流动人口庞大,户籍人口与流动人口倒挂严重,对流动人口的服务和管理成为珠三角的一项重要工作。自 2010 年以来,广东全面实施居住证制度,率先推行积分制入户,确保流动人口及其子女的社会融合,让其享受基本公共服务。2009 年中山出台《中山市流动人口积分制管理实施细则(试行)》(2014 年调整修改),率先试行积分入户制,对于推进公共服务均等化带来了实实在在的效果。《中共中山市委、中山市人民政府关于拓展异地务工人员享受公共服务广度和深度的意见》扩大了异地务工人员基本公共服务的范畴,他们可以享受社会保险同缴费、同待遇,子女义务教育、住房保障、职业技能培训、司法救济等服务都有所延伸。广州 2010 年出台《广州市农民工及非本市十城区居民户口的城镇户籍人员积分制入户办法(试行)》及细则,外来人口可以落户广州并共享发展成果。《关于进一步做好优秀外来工入户和农民工子女义务教育工作的意见》保障了外来工的子女教育。2014 年广州成立来穗人员服务管理局,统筹来穗人员服务管理工作。2015 年《来穗务工人员申请承租市本级公共租赁住房实施细则(试行)》积分入户的外来工可以享受住房保障。深圳 2005 年成立深圳市人口工作领导小组,并出台《关于加强和完善人口管理的若干意见》("1+5"文件),建立起人口管理长效机制,其"织网工程"更是以信息化的方式将流动人口的管理和服务精细化。

四、珠三角社会治理创新的模式

(一) 深圳模式:技术导向型治理创新

作为改革开放的"排头兵"和"试验田",深圳一直高度重视社会建设和社会治理工作,将此作为党委、政府的主要工作目标,早在 2006 年就在全国首推"和谐深圳指标评价体系""民生净福利指标体系",关注民生问题,致力于公平、公正,让人们都能平等地享受到改革开放带来的丰硕成果;2010

---

① 《"十二五"时期广东人口发展状况分析》,广东统计信息网,2016 年 8 月 1 日,http://www.gdstats.gov.cn/tjzl/tjfx/201608/t20160804_341431.html。

年提出把深圳打造成"民生幸福之城",并启动民生十大工程。一直以来,深圳以其逐渐成熟的社会治理经验践行"当好推动科学发展、促进社会和谐的排头兵",成立社会建设工作领导小组,从社会建设法制化的高度构建社会建设和社会治理的政策体系,通过社会建设创新培育计划,培育社会治理创新典型。在这个过程中,深圳形成了以"织网工程"为特色的技术导向型的社会治理模式。

随着大数据时代的来临,传统的政府管理模式和服务方式,如对于信息的掌握、人口的变动、社会动员等已无法适应信息时代的要求。深圳作为超大型城市,面临着公共服务供给的有限与居民需求多样、严重倒挂和迅速膨胀的人口、庞大的流动人口的管理与服务等问题。2012年7月出台《深圳市社会建设"织网工程"综合信息系统建设工作方案》等"1+4"文件,高规格成立"织网工程"工作领导小组,"织网工程"开始了从试点到全市铺开的探索。所谓"织网工程",是将各部门服务、管理的信息资源编织到一个统一的大数据库,并以大数据交换平台进行资源共享和数据挖掘应用,实现信息资源的动态管理、互联互通、共建共享,再造工作流程,提升公共服务效能和城市管理精细化程度。① "织网工程"的核心是"一库一队伍,两网两系统",即"公共信息资源库、网格信息员队伍、社会管理工作网、社区家园网、社区综合信息采集系统、决策分析支持系统"的基本架构。经过几年的发展,目前"织网工程"已实现市、区、街道、社区四级"织网工程"综合信息系统并网运行,步入"织网工程+"时代。"织网工程"打破了部门间的信息壁垒,深圳市因这项革命性的整合,获国家发改委等五部委联合颁发的"政务信息共享国家示范市"奖牌。

(二)中山模式:公民参与导向型治理创新

2011年8月,中山市委十二届八次全会专题研究了社会建设工作,积极转变政府职能,设立社会管理与创新专项资金,建立省社科院中山分院,成立"中国社会创新(中山)基地"暨市社会治理创新园,培育社会创新项目,构建社工委主导下的善治中山政策体系,以群众需求满足和问题源头化解为导向,将社会治理转变成每一个市民的身边事,通过全民公益、全民创卫、全民健身、全民防"医闹"、全民创业等一系列全民参与社会治理的行动组建"全民牌"矩阵,这一系列的全民行动被称为全民参与社会治理模式。该模式此

---

① 深圳市社会工作委员会:《深圳:社会体制改革新特区》,载广东省社会工作委员会编《广东省社会建设发展报告(2013—2014)》,社会科学文献出版社2014年版。

后进行理论升华,提炼出全民"齐""愿""能""真""常"("五字")参与的公民参与导向型治理模式。市委市政府在"五字"模式基础上,于2015年出台了《关于进一步推动全民参与社会治理工作的意见》,将理论模式提升为政策文件以指导实践。该模式先后获得刘云山、汪洋、胡春华、马兴瑞等同志的批示和肯定。

全民参与实现了自上而下的政府主导与自下而上的社会自治相结合,让公民参与从无序参与、被动参与到自发参与和有序参与,注重推进全民参与的制度化建设。全民参与开创了公民参与的新模式,将社会创新以"全民"字头统领起来,把各自为政、各自创新的职能部门统筹协调起来,把分散的社会资源动员起来,走出了一条"党政主导、社会动员、群众参与的有中山特色的社会善治之路",① 甚至促进了新一轮的社会治理创新,如全民治安引申出了"全民创建10+N"② 行动品牌,但这种以"全民"字头组成的系列行动的做法"还处在初步阶段,距离形成一种规范化、常态化的治理模式,仍存在很多完善和提升空间","行动面不广且呈碎片化,顶层设计不足"(丁勇,2016),公民参与度并不如所宣传的那样高,容易造成"参与表象",陷入"运动式"治理的困境。此外,全民参与模式背后强势的行政主导不容忽略,社会力量在政府的引导和推动下缓慢匍匐成长,造成的后果是"社会自我创新不足,过于依赖政策支持,未能形成自下而上的全民创新机制"③。

(三)顺德模式:社会组织导向型治理创新

顺德自古以来经济发达,商业繁荣,是全国县域经济发展的排头兵。顺德曾以石破天惊、轰动性的改革被媒体称作"改革明星""改革尖兵",创造出备受关注的"顺德模式""顺德经验""顺德景观"。2011年成为全省综合改革试点后,顺德全面推动社会建设的规划和统筹,成为中国国家改革的"地方样本"(何艳玲,2015)。顺德历来重视社会建设和社会治理工作,2011年就成立了社会建设与治理创新领导小组,注重向政府官员和市民推广宣传社会

---

① 《推进全民参与积极探索社会善治之路》,载《先行先试——中山社会治理创新理论座谈会材料》,中山市社工委内部资料,2014年,第28页。

② 中山全民治安工作在2014年全国政法工作会议上受到中央领导点名表扬,中山市公安系统在总结经验的基础上进一步探索"全民创建10+N"行动品牌,构建立体化社会治安防控体系,其中的"10"是指"无医闹城市""场所无三害城市"等10个项目,"N"是指鼓励各镇区探索推出"消防无大灾城市"等N个创新项目。参见《公共安全平安牌:以"全民创建系列行动"构筑大平安格局》,载《中山画刊》2016年第4期,第30~33页。

③ 《中山:打好社会建设全民牌》,载广东省社会工作委员会主编《广东省社会建设蓝皮书(2013—2014年度)》,中国社会科学文献出版社2014年版,第169~177页。

管理体制改革（以下简称"社改"）相关理念，借助"凤城讲堂""顺德体制改革和社会建设系列讲座"及"改革镇街行"宣传活动促进社会对社改的认同和参与，设立"镇街社会创新资金"，借助区镇公共决策咨询委员会，吸引各界精英和专业人士对社改积极建言献策，构建社改主导下的政策体系，以政社协同为导向创新社会治理，完善制度体系和激励机制，形成了社会组织导向的社会治理模式。

首先，推进法定机构试点。借鉴中国香港地区和新加坡法定机构的经验，顺德积极试点法定机构。2012年8月20日，《顺德区法定机构管理规定》等五个管理规定的出台，让区社会创新中心、文化艺术发展中心、人才发展服务中心、产业服务创新中心和城市更新中心5个法定机构进入公众视野。其次，推进社会企业发展。2012年顺德以共融艺术咖啡屋和永亮善品咖啡屋为试点，实现了准社会企业从无到有、从概念到实践的转变。到2014年，社会企业增长至14家。为优化社会企业发展环境，顺德还出台全国首个社会企业认定标准及扶持政策。再次，培育社会组织。除了出台各种扶持社会组织发展的政策外，顺德还从财政资金安排了专项资金、公益创投资金、购买服务经费，全方位扶持社会组织发展。最后，社区营造。借鉴台湾、香港的社区活化及社区营造经验，结合本土实际，选取杏坛逢简（农村社区）、北滘君兰（城市社区）、伦教仕版（城乡接合部社区）三个社区为试点，将社区打造成居民的共同家园。

各种社会创新如雨后春笋，顺德整个社会领域经历了一次史无前例的大洗礼。从政府、企业、社会组织、社区到老百姓，处处洋溢着改革的氛围。这是一场"重建社会"的仍然在不断进行中的艰辛的基于社会本位的治道变革，顺德秉承了以往的改革风格，体现出"超越地方政府的锐气与胆识"（何艳玲，2015），但存在"为了改革而改革"和"运动式改革"的情况。例如，为了培育社会组织，短期内盲目投入巨额经费购买服务，存在对居民需求的摸底不充分和对已购买服务有效性的评估不足等问题。

五、珠三角社会治理创新的动力与逻辑

（一）经济改革先行一步：既积累了经济财富又更早面临社会问题

改革开放以来，利用国家的政策优势和有力的区位条件，珠三角成为"中国崛起最快、人口集聚最多、创新能力最强、综合实力最强、经济最发达

的地区之一"①。据统计，2015年，广东GDP总值72812.55亿元，珠三角GDP总值占全省比重达79.2%。② 强劲的经济发展为社会治理积累了雄厚的物质基础。在"腾笼换鸟"与社会快速转型的新阶段，"历时性与共时性社会问题纠结在一起，是一个'黄金发展机遇期'和'社会矛盾凸显期'并存的发展阶段"（丁开杰，2009）。

经济增长并不能自动带来社会和谐、社会稳定、社会公平和正义，也不能化解一切社会风险，传统管控型的社会体制不适应经济发展和社会结构变化所带来的种种挑战在珠三角一一显现。这些问题包括社会事业发展相对滞后、公共服务供给不足、社会两极化严重、利益诉求多元化、环境污染加剧、老龄化趋势日趋明显、社会治安问题剧增、社会心理失衡、社会冲突频繁等。经济增长与社会发展之间存在着时间上的不一致、速度上的不协调、结果上的不均衡，这就导致了经济发展与社会进步的各种关键性问题和挑战。珠三角作为我国改革开放的先行地区之一，其社会建设和社会治理面临的矛盾和问题比其他地区来得更早，表现得更多更复杂。为了解决这些问题，适应市场经济发展和社会转型，珠三角不得不对社会建设和治理进行一系列探索与创新。

（二）毗邻港澳东南亚，得风气之先

"借鉴新加坡、中国香港社会管理先进经验，可以说是广东社会管理服务改革创新的一大立足点，贯穿于社会管理改革与创新的整个过程。"③ 首先，港澳社会管理制度完善，有许多成熟的社会治理经验可供学习和借鉴。中国港澳台地区、新加坡、日本等地区和国家在社会建设与社会治理方面比珠三角更为成熟，社会服务发达，为珠三角提供了值得借鉴的样板。中国香港地区是典型的"小政府、大市场"，注重效率与质量，主张利用市场和社会组织的力量，推行政府购买社会服务。香港大部分的社会福利服务均由社会组织提供，特区政府做好规划，及时拨款并进行评估和监管问责，其"官办民营"主导的社会服务递送模式以及专业化的社工人才储备是珠三角学习的样本。

其次，毗邻而居的区位优势使珠三角在与中国港澳地区和东南亚交流方面有着得天独厚的条件。珠三角与港澳"地缘相近、人缘相亲、文化同源，三地合作历史悠久，成果丰硕"（谢宝剑，2012），有学习的空间，且在粤港澳

---

① 《国务院关于印发全国主体功能区规划的通知》（国发〔2010〕46号），http://www.gov.cn/zwgk/2011-06/08/content_1879180.htm。

② 《2015年广东国民经济和社会发展统计公报》，http://www.gdstats.gov.cn/tjzl/tjgb/201605/t20160516_327975.html。

③ 《社会管理体制改革：广东改革再次"先行一步"》，《大问题》2012年第6期。

社会融合与紧密合作的趋势下,珠三角可以借此加强与之在社会治理和社会服务方面的合作与交流。实际上,自2008年省委省政府作出学习香港地区经验、推行社会管理体制改革试点的决策以来,珠三角城市各级政府、社会团体不断地派出学习代表团奔赴香港取经,先行先试开展社会管理体制改革。例如,广州购买家庭综合中心服务,深圳学习香港社会工作特别是社工队伍建设的经验,珠海学习香港的社区民主自治、社会组织培育和设立政府咨询机构的经验。此外,日本、中国台湾地区和新加坡的社会治理经验也是我们学习和模仿的对象,如顺德的社会企业、社区营造、法定机构就是学习了这些国家和地区经验的产物。

(三)省级领导的部署与地方领导的推动

我国是一个"政府主导型社会",无论是改革的发动、重要改革举措的提出和实施、思想路线的修正、改革的计划与进程等,都是按照政权机构的指令进行的(李强,2008),因此,政治权力人物主导了改革与创新。珠三角能够在社会治理改革与创新方面先行先试,省委省政府的决策与决心是一个关键因素。2008年,"借鉴香港经验,推进社会管理综合改革"列入广东省改革清单,时任省委书记汪洋直接点名珠三角城市广州、深圳、珠海等市开展社会管理综合改革试点;2009年,《珠三角改革发展规划纲要》亦点名中山和佛山作为统筹城乡发展的改革试点,加大在城乡规划建设、产业布局、社会保障、公共服务、社会管理等方面的改革创新力度,率先形成城乡一体化发展新格局。2011年,黄华华在政府工作报告中明确提出"加强和创新社会管理。推进深化社会管理体制改革试点,率先将珠三角地区建设成为社会体制改革示范区"。此后,省委省政府领导反复提到"社会建设"和"创新社会治理"。

此外,对于地方政府,只有获得当地领导干部认可或者由当地领导干部本人推动的改革创新才有可能实施。领导干部有"追求政绩的心"(李景鹏,2007),希望通过创新收获晋升与声誉。出于对政绩的需求,领导干部对旨在改善政府绩效、提高公众认可度的政府创新是高度敏感的(陈雪莲、杨雪冬,2009)。因此,珠三角的社会治理创新能够走在前列,也与地方政府领导的推动有关。在社会建设的浪潮之下,尤其是在"把社会建设放到与经济建设同样重要的位置"的宣传下,当省级领导对民生表现出极大的关注并将之纳入政绩考核时,"创新社会治理"就获得了政治支持。出于对晋升与名利的预期,地方领导更愿意推动有政绩显示度的改革创新。

（四）改革先锋的制度遗产

中国政府历来重视改革，新一届政府更是将改革视为执政法宝，重要的会议、讲话必谈改革。有的地方由于自身条件较好，成为改革试点的常客，积累了许多改革传统和改革品质，形成了优良的改革作风，塑造了积极进取的改革精神。广东历来重视改革，是中国改革的"排头兵"。"因为广东的特殊定位，中央政府往往把一些改革的试点放在广东，而广东的历届领导人也有很大的动力来寻求新的改革思路。在很多方面，广东总是'先行一步'，广东各方面的改革因此具有全国性意义。对外界来说，从考察广东入手，往往可以看到中国的未来发展方向。"（郑永年，2012）那些经过实践洗礼沉淀下来的改革品质如思想解放、实事求是、勇于探索、不畏困难、自强不息等，对于社会建设和社会治理的改革和创新有着积极的影响。珠三角城市政府更是具有"企业家精神"的政府，改革的DNA深入骨髓。郑永年认为广东省的实践或将为建立中国特色社会建设体制提供经验（转引自蔡禾，2012），对于广东来说，珠三角的经验可以说是广东的经验。

（五）社会力量逐渐发达

社会力量主要包括社会组织和公民，社会治理创新很大程度上依赖于社会组织来完成，缺乏社会组织参与的社会治理创新难以实现最终目标。"没有社会力量的参与，社会治理就只能是无源之水、无本之木"（郭风英，2014），良好的社会基础构建了社会治理的动力机制与内生逻辑（郁建兴、关爽，2014；王名、李健，2013）。广东走在改革开放的前沿，社会组织管理体制改革的起步较早，在各种改革创新和培育扶持政策及财政资助下，社会组织获得了迅猛发展。目前，广东已初步形成"发展有序、门类齐全、层次不同、覆盖广泛"的社会组织发展格局，为创新社会治理奠定了扎实的社会基础。在社会组织改革方面，珠三角的探索在全省乃至全国具有代表性，广州、深圳、珠海、东莞、惠州、顺德等城市在社会组织管理体制改革方面先行先试，各种社会组织政策制度创新频出，广州、深圳最早实施的社会组织直接登记打破了社会组织双重管理体制改革的藩篱，广州、珠海探索的政府通过向社会组织购买服务的方式转移政府职能给社会释放了发展空间，行业协会、商会"去行政化"和"去垄断化"改革也具有标志性意义。这些改革为社会建设和社会治理创新提供了巨大的动力。

六、结语

地方政府推动创新不会无缘无故,因此需要关注创新的激励机制问题。推动地方政府创新的动力有许多,可能出于政治改革目的,可能是政治晋升,可能是内外部压力,也可能是一些华而不实的追求。由于毗邻香港,有地缘人缘优势,在经济改革先行一步的同时,珠三角在社会改革方面也先行先试,探索出了丰富的经验。这些社会治理创新路径与模式,对于全国来说,无疑是宝贵的样本。

地方政府创新无处不在,社会治理创新发生在社会领域,其内容大多为社会管理和社会公共服务类创新,最大的特点是投入大、见效慢,没有上级专项资金支持,需要依赖本地财政,容易昙花一现,出现创新的"孤岛现象",因而在动力源泉上面临着更大的困难。珠三角虽然目前无财政压力,但如何让创新持续下去,如何保持政府创新的持续动力,是有待进一步研究的问题。

参考文献

[1] 本刊编辑部. 社会管理体制改革:广东改革再次"先行一步" [J]. 大问题,2012(6).

[2] 陈潭,刘兴云. 锦标赛体制、晋升博弈与地方剧场政治 [J]. 公共管理学报,2011(2).

[3] 陈雪莲,杨雪冬. 地方政府创新的驱动模式——地方政府干部视角的考察 [J]. 公共管理学报,2009(3).

[4] 蔡禾. 广东在探索构建中国特色社会建设体制 [J]. 中国社会科学报,2012(10).

[5] 丁勇. 中山社会治理创新纪实:一个关于创新的历史叙事 [M] //周红云,等. 构建全民共建共享的社会治理格局:中山的实践与创新. 北京:中国社会出版社,2016.

[6] 丁开杰. 中国社会管理体制改革的深化:挑战、进展与问题 [J]. 甘肃行政学院学报,2009(3).

[7] 葛天任,马伟. 制度变迁中的"创新组合":以中国城乡治理为例 [J]. 上海行政学院学报,2013(4).

[8] 广东省社工人才队伍建设的成效与反思 [EB/OL]. http://sgxh.mca.gov.cn/article/sgrc/201403/20140300609242.shtml.

[9] 广东省社会工作委员会. 广东省社会建设蓝皮书(2013—2014) [M]. 北京:中国社会科学文献出版社,2014.

[10] 公共安全平安牌:以"全民创建系列行动"构筑大平安格局 [N]. 中山画刊,2016(4).

[11] 广州形成社会组织三级培育基地网络 [N]. 南方日报, 2013 - 12 - 12.

[12] 广州287个行业协会率先全部"去行政化" [N]. 羊城晚报, 2015 - 07 - 12.

[13] 郭凤英. 我国社会治理体制的生成逻辑与建构动力 [J]. 河南师范大学学报（哲学社会科学版）, 2014 (5).

[14] 何艳玲. 基于社会本位的治道变革：顺德社改三年回顾与总结（2011—2014）[R]. 内部课题报告, 2015年1月.

[15] 李景鹏. 地方政府创新与政府体制改革 [J]. 北京行政学院学报, 2007 (3).

[16] 李强. 试分析国家政策影响社会分层结构的具体机制 [J]. 社会, 2008 (3).

[17] 刘晓玲. 深圳社会工作发展模式分析 [J]. 特区实践与理论, 2010 (6).

[18] "十二五"时期广东人口发展状况分析 [EB/OL]. http://www.gdstats.gov.cn/tjzl/tjfx/201608/t20160804_341431.html.

[19] 陶建武. 地方政府创新的动力与过程 [J]. 重庆社会科学, 2015 (9).

[20] 唐娟. 深圳市基层社区治理现状与特征 [M] //乐正, 邱展开, 葛明. 深圳社会发展报告 (2008). 北京：社会科学文献出版社, 2008.

[21] 童远忠. 广深社会工作模式及其优化路径探讨 [J]. 社会工作与管理, 2014 (3).

[22] 推进全民参与积极探索社会善治之路 [R]. 先行先试——中山社会治理创新理论座谈会材料. 中山市社工委内部资料.

[23] 王思斌. 社会政策时代与政府社会政策能力建设 [J]. 中国社会科学, 2004 (6).

[24] 王绍光. 从经济政策到社会政策：中国公共政策格局的历史性转变 [M] //岳经纶, 郭巍青. 中国公共政策评论：第1卷. 上海：上海人民出版社, 2007.

[25] 吴建南, 马亮. 政府绩效与官员晋升研究综述 [J]. 公共行政评论, 2009 (2).

[26] 吴建南, 马亮, 杨宇谦. 中国地方政府创新的动因、特征与绩效——基于"中国地方政府创新奖"的多案例文本分析 [J]. 管理世界, 2007 (8).

[27] 王焕祥, 黄美花. 中国地方政府创新的可持续性问题研究 [J]. 上海行政学院学报, 2007 (6).

[28] 王名, 李健. 社会管理创新与公民社会培育：社会建设的路径与现实选择 [J]. 当代世界与社会主义, 2013 (1).

[29] 谢宝剑. "一国两制"背景下的粤港澳社会融合研究 [J]. 中山大学学报（社会科学版）, 2012 (5).

[30] 岳经纶. 科学发展观：新世纪中国发展政策的新范式 [J]. 学术研究, 2007 (3).

[31] 岳经纶. 社会政策视野下的中国民生问题 [J]. 社会保障研究, 2008 (1).

[32] 杨雪冬. 简论中国地方政府创新研究的十个问题 [J]. 公共管理学报, 2008 (1).

[33] 杨敏. 社会学视野中的社区建设与制度创新——"深圳经验"的一种社会学理论感悟 [J]. 哈尔滨工业大学学报（社会科学版）, 2012 (1).

[34] 郁建兴, 关爽. 从社会管控到社会治理——当代中国国家与社会关系的新进展 [J]. 探索与争鸣, 2014 (12).

[35] 朱健刚. 社会建设的狂飙时代 [N]. 南方都市报, 2011 - 08 - 14.

［36］周黎安．晋升博弈中政府官员的激励与合作——兼论我国地方保护主义和重复建设问题长期存在的原因［J］．经济研究，2004（6）．

［37］周黎安．中国地方官员的晋升锦标赛模式研究［J］．经济研究，2007（7）．

［38］张志辰．我国地方政府创新行为的制度分析［J］．兰州大学学报（社会科学版），2011（1）．

［39］张紧跟．治理社会还是社会治理？——珠江三角洲地方政府发展社会组织的内在逻辑［J］．天津行政学院学报，2015（2）．

［40］郑永年．市场经济与广东的改革开放［J］．开放时代，2012（4）．

［41］Berry F S. Innovation in Public Management：The Adoption of Strategic Planning［J］．Public Administration Review，1994，54（4）．

［42］Borins S. Loose Cannons and Rule Breakers, or Enterprising Leaders? Some Evidence About Innovative Public Managers［J］．Public Administration Review，2000，60（6）．

［43］Saich T, Yang X. Innovation in China's Local Governance："Open Recommendation and Selection"［J］．Pacific Affairs，2003，76（2）．

［44］Walters J. Understanding Innovation：What Inspires It? What Makes It Successful?［M］// Abramson M, Littman I D. The Business of Government Innovation. Rowman & Littlefield Publishers，Inc.，2002．

社区治理的广州探索：多元参与的视角

岳经纶　李　宏[*]

在计划经济时代，政府是利益的唯一合法代表，对社会实施单一行政化的全能主义管理。因而，社区管理模式是以单位制为主、街居制为辅，即城市住房由单位负责，职工是居住者并象征性地缴纳一定的费用，单位之外的社会人员则由街道和居委会管理。随着市场经济的发展，城市居民的住房从分配变成了购买，从福利变成了商品，从国家财产变成了私人财产。"单位"所产生的影响正日渐萎缩，并逐步回归"工作场所"。单位制解体之后剥离出来的社会职能更多的是由社区来承担，社区的作用愈加显著。无论是对于有工作的人还是退休在家、没有工作的人来说，社区都逐渐成为各类活动最重要的场所。

面对国内高速的经济、社会发展，国内社区建设作出了有力的回应，陆续开展了社区建设、社区服务等一系列改革，总结了有效的社区整合机制，丰富了国内社区研究成果。其中，"上海模式""江汉模式""沈阳模式"以及"深圳模式"的出现最为瞩目。然而，在社区建设发展较快的社区，多元化也日益显著，包括：社区群体的多元化，社区的居民不一定是同一单位的，来自各地、各种职业、各个工种的人都有；社区服务的多元化，如医疗咨询、养老服务、就业指导；社区需求的多元化，如利益诉求的表达、社区文化的建设、社区活动的丰富多样等。因此，创新社区治理模式对有效地治理社区具有重要的实践指导意义。

基于以上研究背景，本文提出了研究问题：社区多元治理模式是如何构建起来的？为什么在多元的社区治理格局下，社区组织间发展会如此的不均衡？如果从社区组织运行机制的角度去看，究竟是哪些因素促成了这种不均衡？

---

[*] 岳经纶，中山大学中国公共管理研究中心、政治与公共事务管理学院教授；李宏，中山大学政治与公共事务管理学院硕士。

一、文献与问题

综观现有的研究成果，国内外学者都对社区治理给予了极大的关注，并取得了累累硕果，特别是在治理模式变迁中国家与社会的关系（洛克，1964；Schmitter，1974；吉登斯，1998；白益华，1995；朱健刚，1997；顾骏，2001；孙立平，2001；赵孟莹、王思斌，2001；魏娜，2003；胡位钧，2005；张虎祥，2005）、社区权力运行机制（Hunter，1953；Dhal，1961；朱健刚，1997；李友梅，2003）、社区组织间关系（徐勇、陈伟东，2002；李友梅，2002；徐中振等，2003）等方面。

国外学者对于社区治理的研究起步较早，但考察的重点和国内的学者不同，贡献方向有着较大的不同。因此，在借鉴国外理论的时候需要重点考量以下几个方面：第一，国内外对于社区范围的界定并不一致，国外对城市社区的定位较大，甚至整座城市都可以称为社区，我国对城市社区的定位则是一个居委会辖域，所以对社区资源、社区权力、社区组织的研究并不具有较好的适用性；第二，关于国家与社会关系的理论通常与本国的实际情况相关，我国社会力量发展的现实还没有达到公民社会理论探讨的程度，借鉴意义不太大；第三，虽然国外认可社区治理涉及政府组织、社区组织、社区居民三方，但主流理论不太看好政府的介入，并认为社区管理体制的发展应该是自下而上的。所以，国外理论不可能在全局层面为我国社区治理提供框架，而只能是对城市社区治理的某一方面提供参考。

我国学界对于城市社区治理的研究始于20世纪80年代，在30多年的时间里，学者们从不同的角度分析了中国社区治理情况。从总体上看，研究的成果较多，但相对来说比较分散；对社区治理的描述性分析过多，深入的理论探讨不足；原则性的探讨性成果较多，前瞻性的理论探讨不足。从具体的研究内容来看，大多聚焦于对居委会组织的研究，治理的思路集中在居委会与政府组织关系的调整，居委会组织内部结构、职能以及制度分化，欠缺大局观；承认社区治理主体的多元化，但却在治理实践过程中并没有顾及所有主体；对于居委会以外的社区自治组织侧重于权力博弈过程的研究。从研究取向和方法来看，理性主义分析较多，建构主义分析较少；结构性分析多，过程性分析太少；宏观视角研究较为抽象，微观视角研究不够全面，对个案挖掘不够深入，大多数研究倾向于从历时性分析社区治理模式的转变及其合理性，很少有研究对社区治理模式的重要维度逐一考察，以期回答社区治理工作具体是如何运作的，政府、市场、社会、居民又是通过何种方式来参与治理的。

为了弥补现有研究的不足和推进社区治理研究的发展，本研究以一个混合型社区为研究对象，对其进行认真、细致、持久的实地调研，以获取更多真实材料，并以新制度主义理论、善治理论和多中心理论为切入点去探究社区治理的运行机制，将政府、市场、社会和居民如何主导社区治理的过程进行还原，进而解释是哪些因素导致了社区组织间发展的不均衡。

二、D 社区概况

在本研究中，笔者选择广州市越秀区大东街道 D 社区作为研究对象。之所以选择广州市越秀区，一方面是由于越秀区对城市社区多元参与共治模式的探索被民政部确认为"全国社区治理和服务创新实验区"，另一方面是由于"越秀区城市社区治理"项目被广东省社会工作委员会（以下简称"社工委"）确定为"全省社会创新试点项目"。而选择大东街道作为研究个体，除本文导论所述因素之外，还基于其在社区治理实践中有着鲜明的特色。大东街道在社区多元治理、社区服务、物业管理等方面进行了大胆创新，呈现出多个社区治理亮点，成为广州市平安和谐社区建设的先行者。

（一）大东街道的基本情况

大东街道位于广州市越秀区东南部，下辖 20 个社区居委会，占地面积 10.2 平方公里，常住人口约 9 万，流动人口约 1.5 万，其中暂住人员 8000 多人，是一个典型的人口密度大、流动人员多、商贸业发达、城市管理难的老城区街道。

近年来，大东街道在大力发展经济的同时，以建设"生态环境优美、社区服务完善、文化教育发达、社会秩序稳定、人际关系和谐"的现代文明社区为目标，积极推进社区建设，开展了多项主题鲜明、内容丰富的实践活动，进行了社区环境综合整治，积极探索社区物业管理和外来人员管理新模式。经过几年的努力，大东街道的整体面貌焕然一新，并初步形成了"安定有序、服务完善、环境优美、文明祥和、充满活力、人与自然和谐"的城市社区建设模式。值得一提的是，大东街道的创造性实践——金雁工程[①]更是得到了中央和广东省委、广州市委及社会各界的高度评价。此外，大东街道还获得了广

[①] 流动人员就像南来北往的大雁，因此，针对流动人员的管理服务项目被称为"金雁工程"。"金雁工程"包括十大服务内容：安居服务、就业服务、维权服务、医疗服务、计生服务、教育培训服务、困难救助服务、文化娱乐服务、心理咨询服务和社区便民服务。

州市"双拥"共建工作标兵街道、广州市文化工作先进单位、广州市创卫工作先进单位等多项荣誉。

（二）D 社区的基本情况

D 社区位于大东街道的西南部，常住人口约 5000 人，流动人口约 1000 人，是大东街道极具代表性的社区之一。经过 10 多年的社区建设，D 社区的配套设施比较完善，体现为：基础设施建设较为完善，包括学校、医疗服务点、健身设施、超市、文化活动中心、公园等；便民设施较为完善，社区政务工作站帮助居民在社区解决问题，派出所、司法所等派出机构则为社区居民提供了公共安全基础；服务设施较为齐全，群团组织为居民提供及时的帮助，电信、水务、供电等公用事业提供周全服务，物业管理公司为居民提供现代化小区管理。

从社区类型来看，D 社区既不是传统意义上的单位型社区，也不是新型的商品房社区，而是混合型社区，或可称"复杂社区"，既有改制后的国有企业的家属院，又有商品房小区。从社区治理主体的构成来看则是多元的，具有居委会、业委会、物业管理公司等多个参与主体。在人员构成方面，既有区、街道各单位的职工，又有流动人员，以本地人居多，外来人口所占比例不足 25%，总体而言，居民结构较为复杂。在房屋产权方面，社区内公房与私房都有，公房多为 20 世纪 90 年代初修建，私房则为新型商品房。在文化教育方面，社区内有 2 所幼儿园、1 所小学、1 所初中和 2 所教育培训机构，教育水平不低。在体育健身方面，社区有 3 块专门的体育健身场地，并按照相应的标准配备了健身器材和设施。在道路交通方面，社区毗邻地铁站，且有一交通枢纽站，共 12 条公交路线经过社区，居民出行极为方便。在绿化建设方面，社区绿化率高达 20%，超过一般住宅区的水平。

三、"核心"组织——社区党组织和街道办

目前，我国城市社区的治理结构呈现为由政府行政组织、党的组织和社会自治组织三类组织及其相互关系构成的基本格局。在中国现有的经济、社会和政治的制度框架和运行模式下，社区治理离不开党的组织。多中心理论强调治理主体的多元化和网络水平式治理，但并没有否定政府行政组织在公共事务中的作用，政府在社区建设与社区治理中有着不可或缺的作用。

(一) 社区党组织的生存空间与运行逻辑

1. 社区治理中的党组织

社区治理意味着政府权力的淡出，但由于行政权力撤离所留下的权力真空并非仅靠居委会所能填补，还需要其他组织的介入，无疑，党组织是最好的选择。因为党具有很强的社会属性，与社会治理结构有着较高的契合度。与行政权力外在于社区不同，社区党组织是内在于社区的，社区党员是社区里的居民，党组织对社区公共事务的介入意味着社区党员的政治参与。此外，由于党组织具有强大的组织资源和组织能力，能够起到动员社区居民的作用。

社区党组织接受街道党工委领导，在社区组织体系中发挥重要作用，社区党组织也是社区组织和社区工作的领导核心，居委会、社区工作站等各类社区组织在社区党组织的领导下依法履行职责，共同推进社区各项事业的发展。D社区党委由社区党员大会选举产生，下设4个党支部，党委班子由6人组成：1名党委书记，1名党委专职副书记，4名党委委员。其中，党委书记由居委会主任兼任，党委专职副书记由社区工作站的站长担任，党委委员则从工作关联度高、大力支持社区工作的辖内单位党员中挑选。在D社区的党员中，组织关系在社区的有218人，以离退休人员居多，在职党员的组织关系多挂靠在单位。为了提高基层党组织的凝聚力和创造力、有效处理各治理主体间的关系和提升基层党组织在社区治理中的领导核心地位，D社区党组织在党建方面作出了积极的探索：

（1）在社区党员队伍建设方面，以社区"两委"换届选举为契机，通过竞争上岗，在全街社工里选拔年轻、学历高、综合素质强的优秀专职社工担任社区党组织的党委委员。

（2）在机制建设方面，一是探索社区大党委工作机制。充分发动辖区机团单位、企事业单位和各类社会组织参与社区建设管理。二是创造性地提出"3+2"工作法（即"三议两公开"工作法），"三议"包括"两委"提议、居民协商委员会商议、居民代表大会决议，"两公开"就是决议公开、实施结果公开。该工作法得到了区与街道的认可，并得以在全区推广。三是探索功能型党支部。目前，D社区党组织根据地缘型、兴趣型等特色建立了3个功能型党支部，与10个网格化党支部有效互补，成功构建有效运转的横向到边、纵向到底、运作顺畅的社区组织架构。

（3）在载体创新方面，一是创新网格化服务管理。探索"支部建在网格上"，实现"党在网内、网中有党"，落实10大项78小项社区服务内容全部"入格"，让党员群众办事不出"网格"，实现服务群众无缝化。二是设立"两代表一委员"社区工作室。"两代表一委员"轮流入驻社区工作室收集社情民意,通过走访、约访、接访以及电子信箱、网上工作室等形式了解民情,围绕党员群众反映的突出问题及社区建设发展的困难瓶颈,积极参与服务社区居民和社区建设,进一步发挥代表、委员"听民情、解民忧、聚民心"的作用。

（4）在党员管理方面,一是党员分类管理,把社区党员划分为在职党员、离退休党员、下岗失业党员和流动党员等四个党支部。二是在职党员双重管理,形成在职党员工作时间单位管、业余时间社区管的工作机制,并建议定期参与社区活动。三是流动党员的管理,首先,开展摸底调查,发现和登记党员信息;其次,通过开展"组织找党员、党员找组织"活动进一步寻找流动党员;最后,通过"四送"① 活动对流动党员进行服务。

2. 社区党组织的制度发展困境

从法律上讲,社区党组织是社区居委会的领导机构。《民政部关于在全国推进城市社区建设的意见》对社区党组织的职能作了具体界定:社区党组织是社区组织的领导核心。其主要职责是:宣传、贯彻党的路线、方针、政策和国家的法律法规,团结、组织党支部成员和居民群众完成本社区所担负的各项任务;支持和保证社区居民委员会依法自治,履行职责;加强党的组织建设,做好思想政治工作,发挥党员在社区建设中的先锋模范作用。但事实上,社区党组织的作用却被弱化了,主要体现在以下几个方面。

（1）社区党组织身份认同的错位。党组织对社区公共事务的管理通常是通过居委会来实现的,"一肩挑"的社区党委书记、居委会主任在与居民沟通的时候通常是以居委会主任的身份出现,而非社区党委书记,这种身份认同上的错位在一定程度上置换了党组织的权威。在调研中,笔者发现,大多数居民对于社区党委和居委会的区别并不了解,通常仅把 L 主任（居委会主任）当成居委会的负责人而不会考虑其作为社区党委书记的身份。此外,随着社区党委对治理的全面参与,党支部书记的个人权威在扩大,特别是党委专职副书记的威望在提高,但是这并不代表居民对党组织权威的认同。在访谈中,笔者发现居民知道党支部书记却不知党组织:

（你对社区党组织了解么？）知道一点点吧,毕竟也是一个党员,感觉毕业之后,就没有党组织这个概念了。以前还有参加一些活动,写心得,现在貌似感觉不到党组织的存在了。但是社区党委的副书记还是认识的,因为之前办

---

① "四送"活动指的是送观念、送政策、送岗位、送技术,特别是重点从技能培训、职业介绍、低保及其他困难救助等方面开展服务,寓管理教育于服务之中。

转入手续的时候有打交道，而且他好像还是社工站的站长。(S20150131A)

(2) 社区党组织的功能错位。在实际工作中，由于社区居委会的工作多且急而社区党委的工作少且缓、社区党委的大部分成员是居委会的干部，社区党委的工作通常要让位于居委会的工作，这就使得党委成员的工作绩效更多地以居委会工作的完成情况来评价，进而影响党组织功能的发挥。在与一位党委成员的访谈中，他告诉笔者：

自从兼任党委成员以来，我有时候都会觉得很混乱，不知道哪些是党的工作，哪些是居委会的工作，只能有什么任务就怎么做，但是工作重心肯定会是在居委会这边，因为这边是需要考核的，而党组织几乎是没有考核的。(S20150131B)

(3) 党员参与积极性不高。在社区里，除了为数不多的自管党员和流动党员，大多数党员都是有单位的。单位离退休党员和在职党员严格上并不算社区党支部的成员，因为他们都是由单位党委管理，并在那里参加党的组织生活。目前社区对党员实行双重管理，把离退休人员和在职党员都纳入党支部。但是由于社区缺乏激励和约束在职党员参与社区治理机制，党员们参与社区活动的积极性不高。

(平时参加党组织的活动多么？) 参加过一两次，不是很多，党组织其实每一年都会搞很多活动，但活动没有什么新意，而且来来去去都是那几个比较积极的人参加，我们如果有时间，就可能过去看看。(S20150131B)

(二) 街道办事处的制度生存空间

如果说"党委领导"是社区治理的核心，那么"政府负责"就是实现社区良治的重要前提。在社区治理中，政府既是掌舵者又是服务者，既要服务于居民，又要保障其他治理主体发挥重要作用，所以说，社区治理离不开政府行政组织。因此，作为社区中的政府行政组织，街道办在城市社区治理体系中发挥着不可替代的作用。

1. 社区治理中的街道办

按照广州市人民政府《关于加强街道工作的意见》的相关规定，"街道是区人民政府的派出机构，依法对辖区内的社会性、群众性、地区性事务进行综合协调与监督检查，并协助职能部门开展工作"。从法律上讲，街道办不属于一级政府，但在社区治理中，街道办作为政府的代表扮演着重要的角色。

（1）为社区建设提供人力、物力和财力支持。社区自治组织和政府组织的相互作用关系是社区治理主体间最重要的关系，两者的制度化关系直接影响着社区治理结构的走向。这主要体现为街道办与居委会、业委会的密切关系。

为了解决居委会工作人员专业化、年轻化和知识化的问题，大东街道一方面招聘社区事业编制干部到社区居委会任职，另一方面通过"民选街聘"①的方式选拔能力突出的社工人员出任居委会干部。为了改善社区居委会的办公条件，街道办负责办公场所的选址问题，并负责办公用房的维修、水电等费用，此外，政府每年还为居委会提供办公、活动经费以及工作人员的工资和补贴，为社区工作者购买"五险一金"，使他们没有后顾之忧。在与业委会的关系中，政府的作用显得尤为重要。为了业委会的顺利成立，政府通常会全程指导，包括《自治公约》的出台、业主代表的选择和业委会的换届选举等。

（2）指导和参与社区自治组织工作。根据《居民委员会组织法》的相关规定，街道办对于居委会的工作应该给予指导、支持和帮助。目前，大东街道频繁介入 D 社区居委会的工作。以 2011 年的社区居委会换届选举为例，街道办在选举前就已经组建各社区班子，并召开由社区工作者参加的会议，当场对居委会主任和社区专职工作者进行工作调整和安排。此外，街道办也直接参与社区事务，包括综合治理、社团登记、文化市场管理等。

2. 街道办的角色缺失

从治理的角度来看，社区治理属于自组织治理，自组织网络中最主要的治理主体当属社区自治组织，而非政府行政组织；政府的职能在于协调各社区治理主体间的关系以及提供财政支持，而非直接介入自组织网络的事务。但在实际操作中，政府行政组织与社区自治组织是一种领导与被领导的关系。

（1）居委会的"上级"。在"两级政府、三级管理、四级网络"的城市管理体制下，居委会作为管理层次的第四级，应是在三级管理之下协助政府进行社区治理和提供公共服务。目前，街道办却成为居委会的"上级"，全面负责居委会的工作。这主要体现在以下几个方面。

第一，街道办制定社区自治章程。大东街道所有居委会的居民委员会章程，社区居民会议、社区居委会的有关制度规定均由街道办制定。自治章程由街道办制定在一定程度上为街道办的任务转移提供了空间和机会。

第二，街道办控制居委会干部的任免。D 社区居委会成员尤其是居委会主

---

① "民选街聘"指的是专业社工人员在居委会实践三个月后，参加社区居委会换届选举，当选后与街道办签订协议，接受聘用。

任均是街道组织部门考察审定，经街道班子认定之后交给居民代表，经过居民代表的同意，通过组织保障候选人当选，其中，选举的程序、候选人的推荐和提名均由街道办决定。此外，居委会的干部亦可上调街道，或者经街道办推荐进入区政府机关。关于居委会干部的选举，居民代表 M 告诉笔者：

在大东街道，有 8 个社区的居委会主任是街道下派干部，属于国家公务员，选举不过是走走程序而已。社区很多时候对于他们就是一个过渡，做得好，够听话，很快就能回街道，或者调到区里。而且像 L 主任那些"民选街聘"的人，能不能长久地干下去，还得看街道的态度。所以很多居委会都是直接对街道负责，而不是向居民负责。我们社区还好，L 主任这个人是真心实意为大家办事的，有口皆碑的。（S20150203A）

干部是居委会的主体，人事关系的结构直接决定了组织的性质和功能，居委会成员的干部身份影响了居委会的自治性。

街道办对居委会进行考核和激励。社区居委会作为自治组织，其工作绩效理应由社区居民来评价。但事实上，政府的考核比社会的评价更重要，因为街道可以根据居委会干部的工作绩效来决定其去留。而考核通常又与奖金挂钩，如果考核无法达到要求，甚至排名靠后，所有的工作努力都会被抹掉。居委会干部老 K 告诉笔者：

在居委会工作，最怕的就是评比考核，每一次都没日没夜地整理材料，没有一刻可以放松。年轻一点还好，加班到两三点还能吃得消。像我们这种年纪大的，本来文化水平就不是很高，现在材料撰写的要求又高，所以真的很难。不做又不行，人家有一票否决制，人家还可以给你发黄牌警告。而且到了年底，年终评比要是在街道里排得靠后，奖金就没有多少了。我们街道还好，每年的排名都不算太差，在一些比较难搞的社区就真的少很多钱的。（S20150203B）

（2）街道办的角色"缺位"。所谓"缺位"，指的是街道办在行政实践中未能扮演好自己的角色，未能履行自己的职责，主要体现在以下几个方面：

第一，对社会组织的培育不到位。社会组织的发展离不开政府的培育、监管以及相适应的环境。在社区治理的过程中，一些官员对于社会组织并没有一个正确的认识，从而直接包办社区事务，大包大揽的政府行为对社会组织的发展产生了不利影响。此外，社会组织容易在社区治理中遇到资金缺乏的问题，而目前社会组织并没有享受太多来自街道或者区的优惠政策。

第二，对业委会指导监督不力。部分行政机关人员缺乏社区治理和居民自治方面的行政指导经验，对于业委会的性质、作用的认识不够清晰，不懂得如何与业委会的工作人员沟通，也不能给予基本的指导意见，使得业委会的产生及正常运行都很艰难。

第三，"资助性投入"不到位。目前，社区仍存在部分特殊群体，如弱势群体、边缘群体等，仅靠居委会去解决这些问题是远远不够的。这个时候就需要一些以服务社区居民为目的的公益性非营利机构，而他们通常是不直接面向市场的，所以缺乏机构的运作资金。但目前街道办对这类专业性团体和工作机构的资助并不到位。

第四，对公共事务的管理不到位。作为社区治理主体之一的街道办，必须承担一些非承担不可的公共事务，如社会治安等。2014年7月，D社区连续发生了几起夜间入室行窃事件，一时间人心惶惶。D社区组建了夜间巡逻队以增强防范，同时，低楼层的居民亦安装防盗网，大大减少了犯罪案件。但此举却有着外部性，在接下来一段时间，D社区旁边的一个社区因为防范措施不足发生了三起入室行窃事件。因此，社区治安不能各自为政，需要政府的综合管理。如果街道办一味地将必须由自己承担的任务转嫁给居委会，社会管理就会变得没有效率。

四、双重属性的基础性组织——居委会

社区治理的很多细节是在居委会进行的，无论是社区治理主体间关系的协调、社区冲突的解决还是社区公共服务的供给，居委会的作用都不容忽视。所以，在某种程度上，探讨居委会在社区中的地位和作用以及作用的形成机制，实质就是探讨社区治理的运行机制。

根据组织产生的动力机制，可以把组织分为外源性组织和内源性组织。内源性组织是组织成员自发建立的，目的在于达成某种目标，如公益性的NGO；外源性组织则是由外力推动建立的，如政府推动建立的民间组织。居委会的组建来自政府自上而下的推动，而非自发产生。居委会的成立伴随着街道办事处的建立，是国家改造社会的需要。在调查中，笔者发现，二者的关系并非简单的领导与被领导、指导与被指导，居委会的行政色彩固然有点浓，但政府对居委会并非全方面控制的。毕竟居委会是群众性自治组织这一地位是法律所赋予的，其自治身份无法通过政策改变，这就使得居委会与政府行政组织相比较，显得更加多元和灵活，甚至拥有讨价还价的空间。总体而言，居委会的二重属

性虽然没有得到改变，但是居委会作为居民代理人、作为自治性组织的身份并没有弱化，反而有进一步强化的趋势。

（一）作为"行政组织"的居委会

在社区建设活动之前，居委会扮演的更多是制度体系外围组织的角色，居委会委员的产生与街道有关，但居委会的工作中心还是服务居民，为居民排忧解难。但随着社区服务在全国范围的开展，居委会开始被纳入政治、社会改革领域，身份转变为单位制解体、经济社会转型的重要承接组织。此时，居委会身份的行政色彩日渐趋强，主要体现在以下几方面。

1. 行政性工作日渐增多

按照《居民委员会组织法》的相关规定，居委会与政府的关系在于：一是协助人民政府或者其派出机关做好与居民利益有关的公共卫生、优抚救济、青少年教育等工作；二是向人民政府或者其派出机关反映居民的意见、要求和提出建议。单看规定，内容不多，但在实际工作中，居委会的工作压力极大。在对社区事务的分类上，笔者同意杨爱平（2012）的观点，根据社区公共事务的施压主体及其属性的不同将其分为政治性任务、行政性工作和居民事务。在实际调研中，笔者发现居委会实际承担的事务高达108项，其中，政治性任务22项，行政性工作65项，居民事务21项，三者的比例约为1：3：1。

关于居委会行政性工作的基本情况，可以用"五多"来形容：①行政事务多。社区工作种类繁杂，包括党建、民政、人大、人防、社保、妇联、残联、司法、人民调解、消防等。②书面"台账"多。上级各职能部门管理日趋细化，为了掌握基层一线信息，各类台账等、报表成了社区居委会的日常工作，一项工作一本台账。工会台账、团员系统台账、统战台账、低保台账、农民工培训台账等，种类繁多，粗略统计一下就有二三十项。③专项和临时任务多。如特种设备安全使用、水利普查、小区管网清查、城中村改造计划等。④创建考核评比多。据不完全统计，中央、省和市有关部门在社区开展了12项各类创建考评活动。⑤会议、活动较多。各级部门往往将社区视为一级行政组织，很多无须社区参加的会议也要求社区参加，使社区陷入"文山会海"之中。

在被问及"对承接的来自政府的工作有什么感觉"时，许多居委会干部都表示压力太大，因为工作不仅复杂、重复、毫无规律，而且还特别紧急。

实在是太多了，多到有点离谱，感觉真的忙不过来。在我入职这一年里，几乎超过一大半的时间是做区和街道派下来的任务，有时候我甚至都搞不清楚究竟哪些才是我们应该做的，哪些不属于我们的职责范围。比方说这个食品安全检查，我觉得这本来就不应该由我们来做的，我们一没有专业知识，二没有这么多空闲的时间，怎么会有能力做好这项工作呢？……最烦心的一点是上级的工作很多都是重复的，比方资料、数据的录入，其实很多都是重复交叉的，感觉经常在做无用功。（S20150121A）

政府的工作真心是多，但我们还不能拒绝，因为我们的绩效考核是由政府来负责。他们通常只要一个电话打过来或者一个通知发下来，就算完成任务，我们却要做个半死。很多东西可能看起来很简单，但事实上是很复杂的。比方说捐款，你可能最后在公告栏上看到的是一个简单的数字，但是我们从写宣传材料、动员、整理物资和捐款款项、记录到最后的公示，做了大量的工作，忙活了好些日子呢！（S20150123A）

从居委会的工作内容和工作强度来看，居委会需要较多的工作人员。但实际上，社区居委会的工作人员是按照比例来分配的，每300户配1名工作人员，所以D社区居委会只有工作人员8名。显然，以这个数量的工作人员去完成高达108项社区公共事务会显得捉襟见肘，每一项工作都需要连续工作好几个工作日才能完成。这就导致了有部分居委会工作人员甚至对政府的工作深表厌恶。

从人员架构来看，居委会有1名主任、1名副主任、6名居委会委员。其中主任与副主任负责全面工作，委员们则分管民政、综治、就业等方面。换句话说，居委会的条线是对应街道办的各条线，并受街道各条线指导，二者俨然就是上下级的关系。

2. 等级意识的显现

从理论上讲，居委会作为基层自治组织，其身份应该是独立于政府行政组织与社区其他组织的。但是，笔者通过调研发现，居委会的组织等级意识却十分明显。在初步调研阶段，笔者前往社区居委会，调研请求遭到拒绝，甚至询问基本信息时亦会遭到推辞；笔者与区民政局以及街道取得联系后，访谈就得以顺利开展。显然，"上级的应允"成为笔者能够进入社区的"通行证"。这其实就是一种行政化作风、等级制度的体现，与自治组织的开放性相距甚远。此外，通过居委会向街道组织所递交的经费申请报告，同样可以发现这种等级意识的存在。

DL 居委会壹伍年活动经费申请报告

尊敬的领导：

2014 年我们 DL 居委会在街道领导的关心和支持下，开展了一系列的工作，深受广大居民的欢迎。为丰富社区居民的文化生活，把社区工作搞得有声有色，我们经过集体讨论，对居委会活动经费作了初步预算，现将报告奉请领导批阅。

此致

敬礼

DL 居委会
2014 年 11 月 30 日

通过这份申请报告，可以明显看出政府行政组织与居委会组织仍旧是领导与被领导的关系。其实作为居委会组织，他们从一定程度上已经默认其准政府行政组织这一身份，甚至渴望自己身份实现政府化，这种渴望就使得居委会的组织等级意识得到增强。这在居委会与社区其他组织的关系上也有所体现，居委会与业委会的关系就并非传统意义上的合作，而更多的是不平等、领导与被领导的关系，社区的志愿性组织以及学校组织也表现出强烈的依附性。在社区里，居委会组织在地位上明显高于其他组织，而且这种组织间关系的等级正逐渐固化。

3. 基层压力的"缓冲器"

随着经济、社会转型，层出不穷的事情使得基层政府的压力逐渐增大，而作为自治组织的居委会甚至还承担着缓解基层政府压力，为政府行动争取时间和空间的责任。在与居委会 L 主任的访谈中，他提及，居委会其实每一年都需要帮助政府解决诸如上访、投诉等事件，并讲述了陈伯的故事：

陈伯是我们社区的。五年前他们那个小区动迁，由于一些历史原因，房地产商和承包商的沟通出现了一些问题，这个房子没能如期完工，给陈伯他们带来了很多的不便。他们就去上访，要求政府帮助解决问题，特别是住房以及孩子的教育问题。政府也尽力去帮助居民，但是可能效果不是特别好。这个时候就需我们去调解，家家户户地去做思想工作，告诉他们政府正在想办法解决问题，居民的安居乐业是政府工作能力的体现，也是政绩的体现，大家都要相互了解，尽量少去上访。但是他们也不听呀！这个时候，我们只要收到消息说他们有聚会，就会想办法去堵他们，因为出了问题对大家都不好嘛。（S20141203A）

类似的行动使得居委会作为准政府行政组织的特点更加凸显。

(二) 作为居民自治组织的居委会

近年来,居委会的行政性工作日渐增多,调查数据也显示(如表1),居民对于居委会的性质的认识明显分为两大类:"居委会实际上是政府行政组织"的比重占44.6%,"居委会是居民自治组织"的比重占51.8%,"不清楚"则占了3.6%。

表1 居委会性质

内容	频数	选项百分比(%)
实际上是政府行政组织	50	44.6
居民自治组织	58	51.8
不清楚	4	3.6

确实,居委会有较大比例的工作属于居民事务,居委会在完成行政性任务的同时也是在为社区居民提供服务。如表2所示,居民对于居委会的整体满意度还是比较高的,满意率超过60%。

表2 对居委会的满意度

内容	频数	选项百分比(%)
很满意	22	19.6
满意	46	41.1
一般	18	16.1
不满意	14	12.5
很不满意	8	7.1
不清楚	4	3.6

同时,如表3和表4所示,"家庭矛盾"优先找居委会解决的比例高达44.6%,而"邻里矛盾"优先找居委会解决的更是高达64.2%。可见,社区居民倾向于将居委会定位为居民自治组织。

表3 家庭矛盾优先找谁解决

内　容	频　数	选项百分比（%）
居委会	50	44.6
业委会	1	0.9
邻居	4	3.6
朋友	2	1.8
法院	1	0.9
其他家人	26	23.2
自己解决	24	21.4
其他	4	3.6

表4 邻里矛盾优先找谁解决

内　容	频　数	选项百分比（%）
居委会	72	64.2
业委会	4	3.6
邻居	8	7.1
朋友	2	1.8
法院	1	0.9
其他家人	5	4.5
自己解决	15	13.4
其他	5	4.5

1. 积极解决社区事务

由于居委会驻扎在社区内部，且工作人员多为本社区的居民，所以居委会干部肩上的责任重大，尽心尽意为居民服务、赢取居民的认同，使得社区居民过上安居乐业的幸福生活成为他们最主要的工作目标。在调研中，笔者发现，居委会的工作人员都在积极地解决社区事务。较之行政性工作，社区事务需要更多的耐心与毅力。以下为两则处理社区事务的案例，作为一个居民自治组织，在处理事务的过程中掌握有效的方法也是他们工作逐渐成熟的表现。

关于垃圾箱位置的摆放，其实我们之前是有开协调会的，也已经决定好了。但是很多居民就不理解，为什么这么大一个垃圾箱放在我们楼道旁边呀，为什么不把它放到其他地方？就因为这些事情甚至闹到居委会，我们就只能解释，每一个垃圾箱的选址都是有根据的，如果把垃圾箱设置为流动的、可变的，那么对附近的居民都会带来不便，而且垃圾箱的摆放不是问题，我们也已经和环卫公司商量好了，每天三次清理垃圾，这样就会减少垃圾所带来的卫生问题。其实居民要的就是一个干净的公共卫生环境，只要我们做足功夫，应该没问题的。(S20141204A)

当初那个垃圾分类其实也是很闹心的，很多人不愿意去把垃圾分类，就随便丢到了垃圾箱。一个人不遵守，就有可能产生跟风现象，长期下来对社区的卫生会带来很大的影响。那段时间我们做了大量的工作，制作规章制度，贴宣传标语，挨家挨户地去宣传，事情才逐渐好转。(S20141204B)

虽然居委会的自治性事务较为烦琐，但是居委会工作人员表示，这其实是一个苦中有乐的过程：

说实话，社区的事情很繁杂，特别累人，但只要你把事情做好，你就会觉得特别满足，而当你的努力得到居民认可的时候，那种成就感就会愈加强烈。(S20141204B)

在调研中，笔者发现，社区细碎的事情确实较多，这也使得许多矛盾均出自基层；但是只要社区居委会做好工作，积极调解，基层矛盾就能化解于无形之中。可见，居委会为社区治理、社区良好秩序的维护添加了动力。

2. 增强与共建单位的合作

为了保障自治组织的独立性，居委会通常会选择寻找外部资源的支持，努力实现资源支持体系的多元化。如今，共建单位就扮演着这样一个角色。共建单位主要指的是辖区内的政府组织、企事业单位，有些是由区、街道办牵线的，有些则是居委会主动邀请的。共建单位通常都会为社区解决一些实际问题，或者提供一定的资金或者物资，共建单位与居委会是各取所需。

Q：我们社区有共建单位吗？

A：有，好几个呢。比方说市卫生监督所，我们和他们的合作就比较愉快，他们也帮我们解决了一些问题。

Q：遇到了什么问题？

A：在居委会旁边有一个老年人活动室，本来是很热闹的地方。后来旁边开了一个小饭馆，生活污水、厨房的油烟、噪声都对老年人有很多影响。我们去做调解，也没有把事情搞定。最后，卫生监督所的所长去找饭馆老板聊了一下，事情得到了很好的解决。现在老年人活动室附近又变得干净了很多，也逐渐热闹起来了。

Q：还有其他共建单位？

A：还有就是区的侨务和外事办，平时合作也比较多，他们有时候会专门举行"侨务进社区"活动，为社区的侨民提供咨询平台。如果社区有活动的话，还会出人、出力甚至出节目。当然，我们社区有时候也会为他们的退休职工提供各种娱乐场地。

Q：有没有主动找上门的单位？

A：有的，大国企，某地产。

Q：他们怎么跟我们建立共建的？

A：他们有物业、装饰公司在我们小区。他们是最用心的，每一次捐款都会出现，社区的一些活动也有提供经费支持。装饰公司搬进社区的第一天，王经理就对我说，不想搞什么开业仪式，想利用这笔钱帮助一下社区里面需要帮助的人。我觉得这个主意很好呀，可以做一个公益性活动嘛。然后社区就策划了这个活动，资助了一个单亲学生、两位残疾儿童，钱都是由某地产出的。每年的重阳节，他们也会给老人发慰问金、油、米这些。所以，共建之中我们建立了良好的关系。当他们的广告牌被别的公司遮掉了，我们也会去协调，帮助解决问题。（S20141206A）

虽然共建关系通常不会维持太长久，但是它给居委会带来了解决问题的新渠道。虽然共建资源相对于居委会的日常运作花费而言不算多，但是对于居委会的公益事务运转却起到了重要的补充作用。我们同样可以看到，居委会正在以一种开放的态度接纳共建单位，利用自身资源与共建单位建立持续关系，居委会正逐渐向居民自治组织迈进。

3. 积极组织内部资源

居委会的内部资源是有限的，主要包括党员资源、物业服务资源、志愿者资源、居民资源等。其中，党员资源是居委会经常发动的资源之一。

现在我们社区有几十个退休的老党员，他们和居委会的关系也比较好，很多时候我们还需要求助于他们。比方说社区里汽车、摩托车、自行车的停放，老党员们就都能起到监督的作用；比方说一些邻里纠纷，很多时候居民找到居委会，但是居委会有时候不熟悉情况，就会去寻求附近党员的帮助，因为他们更加熟悉情况。还有就是社区的卫生。现在社区成立了卫生队，居委会包括党总支每个星期一早上都会去检查卫生。（S20141206C）

物业管理公司的资源同样是居委会积极发动的资源之一。社区的物业公司有好几家，而且大部分是房地产开发商下设的，如果沟通不顺畅，容易造成很多不必要的问题。居委会通过与物业管理公司建立合作关系，以此来换取高质量的小区硬件设施和物业服务，提升小区公共资源的品质。

早些日子，碧云小区由于没有安装监控摄像和防盗门，存在很大的安全隐患。因为几起盗窃事件，小区的业主都已经把事情反映到街道和社区里面了，但是一直没有得到解决。物业与业主的矛盾就在于物业费的收取。物业公司认为五毛钱（1平方米收取0.50元）的物业费已经很久没变了，需要多交，业主又不愿意多交，物业公司也没有办法。后来，居委会就出面协调，按照市场价格决定是否调价。协商的结果是六毛钱，并且由政府出钱安装了部分监控器和防盗门，最后问题得到解决。其实有时候，只需要心平气和地坐下来和物业公司沟通，很多事情都是可以解决的。（S20141206D）

居委会在组织内部资源上最大的贡献就是为社区各类组织，包括志愿者团体、话剧社、广场舞团体等提供支持。由于居委会的帮助，志愿者团队成立了巡逻队为小区做好安保工作；话剧社获得了居委会提供的免费场地，尽情练习；广场舞爱好者获得了社区公园广场定时的使用权。

4. 居民协作

居民生活在社区里面，休闲、生活自然离不开居委会；居委会同样离不开社区的居民，如果没有居民的协助，他们的工作同样无法开展。如果说到对社区的感情，年长的居民明显更深，因为他们到社区的时间比很多居委会的工作人员都要长，他们的帮助能够使工作人员少走很多弯路。特别是当居民感受到了来自居委会的开放、包容和关心爱护时，他们更加愿意为社区的发展出谋划策。在问及社区近年来的变化时，居委会的工作人员C说道：

入职将近八年了，感觉到的最大的变化应该是居民参与热情、意识的提高，现在社区举行的活动都能受到很大关注，捧场的也很多，居民都特别给力。主要和我们的L主任有一定关系，因为他不是这个社区的，四年前才从其他地方过来的，对社区不算了解，但是他当时做了一个决定，就是请了社区里面的很多居民来商量社区的发展规划。这使得社区的居民感受到前所未有的尊重,也特别欣赏L主任的做事风格,于是畅所欲言,对于做得好的予以表扬,对于不好的毫无保留地指出,这为我们主任了解情况提供了很多帮助。因为与社区居民沟通的方式得到认可,L主任就把这个变成常态化,每个月都会邀请居民参加茶话会,指导社区工作。(S20141206E)

居民的参与一方面能够促进居委会的工作,另一方面有助于社区治理效果的提升。可见,居委会作为社区自治组织需要更多的居民参与。

(三)居委会发展的制度性困境

居委会作为有着双重属性的基础性组织,其权力地位确实比较复杂,然而这与近60年来的秩序构建逻辑不无关系。

1. 矛盾的定位

在《居民委员会组织法》中,居委会的职能极其广泛,包括宣传宪法、法律法规、办理公共事务和公益事业、协助维护社会治安、协助政府做好优抚救济、公共卫生等,人员仅有5~9人的组织承担如此广泛的任务的做法确实值得商榷。从法律定位来看,居委会就像一个没有确切身份的组织。尤其是当政府行政组织介入的时候,居委会就更加难以找到合适的定位了。毕竟法律对居委会协助政府工作是有规定的,这就使得居委会只能努力完成政府下发的任务。寻找合适的居民自治的模式对于居委会太不容易了,而仅依靠居民自治的资源来实现组织的可持续发展更是难上加难。

2. 政府的"渗透"

从某种意义讲,政府对于居委会的指导工作已经"渗透"到了居委会工作的每一个阶段,从居委会的产生、干部的选择、工作的程序到工作的内容,几乎所有事项都包含着政府的因素。这一方面使得政府在工作中容易出现"越位",另一方面使得居委会在政府的"照顾"下难以找到合适的社区自治的路径。政府的"越位"除了表现在授予居委会过多的工作之外,还体现为费随事转原则通常不能落实到位。人才是居委会自治的核心要素之一。目前,居委会干部向年轻化、高学历、高素质转变,但其收入却相对较低,居委会的社工们的收入都比民选干部高,且没有其工作繁杂,同工不同酬将会加剧居委会工作人员对收入的不满。在调研中,笔者也发现,工作人员有强烈的涨薪要求,人才流失情况也较为严重。性价比过低将使得居委会难以吸收有能力的人才,进而影响工作的连续性及创新性。

3. 自主资源过少

居委会无法放手发展工作与其掌握的资源过少是有一定关系的。在笔者调查的社区里，居委会工作人员的家庭收入要比普通家庭的收入低，这就限制了居委会资源的利用。一般情况下，事情的解决依靠的是居委会干部的领导魅力，而非资源。在无法动员其他资源的情况下，居委会通常只能寻求政府的支持，但政府的支持又是非常有限的。

Q：居委会的办公经费能否满足需求，如果不够的话，向政府再申请呢？或者用其他的先垫着？

A：肯定不够呀，但不能再申请的。街道给的钱都是公开的，有预算的，按照社区居民人数定的，每人每年10元，5万块肯定不够，且只能在这些钱内搞活动，不够的居委会得自己想办法解决。现在社区是有上面拨下来的"幸福社区"的30万，但那个是专款专用的。

Q：平时居委组织的居民的活动，这个花销能报么？

A：原则上也是不能报的。钱不能乱花，每次组织活动，如果你都随意买这个买那个，哪有这么多的钱给你报销呀。

Q：如果搞活动，奖品不够丰富，居民的积极性还高、还愿意参加么？

A：是呀，奖品的多少确实是会影响居民参与积极性的，这个很正常，但不是我们能够决定的。现在我们搞活动的原则是，不在多，而在精，力求每个季度或者每个月都有一些拿得出手的活动，搞得太寒酸、太小气也不好嘛。（S20150122B）

确实，资金支持的有限性与工作内容的极度不确定性使得居委会自主独立的发展几乎是不可能的。

4. 社区居民的"弱参与"

社区治理需要居民的参与，居民的自我维护意识、自我组织意识、合作意识以及行动的意识对于群众性自治组织的发展极为重要。但从目前社区居民的行为特征来看，总处于一种"弱参与"的状态。

从参与意识来看，居民的参与意识比较薄弱，并未树立真正的主体意识，缺乏主动参与。从参与主体来看，是不均衡的，以老年人、下岗工人为主。从参与内容来看，更多的是社区文化娱乐活动，对于类似制定社区规划、民主选举、民主监督、民主评议等政治性参与较少。从参与制度化程度来看，渠道太少，不利于利益需求的表达。从参与结果来看，缺乏社会效益与实效性。

五、贫弱的业委会

随着住房制度改革的深化,越来越多的居民拥有自己的房屋,业主的建筑物所有权已经成为私人不动产物权的重要权利,业主委员会应运而生。业主委员会制度的最大特点在于建立业主自我管理与物业管理公司专业化服务相结合的管理模式,改变了过去人们依靠政府行政组织管理住宅区的旧观念,在降低政府管理成本的同时充分发挥了业主的主观能动性。应该说,业委会对于社区治理的重要性在逐步显现,但仍未被赋予重要的地位。

(一)业委会的艰难生存

在进入调研前,笔者曾认为,既然现在大部分的房子都已经私有化,那么人们肯定会保护自己的私有财产,保护小区的权益,拥护代表业主利益的业委会。但是,调研结果告诉笔者,不完全是这样的。与居委会这个拥有60年历史的居民自治组织相比,业委会这个新型组织显得太弱小了,它的处境可以归纳为两个字:艰难。这种艰难从业委会的产生到业委会的存在感、工作成效再到与物业管理公司的关系,都体现得特别明显。

1. 艰难成立的业委会

尽管《物业管理条例》和《业主大会规程》都对业委会的成立流程作了详细的规定,但由于缺乏执行组织和行之有效的管理方法,在实际操作中业委会的成立情况不甚理想。在大东街道,只有5个社区是有业委会的,这一比例与目前广州市社区业委会的成立比例是一致的。D社区业委会从向街道办提交申请到最终完成备案,耗时9个月(见表5)。

表5 业委会成立的流程

时间	事件
2012年7月	业主向街道办提出书面要求
2012年8月	筹备组成立
2012年9月	起草《业主大会议事规则》《业主公约》和《业委会选举办法》,选举业主代表并公示
2012年10月	发选票;投票箱被偷,导致无法统计结果
2012年11月	重新回收选票,统计结果
2012年12月	召开首次业主大会,选举业主委员会委员 推荐产生业委会主任,申请备案
2013年2月	完成备案,开始运作

从业委会的成立流程来看，政府相关部门的重视显得尤为重要，绝大部分社区业委会的成立都需要街道办以及区国土房管局的指导和协助。像 D 社区这样成立业委会热情不足的社区，街道办需要帮助推选业主代表，需要确定业委会的选举方式应为直接选举还是间接选举。在业委会的身份认同方面，街道办同样扮演着重要的角色，如果没能在街道办完成备案，意味着业委会并未真正成立，其身份是不被认可的；而且业委会缺乏与开发商或者物业管理公司沟通的合法身份。

2. 不被熟知的业委会

D 社区业委会成立多年，但是业主对业委会的熟悉程度是不够的，业委会主任的名字，以及业委会的选举、工作内容、工作流程对于很多业主都是陌生的。虽然 D 社区业委会并没有专职的工作人员，但每栋楼都有业主代表，通常由楼长担任。我们对业委会选举的参与情况、业委会主任名字的熟知度都做了调查，并与居委会做了简单的比较。如表 6 和表 7 所示，"参加过（业委会选举），以后仍想继续参加"的比例达到 48.2%，"没有参加过，也不想参加"的比例为 12.5%；而在居委会方面，"参加过（居委会选举），以后仍想继续参加"的比例达到 64.3%，"没有参加过，也不想参加"的比例仅为 7.1%。

表 6　参加业委会选举的情况

内　容	频　数	选项百分比（%）
参加过，以后仍想继续参加	54	48.2
参加过，但以后不想参加了	13	11.6
想参加，但一直没有时间参加	31	27.7
没有参加过，也不想参加	14	12.5

表 7　参加居委会选举的情况

内　容	频　数	选项百分比（%）
参加过，以后仍想继续参加	72	64.3
参加过，但以后不想参加了	18	16.1
想参加，但一直没有时间参加	14	12.5
没有参加过，也不想参加	8	7.1

其实，在笔者调研的时候，正值业委会帮助业主维护权益，与物业管理公司协商居民楼电梯安装事宜，按道理，业委会运作正在升温，业委会应该被广

泛知悉。但是，对于"是否知道本届业委会主任名字"的调查结果显示，业委会的处境仍然比较尴尬，因为并非绝大多数业主都知道业委会主任和副主任。如表8与表9所示，"知道"业委会主任名字的比重仅占51.8%，"不知道"的比例高达48.2%，但"不知道"居委会主任名字的仅为21.4%。

表8 是否知道本届业委会主任的名字

内　容	频　数	选项百分比（%）
知道	58	51.8
不知道	54	48.2

表9 是否知道本届居委会主任的名字

内　容	频　数	选项百分比（%）
知道	88	78.6
不知道	24	21.4

在调研中，笔者甚至遇到这样一种情况：业主不知道小区中有业委会，更不知道业委会是干什么的。

Q：您了解业委会么？
A：不了解，是干啥的呢？
Q：那您了解业委会的委员是怎么选出来的么？
A：不知道呀。
Q：那你有听说过业委会为居民做过哪些事情吗？
A：没听说呀，社区就知道有一个居委会。
Q：您认为业委会应该是做什么的呢？
A：管房子的吧。（S20150207A）

虽然从数量上看，这样的业主不会太多，但这个回答却表明了业委会确实不被人所熟知。即使有些人知道业委会，也参加过业委会的活动，但仍称不上了解业委会。

（是否参加过业委会，如何看待业委会？）因为是小区的业主嘛，所以也参加过一两次业主的会议，但是具体业委会是怎么样一个组织就不太清楚了。

因为我平时工作比较忙,很多会议都是我父亲代替我去开的,他应该会熟悉一点。业委会的成员不多,在一个社区里出出入入,总能碰到,但名字还真说不上。而且很多时候业委会都是那几个委员还有一些楼长在打理,我们和业委会之间感觉没有什么交集,因为很多时候有时间都是直接去找居委会的,很少说找业委会。而且就我了解,业委会并没有独立的办公场所。(S20150207B)

业主对业委会的不了解一方面对其工作的开展产生了不利影响,另一方面引起双方的不信任,而这种不信任最终将影响到业委会工作的主动性、积极性以及行为选择:

本来房屋维修,联系施工队的工作是我们可以做的。但是我们目前还不敢,因为业主不信任你呀,他们觉得你没有工资,凭什么会好好做事,你肯定会从中拿回扣。所以这只能由物业去做。物业负责的话就不一定能找到性价比最高的施工队。其实我们几个业主当时联合起来组建业委会,就是为了保护所有业主的权益,我们出发点是好的,但并不是所有人都能理解你。(S20150207A)

3. 尚待努力的业委会

按照《广州市物业管理暂行办法》的相关规定,业主大会以后,业主共同决定的事项比较多,如:制定物业服务内容、标准以及物业服务收费方案;选聘和解聘物业服务企业;筹集和使用物业专项维修资金,制定物业专项维修资金管理制度;改建、重建建筑物及其附属设施;等等。但是在实际生活中,业主却并不认可业委会成立后所带来的变化,对业委会的满意度也不高。如表10 和表 11 所示,笔者对业委会成立后物业管理的改善情况进行了调查,结果只有 20.5% 的调查对象认为"有了很大改善",42% 的调查对象认为"有了一点改善",32.1% 的调查对象表示"感觉没什么变化",甚至还有 5.4% 的调查对象表示"感觉变差了",这就说明社区里只有约 20% 的居民认可业委会所带来的变化。而在调查对象中,对业委会工作满意的刚好是 50%,这个比例与居委会 60.7% 的工作满意度相比还是较低的。两组数据从侧面反映了无论是工作绩效还是满意度,业主目前并不认可业委会的工作,特别是在与居委会工作的比较中。

表10 业委会成立后物业管理是否有变化

内容	频数	选项百分比（%）
有了很大改善	23	20.5
有了一点改善	47	42.0
感觉没什么变化	36	32.1
感觉变差了	6	5.4

表11 对业委会工作的满意度

内容	频数	选项百分比（%）
很满意	12	10.7
满意	44	39.3
一般	28	25.0
不满意	12	10.7
很不满意	11	9.8
不清楚	5	4.5

4. 业委会与物业管理公司的复杂关系

业委会和物业管理公司的关系是委托方和被委托方的关系，是合同双方的主体。物业管理公司的作用在于：一是提供有偿的生活服务；二是对业主的物业，如房屋、道路、绿化、环卫等提供有偿的专业化的管理。业委会的作用则在于对小区管理中的重大事宜，如服务项目的选择、物业的收费情况作出决策，选择合适的物业管理公司，以合同的形式委托物管公司去执行。从理论上讲，作为契约关系的双方应该能够在社区治理的过程中获得双赢，但事实却并非如此。

业主自治和专业管理相结合作为物业管理的重要原则已经明确了业主与物业管理公司间的关系、职责与义务，但在实际操作中，业主自治并没有能够和专业管理更好地结合起来，这就使得业委会与物业管理公司通常以一对矛盾体的身份出现。经过调研，笔者发现二者的矛盾主要体现在三个方面：物业管理费用是否过高，物业管理公司是否存在侵权行为，业委会是否应该对物业管理公司的工作进行干预。在与物业管理公司负责人的访谈中，他对上述问题提出了自己的一些看法，并认为目前物业管理费用确实较低，为了增加收入，他们不得已才会侵权；业委会其实是违反合同办事的，不应该干预物管公司的工作。下面的内容节选于与物业管理公司经理的访谈：

Q：很多居民反映物业管理费比较高，这个你怎么看？

A：说实话，还真不高，现在小区的收费还是按照原来的标准，0.50元/平方米。很多城市都已经到达0.80元了，高档小区就更不用说了，连我老家那样的三线城市都已经达到0.50元了，你觉得在广州这个价格贵么？肯定不贵嘛。而且你要知道现在这些老房子提升物业管理费不容易，受到很多限制的。所以我们真的是入不敷出呀，根本就没办法维持正常运作。而且你要知道现在社区很多都是老房子，维修价格逐渐增多，这个成本我们还没有算进去呢。

Q：为什么居民会觉得高呢？

A：人嘛，总是想占便宜的，不用他们出钱更好。公房里住的人都是以前单位退休下来的职工，他们的观念我感觉有点旧，老觉得住公房就是一种福利，交了租金就可以了，根本不知道什么是有偿服务。我们是物业管理公司，我们不是无偿服务的。

Q：很多业主投诉你们侵权，霸占了公共道路，你觉得这问题存在吗？

A：这个其实属于无奈之举，你交的钱这么少，我们怎么生存呀？来到这里三年，公司已经赔了将近20万，很多时候工资都发不出。我们没有办法呀，只能靠收一些停车费补贴一下。企业嘛，能创收就创收嘛。大家都是上有老下有小的，都不容易。

Q：成立业委会之后对你们有影响么？

A：说没影响是假的，业委会成立之后的第一件事就是把大厦停车场一年5万多的费用拿去了，说是做大厦的维修基金。

Q：你觉得业委会有做得不到位的地方么？

A：业委会嘛，近几年才新兴起来的，做事没有什么经验，而且业委会经常是违反合约内容的，经常干预我们的工作。

Q：违反合约？怎么说？

A：这个和他们的意识有关。其实很多业主，包括业委会的那些委员并不知道自己的职责所在，对物业管理也缺乏理解，经常插手公司的业务。现在小区里面汽车多了，对门卫和安保人员提出很高的要求，嫌弃门卫太老，管不了事，又指责门卫没有遵守警卫制度，擅自离岗或者听广播之类的。

Q：那你们怎么处理？

A：当然，我们会对门卫进行教育嘛。但是门卫是我公司的人，他业主就不应该多指责，就好比别人家的孩子，你没事老指责人家有意思么？

（S20150209A）

在物业管理公司负责人眼中，物管公司就像是"受气的孩子"。然而，业委会的负责人同时也是居委会的副主任 W 在谈及二者关系时，却给出了不同的解答——"业委会也是真正的弱势群体"。下面的内容节选自与业委会主任的访谈：

Q：您认为目前业委会与物业管理公司的关系怎么样？

A：谈不上好，但是也不算太差。我们之所以几位业主联合起来成立业委会，主要还是为了维护居民的利益，让居民享受最好的服务。而服务的提供者就是物管公司，我们其实是需要一间好点的物业公司的。但是对方貌似来者不善，从业委会成立到开展工作，物业管理公司一直都持不配合的态度，因为他们认为我们的存在对他们不利。其实很多人都怀疑，业委会那个投票箱被偷都是物业管理公司找人干的。

Q：物业公司说物业管理费用太低了，你怎么看？

A：不算低，算是正常吧。你要知道除了业主缴纳的费用之外，他们创收的手段很多的，出租楼层的广告位、小区收取停车费等，而且他们每年还能获得来自政府的一部分补贴，当然这个不是直接由分支机构获得的，是总公司通过与政府协商获得的。他们如果赚不了钱能在这边待这么些年？他们赚的钱不明不白。

Q：物业管理公司说你们过度干预他们的工作，有没有这样事情呢？

A：其实我们更多的是履行监督的义务，对于做得不好的，我们肯定要指出，不然利益受损的是我们；他们做得好的方面，我们也是很认可的，都是很客观的。

Q：您在与物业管理公司的沟通中有遇到什么难题么？

A：感觉应该是二者的地位并不平等吧，双方很难平等对话，感觉总是要有一种对抗的趋势。虽然按照法律规定，我们有权选择物业管理公司，但是在实践中却并不容易。物业管理公司是之前开发公司的子公司，而开发公司又是央企，有政府背景，所以我们很难和他们解约。一提到重新寻找物管公司，街道办的人就会过来做思想工作，说什么并不一定找到比现在好的公司，如果更换了，服务跟不上岂不是更不好。所以业委会其实并没有太多的自主权。（S20150209B）

业委会与物业管理公司作为相互依赖的组织，两者之间存在合作，但更多的是斗争。政府部门在二者的关系中其实扮演着重要的角色。显然，政府部门与物业管理公司的联系更加密切，给予的帮助亦更多；对业委会的态度则不太明确，表现出既不支持又不反对的态度。这使得业委会与物业管理公司的关系产生了不平衡，进而对业委会在社区治理中发挥其作用产生一定的影响。

（二）业委会运行的制度环境分析

业委会的运行从基本目的来看是为了维护业主的根本利益，但更深层次的意义在于理顺社区的各类关系以形成良好的社区秩序。制度是秩序形成的核心，但业委会作为新型社区组织，在基本制度的建设上不够完善，既存在宏观制度建设的缺陷，也存在微观制度的不足。

1. 业委会权力的弱化

新出台的《物业管理条例》对业委会的权力进行了一定的限制，使得业委会的权力有所弱化。这种限制体现在两个方面：一是职权的缩减，二是降低了业委会的地位。

业委会在原有的《物业管理条例》中是享有选聘或解聘物业管理公司的权力的，但新《物业管理条例》把权力转移给了业主大会。业委会原本的活动空间就不大，当有关物业管理的职权大都转移到业主大会手中时，业委会的执行职权显得更加薄弱。同时，新的《物业管理条例》对于业委会和居委会的关系的规定上也弱化了业委会权力的独立性，其中第20条的第一、二、三款明文规定：

业主大会、业主委员会应当配合公安机关，与居民委员会相互协作，共同做好维护物业管理区域内的社会治安等相关工作。

在物业管理区域内，业主大会、业主委员会应当积极配合相关居民委员会依法履行自治管理职责，支持居民委员会开展工作，并接受其指导和监督。

住宅小区的业主大会、业主委员会作出的决定，应当告知相关的居民委员会，并认真听取居民委员会的建议。

与居委会相比，业委会没有固定的办公室，没有活动经费，与政府部门的关系也不算紧密。《物业管理条例》的新规定使得业委会的制度支持力度进一步下降，业委会与居委会的关系易出现不平衡的制度空间。

2. 业委会的专业化程度不高

从管理的层面来看，业委会缺乏专业管理机构和组织协会的指导和协助。行政部门通常只对业委会的筹建、业主代表的选择、业委会的改选给予指导，但对业委会在运行中出现的问题却"熟视无睹"。曾有业委会的委员向笔者抱怨：

> 业委会工作最大的难点在于没有对应的上级部门，出现问题都得靠自己解决，造成了工作上的被动。然而目前的很多问题并不是尽力了就一定能解决，我们需要政府或者居委会的帮助和指点。（S20150122C）

从业委会的人员构成来看，业委会委员的整体年龄结构偏高，精力有限，专业知识不足。我们调查的业委会委员的平均年龄为56.5岁，远超过居委会42岁的平均年龄。显然，过高的年龄结构使得业委会解决问题和工作创新的能力受到一定的限制，因而产生力不从心的感觉。而且，绝大多数的业委会委员或者是退休人员，或者是社区有威望的业主，但并不意味着他们能够全身心地投入业委会的工作当中。与居委会的工作人员相比，业委会的工作更像是"兼职"，兼职工作并没有良好的内部制度来支撑和开展。

从专业知识的掌握情况来看，业委会委员其实是有所欠缺的。一方面，业委会的委员对物业管理的相关知识不了解；另一方面，业委会成员对法律、房产、财务等多方面的专业知识掌握不够。对专业知识掌握不足容易使得业委会难以纠错并导致业委会与物业管理公司之间的纠纷，进而损害业主的利益。

3. 业主的非理性维权

除了业委会委员的素质，业主的素质同样会影响社区治理的效果。由于业委会不仅仅是连接业主和物业的桥梁，更是业主与政府部门沟通的桥梁，所以业主的"过激"行为通常会使业委会变得特别尴尬，增加其工作压力：

> 关于公路维修的事情，其实当时街道和居委会都已经定好了，先修东一路，经费也已经准备下拨了。但是有个别激进的业主就向区里投诉，为什么只修东一路，东二路的路况同样不理想，影响了居民的出行。其实大部分居民都是支持的，先修东一路，因为一碰到雨天，确实很不方便，也存在安全隐患。但是就是个别业主出来捣乱，本来工人好好地在施工，他们就在旁边要求工人把泥沙、水泥等材料搬到二路。这个事后来一直没进展，区里也没回复，钱也不到位，造成了很大不便。（S20150124A）

其实，类似上面业主无理取闹的例子很多，他们非理性地争取自己利益的行为存在于历史的每一个阶段，这就使得政府部门会把责任归咎于业委会的不作为，甚至认为是业委会教唆业主做事，使得政府部门与业委会的关系进一步恶化。事实上，每个业委会都有自己的《业主公约》，但正因为个别业主缺乏理性的行动秩序，使得全体业主付出高昂的代价。业主非理性地争取利益，但业委会由于没有执法权，只能做调解，通常难以达到解决问题的效果。

作为居民自治组织，作为社区物业服务的监督性机构，作为联系业主与政府部门的桥梁，业委会的运作制度仍处于探索阶段，缺乏指导的探索对于业委会的成长尤为不利。业委会的发展迫在眉睫，任重道远。

六、成长中的社区社会组织

现代城市社会结构由三大部分构成：政府行政组织、市场组织和社会组织。社区治理既不是一种纯粹的政府行为，也不是一种纯粹的民间活动，而是各类社区治理主体共同参与的过程，在整个社区治理中，政府行政组织、市场组织、社会组织和居民四位一体，缺一不可。（张宝锋，2006）

社区社会组织可以分为内生性社区社会组织和外生性社区社会组织。内生性社区社会组织是指居民自发组织起来的各种兴趣团体、志愿者组织等，又被称为社区居民组织，是内生于社区的，不存在不被接纳和认同的问题。外生性社区社会组织通常是指社会中介组织，是外生于社区的，服务半径较大，通常是为全社会提供技术性、专业性、精细化的服务，社会中介组织能否进入社区，主要取决于社区居民接纳和认可的程度和政府的准入制度，且后者尤为重要。

（一）社区居民组织的制度生存空间

社区居民组织理应成为社区治理中的重要主体，但从我国当前发展的具体情况来看，社区居民组织的状况似乎不容乐观。"政府的力量渗透到了社会生活的各个领域，居民对'组织'的依赖性仍较强，即使在社区生活中，社区居民组织仅以娱乐性组织为主体，间或有一些学习性组织和行为团体组织。"（刘伟红，2010）这一观点在一定程度上代表了学者们对社区居民组织的认识。

1. 社区居民组织的基本情况

D社区的社区居民组织超过10个，包括粤剧社、舞蹈团、文学社、摄影书画社、邻里互助队、老友乐自助队、五羊巡逻队、护苗接送服务队和义教服务队等。其中，粤剧社的组建时间最长，至今已有16年，是D社区的招牌；舞蹈队是2003年左右组建的，主要由退休老人组成，在广场舞大行其道的今天，越来越多的中年人加入了舞蹈队，舞蹈队是目前D社区所有自发组织中人数最多的。社区里的大部分组织都是2005年左右发起的，但组织的发展与区、街道、居委会的支持息息相关,因为街道、居委会为社区居民组织的发展提供了一定的空间,包括场地的提供和方向的支持。从整体上看,社区居民组织发展的特点主要体现在以下几个方面:

(1) 从引导性创建到自觉性创建。社区居民组织的创建取决于社区的制度环境和居民对组织的需求程度。一般情况下,当组织的合法性受到质疑的时候,通常需要公认的合法组织,如政府去推动建立;当组织的合法性得到了认可,而居民对于创建组织的需求又比较强烈的时候,自觉性创建就出现了。

在调查中我们发现,最初的时候,社区居民组织的建立虽然基于居民的兴趣爱好,但街道、居委会的动员同样重要。

粤剧社在1999年的时候就已经有了,90年代大家的娱乐方式没有那么多,都喜欢唱唱粤剧,但是都是几个人组成一个小团体,而且通常是在家里。然后当时突然有一天,居委会主任找到我们几个人,问能不能再多找几个人组成一个社团,社区或者街道有晚会的时候我们就可以出节目。然后我们联系了几个同龄的粤剧爱好者,组建了粤剧社。当时居委会还专门在四楼空了一间房供我们练习,而且每年都会提供一笔活动经费。(S20141009A)

随着社区自发组织环境的成型、居民自我发展意识的增强和成立组织的强烈需求,自觉性创建成为社区居民组织建立的重要途径之一。

其实我们最初不叫摄影书画社的,就是一个普通的绘画兴趣班。当时我觉得退休之后的生活不能变得枯燥,然后就联系了另一位美术老师,隔壁学校的,问她有没有志向组建一个兴趣小组打发时间。她就提议开一个兴趣班,让社区里有兴趣的人一起过画画。然后我们就发公告。因为我们不收钱,纯粹是一种爱好,所以来学习人逐渐增多,老的少的都有,一个班就组起来了。(S20141009B)

起初,居委会引导创建的社区居民组织和居民自觉建立的组织在组织领导力、动员能力和方式等方面有着差异,但随着组织的发展,这种差异逐渐淡化。因此,组织的发展在一定程度上取决于组织如何利用自有的资源。

(2) 从娱乐性到专业性。在我们的调查中,社区居民组织中由于受限于组织资源,通常以兴趣性和娱乐性为主,但随着社会的发展,D社区已经逐渐出现了朝着精细化、技术化发展的自治组织。

粤剧社其实一开始更多是自娱自乐的,但随着街坊们越来越喜欢,上台表演的机会越来越多,名气也越来越大,一时间我们就感觉到了一种无形的压力。社里的大部分老友也都觉得,唱戏水平也应该继续提升才行,这样才对得起观众的厚爱。于是我们就尝试邀请一些粤曲名伶来给我们授课,帮助我们全方位提升。真心感觉有了很大提升,专业和业余的真的还是有很大差距的。就在前一段时间,区里还联系了广东粤剧院一团的蒋文端过来教我们唱剧的技巧。(S20141009A)

当然,朝着专业化、精细化发展的组织通常都是那些组织资源比较丰富的组织,组织负责人通常能利用街道或居委会的内部资源促进社区组织的发展。随着组织向专业化的大步迈进,组织内部容易形成极具规范性的制度,而这些潜在的制度有利于增强组织的吸引力,有利于提高组织成员的凝聚力,有利于提升组织成员的自豪感,进而保障组织活动的进行。

(3) 从社区内到社区外。组织发展的程度和规模很大程度上取决于组织自身的资源和创造能力,D社区舞蹈社就因为良好的师资而突破居委会辖区向周边社区辐射的。社区居民组织从社区内走到社区外提供服务,为增进相邻社区间的情感提供了制度平台。

之所以过来参加D社区舞蹈社,主要是因为这里好老师太多了,各个舞种的老师都有,拉丁舞、交谊舞、广场舞甚至街舞的老师都有,教得不错,而且还不用交太多钱,上课之前准备衣服、鞋子就好,可选择的太多。另外,这边活动氛围好很多,大家都很喜欢跳舞,无论老的嫩的、男的女的,我们小区在这方面就稍微差一点,有时候连一个男搭档都找不到。(S20141010A)

社区居民组织的发展壮大,对经济的增长同样起着重要作用。上文所提到的舞蹈老师正是其中一种,他们往返于各个社区,为能够提供服务费用的团体提供商业性服务。但不是所有的舞蹈老师都走商业经营之道,也有热心的志愿者愿意免费为社区提供服务。

(4) 以中、老年人为主。从人员构成来看,社区居民组织的成员主要以老年人为主,这部分人多是退休在家、经济独立、家中抚养任务不重的老年人。他们参加组织的主要目的在于愉悦身心、挑战自我:

我们老友互助队的成员已经达到38人,都是一个社区的,他们年纪都不小,基本超过60岁,75岁的也有。(S20141009C)

2. 社区居民组织发展的制度困境

（1）缺乏稳定性。稳定是组织发展与强大的重要前提，特别是在组织发展的初期，适度的稳定至关重要。但从目前社区居民组织的基本状况来看，情况不容乐观，因为很多组织的稳定性都存在明显的问题。一方面是组织力量的不稳定：

我觉得现在服务队（义教服务队）比较突出的问题有两个。一个是管理，管理不够科学，有时候甚至有点混乱；另外一个就是教师的问题，参加服务队的虽然说有一些高水平的志愿者，但他们不是经常有空的，事实是很多教师并没有经过专业的培训，更多的是对教学的热情，这在一定程度上影响了服务质量。在这种前提下纵深发展，教员就不够用，所以经常会显得被动。（S20141011A）

另一方面则是社团成员的不稳定性：

现在很多社团的主力都是老年人，有时候会离开社区去别的地方探亲，或者去儿女家里待一段时间，有时候也会因为生病缺席社团活动。好比前段时间的流感，社里15个人有11个患病了，搞得那次的读书会活动特别冷清。有一些因为觉得没意思，又会去其他社团，社里的人来来去去，说不上稳定。（S20141013A）

（2）缺乏专业性发展。目前，街道、居委会为社区居民组织的发展提供了制度、物质和心理支持，例如，为组织提供合法的身份，为组织解决活动场所问题，为组织提供一些经费或给予奖励，等等。但缺乏对组织的专业性指导，使得组织缺乏专业性发展的制度空间。

居委会每个星期有四天将其活动室提供给我们唱曲。（S20141009A）

这一次护苗服务队获得了区和街道的好评，L主任奖励了300元给我们。（S20141011B）

居委会的支持和奖励看似微不足道，但是这意味着居委会甚至街道对其成就的认可，这种认可对社区居民组织有着很大的激励作用。当然，街道、居委会对社区居民组织的支持与他们的工作绩效是相关的。居委会担负着丰富居民生活的责任,多元、多彩的社区居民组织正是其优秀工作的表现形式。

全区的人都知道我们社区有一个特别出名的粤剧社,粤剧社可以称得上D社区的名片,市领导、区领导都看过他们的表演,都是赞不绝口。粤剧社还受邀去过马来西亚和新加坡表演,特别了不起。据说,区里每年都会有一笔固定经费给到社区用来支持粤剧社的发展。D社区能评上"幸福社区",粤剧社功不可没呀。(S20141009A)

客观上讲,街道和居委会忙于各种繁杂的行政事务和社区公共事务,除了提供活动场所和出席重大庆祝类活动外,能做的就是对居委会活动的记录和检查。但这种记录和检查对于居民组织同样重要,得到政府部门的支持比得到其他支持都要来得重要。但是如果要得到专业化的支持确实是不实际的,政府部门不可能给予专业性的指导。政府部门或者购买服务或者通过委托的方式建立一个服务性机构,这样才能对居民组织的发展提供专业化的指导。

(3)组织间合作缺乏制度支持。从上文可知,街道对社区居民组织的支持非常重要,但组织之间的合作与沟通同样重要。如果组织间能够建立横向沟通机制,一些艰难生存的组织将会被"兼并"到发展较好的组织中,从而节省资源,促进组织的发展与强大。如果组织不能建立自己的横向沟通机制,无疑会增加他们对街道、居委会的依赖。笔者在调查中对此深有感触,居民组织的领导者通常希望得到政府部门的关注,获得更多来自政府的资金。笔者还发现,目前并不存在社区组织间交流与沟通的制度性机构。组织间沟通更多是依靠活跃的组织者,他们通过个人渠道加强横向沟通。

我现在既是老友互助队的人,又是摄影社的人,我经常在想,能不能把二者结合起来,一起参加个活动,沟通一下。然后我就和几位老友商量一下,看看能不能搞一个出游,大家尽量多去拍一些美的照片,然后做一个展览。结果大家都很愉快地决定了,而且孩子们(子女)也都支持。(S20141009C)

从目前的情况来看,建立组织间横向沟通机制还是比较困难的。一方面因为社区建立横向沟通机制的意识有所欠缺,更多的是希望寻求"上层"的支持;另一方面是组织的活动情况和"业绩"仍是居委会工作绩效考核的重要内容之一,不利于其进行组织间沟通。

(4)缺乏可持续的经济制度支持。人力、物力和财力资源都是组织发展的基础性条件，目前社区居民组织的发展主要受限于财力资源的缺失。财力资源的紧缺在一定程度上开始限制居民组织的发展力量：

巡逻队里的人大部分都是志愿者，应该是不拿钱的，但是长期下来也不好。我觉得居委会可以考虑一下提供物质上的支持，如每人一瓶矿泉水，而不单单是精神上面的奖励。当然，如果有一些回报会更好，他们觉得付出有收获。志愿者拿不拿是另外一回事儿，但是给不给是我们的事情，如果连基本的经费都难以保障，巡逻队不知道能支撑多久。（S20141012A）

社区组织财力的紧张一方面与自身的经济能力有关，另一方面与社区组织的类型和数量有关。个别组织由于是居民创建、有高度的热情参加，组织者的时间、精力、财力都比较充裕，所以能够逐步发展；但更多的组织缺乏足够的人力、物力和财力资源，这些组织的存在与居委会的需求有很大的关系。因为居委会每一年都需要参加多项评比活动，社区组织的数量、类型和活动内容都会成为评比的重要项目。数量众多则使得居委会并没有足够的资金去满足所有组织。因此，社区居民组织其实并没有形成固定的会员制度，也没有发展出完备的财政支持制度。

综上，社区居民组织的存在和发展有一定的制度性缺陷：对街道办或居委会的强烈依赖，在组织的存在形式上更贴近于情感沟通，在发展的路径上缺乏规划。但这些组织贡献颇大：增进了社区居民间的感情交流和信任，组织的存在和发展模式对未来组织的发展产生了较大的影响，组织拓宽了社区活动的空间，为社区良治提供了宝贵的经验。

（二）社会中介组织

社会中介组织不是社区居民自发成立的，通常是由区或街道引进的、发展较为成熟的、口碑较好的社会组织，它利用自身的专业优势为社区居民服务。这一类社区社会组织严格意义上讲属于社会组织，但其本质是进驻社区、为居民服务，因而被视作社区社会组织中的一种。

1. 社区治理中的社会中介组织

在D社区，社会中介组织主要有长者综合服务中心、家庭综合服务中心、社会工作服务中心、综合救助中心、社区志愿者服务组织、出租屋管理服务中心等。它通常由专业的社工人员作为负责人，通过区民政局的力量进入社区，并与社区建立良好的关系，这类成熟的社会组织服务内容较为多元，包括心理咨询、身体康复和养老护理等，活动的参与者同样较为广泛，包括老年人、青

少年、特殊人群等。从整体上看,社会中介组织在社区治理中的作用体现为以下几点:

(1) 优化政府决策。首先,社会中介组织来自基层,与居民的关系较为密切,通常能真实地了解社区居民的困难与需要,这有利于其为政府决策提供真实、可靠的信息。其次,社会组织拥有较强的合作意识,有利于其通过合作平台将"碎片化"的信息进行整合。如长者服务中心通过对养老服务券的使用反馈进行意见的收集,进一步优化政府决策。

(2) 促成社区共治。社区居民是社区治理的根本主体,只有调动其参与积极性,才能更好地实现社区良治。越秀区每个街道都有家庭综合服务中心,每个中心都有社会组织提供的专业社工及其优质的服务。社工通常会通过启能、增能、展能和传能的系统培训为各个社区培养社区领袖,协助社区公共事务的解决。大东街道家庭综合服务中心每年都会为D社区培养骨干,主要解决噪音扰民、道路拥堵等公共事务。

(3) 整合资源。社会中介组织被认为是链接整合资源的"吸金石"。一方面,社会中介组织通过链接社区内的企事业单位资源以激活社区资源存量,促使服务需求与资助支持有效对接;另一方面,社会中介组织通过参与志愿服务、公益创投等形式吸纳社会资源。大东街道家庭综合服务中心2013年度链接的资源超过230万元,有效地解决了D社区困难群众的助医、助困等问题,进而促进服务的均等化。

2. 社会中介组织的制度性困境

(1) 政府扶持力度不足。社会中介组织的发展和强大需要充足的人力、物力和财力资源。目前社会中介组织面临的最严重的问题就是资金不足,虽然大多社会组织不以营利为目的,但最起码也需要维持投入和产出的平衡,这样才会有更加旺盛的生命力。在调研中,笔者发现,不同类型的社会中介组织在享受税收减免、政策倾斜等方面的优惠亦有所不同,发展成熟、名气较大的社会中介组织通常能获得更多的政策倾斜。此外,社会中介组织承担的政府职能转变出来的事务工作量逐年增多,但相关部门的政策却还没调整,这影响了社会组织,特别是处于成长期的社会组织的发展。如社区服务中心,他们的服务对象是社区居民,经费主要由两方面组成:政府的补贴和收取的低额服务费。他们提供低价服务,基本不可能有利润,但政府仍要收取3.33%的营业税,这并不利于其发展。

(2) 社会各界对社会中介组织参与社区治理的认识不足。虽然越秀区在着力探索政府、社会、居民共同参与的"三元治理",并重点强调社会组织参与社区治理的义务,发挥社会组织在社区治理中的作用。但是目前社会各界对社会中介组织的作用仍存疑,特别是保守的官员和居民。认识上的不足容易使得政府部门在购买服务上的资金投入欠缺、对社会组织建设的指导力度不足以及社会组织的"无序"管理。

(3) 公平竞争环境的缺乏。善治理论认为在社区治理中的各主体应该拥有平等的地位。但是,社会中介组织目前却面临一个不公平的生存环境,同为社区公共产品的提供者,民办组织获得的优惠就没有公办的多。这在一定程度上会削弱社会中介组织的服务动力,进而不利于社区治理的发展。

七、结论与建议

本研究以广州市越秀区大东街道 D 社区为例,以社区内各类组织的发展现状和制度运行环境为切入点,对造成社区组织间发展不均衡的制度性困境进行了具体的阐述和说明。

从目前我国所处的社会发展阶段来看,社区多元共治为社区治理指明了方向,应是今后一段时间内社区治理模式的最佳选择。基于对广州市城市社区多元治理模式的考量,针对本研究发现的社区治理的各类问题,笔者简单提出完善城市社区多元共治模式的几点建议。

(一) 积极培育公民的社区共治理念

目前,居民表现出对政府较强的依赖、参与热情不足、参与力度不够等现象,归根到底是因为社区共治理念还没有深入人心。社区共治理念指的是平等、参与、共享,即社区的每个居民都是平等的个体,通过社区居民的参与,努力实现发展目标,共同享受社区良治的成果。社区共治理念的培育有利于增强社区居民对社区的认同感和归属感。一方面,政府应该创造特色社区文化,开展与社区居民利益相关的活动,增强居民的凝聚力,增强群众参与社区事务的主动性和积极性,激发其参与社区治理的创造力;另一方面,社区居民应该更新观念,厘清居民参与和社区发展间的关系,通过广泛参与来限制国家权力对社区的不合理干预,通过参与来提高公共服务的质量和效能。

(二) 促进社区治理主体的均衡化发展

前文已阐述,城市社区目前已经形成由政府行政组织、党组织、社会组织和市场组织等多元治理主体构成的网状治理结构,但各治理主体间关系的发展是不均衡的,政府行政组织力量太强,而社会组织和市场组织力量太薄弱,这将影响社区治理的健康发展。因此,构建社区多元共治模式关键要促进社区治理主体的均衡发展。

对政府而言，最重要的就是主动放权，转变职能。政府部门的工作人员应该树立善治理念，逐步向社会组织、市场组织放权，在社区事务、政治领域给予它们宽阔的公共治理空间，赋予其更多的社区治理权力，减少不必要的行政事务和行政命令，让它们有更多精力实现共治，同时，加强政府与其他组织在公共服务领域的合作，实现政府、社会和市场的良性互动。

对党组织而言，应正确对待目前党组织弱化的现实。重新发挥社区党组织在城市社区治理中的纽带作用，加强社区党组织的社会工作能力，充分利用工、青、妇等群众性组织，协调社区党组织和政府行政组织的关系，树立党组织的权威。

对社区自治组织而言，最重要是对社区自治组织进行重新定位。目前，居委会和业委会法律上定位不适影响了它们在社区治理过程作用的发挥，因此，关于居委会的职能定位、业委会的地位和职能、政府与居委会的关系都应该通过法律的形式予以确认。

对社会组织而言，他们应敢于脱离政府，按照社会和市场规律运作，实现社区服务的社会化，只有减少对政府的依赖、淡化组织的行政色彩并在发展的过程中不断完善自己，社会组织才能成为社区治理主体中合格的一员。

（三）改善治理主体间的关系

几乎所有的社区治理主体都有其优点和弱点，多元共治不应该仅仅在于完善社区治理主体，还要理顺社区治理主体间的关系。只有当社区治理主体建立协商、合作关系，才能弥补组织的缺陷从而达到社区良治。

1. 理顺街道办与社区居委会的关系

街道办与社区居委会的关系实质上是国家与社会的关系，国家与社会只有加强合作，才能更好地促进社区良治。首先，居委会是自治组织，但由于人力、物力、财力资源的缺乏，居委会的自治能力相对较薄弱，尚不能立刻脱离政府的支持，这就需要政府逐步加强对居委会自治能力的培养，如对居委会进行宏观的指导，减少不必要的行政任务，在政策上对居委会予以支持，为居委会创造一个良好的工作环境。

2. 理顺社区党组织和居委会的关系

社区党组织是居委会的指导力量，它对社区的领导主要是通过直接参与社区公共事务的决策和管理，在参与中保证和支持社区依法自治。对社区党组织来说，要防止党组织权威被居委会所置换。作为社区居委会，应该遵从社区党组织对其政治上的领导，但要防止政府行政组织通过社区党组织实现对居委会的"渗透"。因此，社区党组织与居委会不是行政意义上的领导与被领导的关系。

3. 理顺政府组织与非政府组织的关系

非政府组织的成立对于提高居民的参与程度、增强社区的服务力度和完善社区自治有着重要的意义。政府应该抛弃政府与市场二元对立的传统公共行政思维，树立政府、社会、市场相互依存的新型公共行政思维。政府行政组织应该为非政府行政组织创造良好的环境、提供必要的支持和帮助，鼓励更多的社会力量参与社区治理。

（四）构建良好的组织间协作的制度环境

良好的制度环境是社区实现多元共治的重要保障。社区多元共治一方面需要塑造单个组织的制度发展环境，另一方面要在理顺各类组织间关系的基础上构建良好的组织间协作的制度发展环境。

1. 社区建设的支持体系亟须多元化

我国城市社区治理的发展是在社区建设的大背景下进行的，社区建设支持体系的发展会影响社区治理的资源使用和制度运行。从当前社区建设的规划来看，这种支持体系是多元化的，但在实际操作中却存在较大的不平衡，与政府基层政权关系的紧密程度决定了其在支持体系建设中所获得资源的多少，这对于实现社区多元共治有着消极的影响。因此，社区建设的支持体系应该在居委会之外，增加对其他组织的多元化支持体系的建设。

2. 居委会组织发展的制度环境亟须完善

城市社区治理通常是在居委会层面展开，居委会在社区治理的过程中扮演着重要的角色，但却面临着一些基本制度带来的不适。除了上文提到的法律制度对其定位与现实不符，还有就是由于社区居委会缺少良好的财政保障制度，丧失了资金的支配权，从而影响了社区自治。因此，必须从两方面予以保证：一是建立社区独立财务，让居委会拥有独立的社区治理经费的支配权，增加居委会的自治性，加强居委会在社区治理中的话语权；二是建立社区治理专项资金，政府行政组织的财力是有限的，居委会不能一直依赖政府行政组织，还需要得到社会各界的资助和支持，社会捐赠可以成为社区治理经费的重要来源。只有通过制度设计使居委会得以经济独立，城市社区自治组织的自治能力才能更好地发挥出来。

3. 扩充业委会运行的制度空间

业委会制度环境的贫弱并不是因为市场机制出现了问题，恰恰是市场机制没能完整地进入社区。完善业委会的运行制度除了需要政府的引导和放权，还需要充分利用市场力量。应该正确对待政府的介入，政府不是不应该介入，而是要解决如何介入的问题。目前，政府直接支持物业管理公司的行为并不是一种优质的服务供给模式，政府应该增强业主的行动权，如通过发放物业券的方式让居民自主购买物业服务。然后，发挥业委会的功能，细化物业分工，充分利用市场。如业委会可以通过合同外包的形式将专业性较强的物业工作交予其他物业管理公司，政府则通过对业委会进行补贴来予以支持。业委会的强大与否取决于业主是否具有理性合作能力，只有当市场能够充分进入的时候，业主的社区治理能力才能提高，业委会的作用才能得以发挥。

4. 为社区社会组织的发展提供平台

政府对社区社会组织发展应大范围放开，因为社区组织需要得到更大的发展以获取更多的资源，社区居民需要社会组织的发展来提升社区治理的能力，政府行政组织需要社区社会组织的发展来促成政府、社会、市场的良好互动。因此，政府需要放手，并为社会组织提供一个发展平台，同时引导建立相关的指导性机构，而非仅停留在对社会组织的检查和审核。只有这样，社区社会组织才能获得更多的资源，得以在社区治理这个大舞台发光发亮。

参考文献

[1] ［英］安东尼·吉登斯. 民族、国家与暴力 ［M］. 上海：上海三联书店，1998.

[2] ［美］艾尔·巴比. 社会研究方法 ［M］. 10 版. 北京：华夏出版社，2005.

[3] 曹锦清. 社区管理与物业运作 ［M］. 上海：上海大学出版社，2000.

[4] 陈伟东. 社区自治：自组织网络与制度设置 ［M］. 北京：中国社会科学出版社，2004.

[5] 陈鹏. 从产权走向公民权——当前中国城市业主维权研究 ［J］. 开放时代，2009 (4).

[6] 崔彩周. 试论中国经济体制转轨时期的社区参与 ［J］. 广东社会科学，2009 (6).

[7] 陈万灵. "社会参与"的微观机制研究 ［J］. 学术研究，2004 (4).

[8] 陈振明. 公共管理学 ［M］. 北京：中国人民大学出版社，2005.

[9] 陈朋. 从任务型自治到民主合作型治理——基于上海市社区调研的分析 ［J］. 中国行政管理，2010 (2).

[10] 陈天祥，杨婷. 城市社区治理：角色迷失及其根源——以 H 市为例 ［J］. 中国人民大学学报，2011 (3).

[11] 顾骏. "行政社区"的困境及其突破 ［J］. 北京行政学院学报，2001 (1).

[12] 胡位钧. 20 世纪 90 年代后期以来城市基层自治制度的变革与反思 ［J］. 武汉大学学报（哲学社会科学版），2005 (3).

[13] 何康. "强单位"社区：依赖症与市场化 ［D］. 武汉：华中师范大学，2007.

[14] 何艳玲. "社区"在哪里：城市社区建设走向的规范分析 [J]. 华中师范大学学报（人文社会科学版），2007（5）.

[15] 何艳玲，蔡禾. 中国城市基层自治组织的"内卷化"及其成因 [J]. 中山大学学报（社会科学版），2005（5）.

[16] [英] 洛克. 政府论 [M]. 北京：商务印书馆，1964.

[17] 刘晔. 公共参与、社区自治与协商民主：对一个城市社区公共交往行为的分析 [J]. 复旦大学学报，2004（5）.

[18] 李友梅. 城市基层社会的深层权力秩序 [J]. 江苏社会科学，2003（6）.

[19] 李友梅. 基层社区组织的实际生活方式——对上海康建社区实地调查的初步认识 [J]. 社会学研究，2002（4）.

[20] 路风. 单位——一种特殊的社会组织形式 [J]. 中国社会科学，1989（1）.

[21] [美] 理查德·C.博克斯. 公民治理：引领21世纪的美国社区 [M]. 北京：中国人民大学出版社，2005.

[22] 黎熙元，童晓频. 我国城市社区建设的资源调动实践模式比较 [J]. 学术研究，2005（1）.

[23] 孟天广，马全军. 社会资本与公民参与意识的关系研究——基于全国代表性样本的实证分析 [J]. 中国行政管理，2011（3）.

[24] 马仲良. 有中国特色社区建设的几个基本问题 [J]. 北京社会科学，1999年（增刊）.

[25] 沈关宝. 发展现代社区的理性选择 [J]. 探索与争鸣，2000（3）.

[26] 孙立平. 从市场转型到社区转型 [C] //组织与体制：上海社区发展理论研讨会会议资料汇编. 2002.

[27] 苏红. 城市社区居委会的功能定位和实现方式 [D]. 苏州：苏州大学，2007.

[28] 魏娜. 城市社区建设与社区自治组织的发展 [J]. 北京行政学院学报，2003（1）.

[29] 王文元. 社区在现代化进程中的地位和作用 [J]. 北京社会科学，1999年（增刊）.

[30] 徐中振，李友梅. 生活家园与社会共同体 [M]. 上海：上海大学出版社，2003.

[31] 徐中振. 社区文化与精神文明——上海静安寺街道、南京东路街道等研究报告 [M]. 上海：上海大学出版社，2000.

[32] 徐勇，陈伟东. 中国城市社区自治 [M]. 武汉：武汉出版社，2002.

[33] 俞可平. 全球化时代的政治管理模式 [J]. 方法，1999（1）.

[34] 杨爱平，余雁鸿. 选择性应付：社区居委会行动逻辑的组织分析——以G市L社区为例 [J]. 社会学研究，2012（4）.

[35] 朱健刚. 城市街区的权力变迁：强国家与强社会模式——对一个街区权力结构的分析 [J]. 战略与管理，1997（4）.

[36] 张虎祥. 社区治理与权力秩序的重构——对上海市KJ社区的研究 [J]. 社会，2005（6）.

[37] 张宝锋. 现代城市社区治理结构研究 [M]. 北京：中国社会出版社，2006.

[38] 张宝锋. 单位型社区居民政治参与的微观机制——对Z社区的个案研究[J]. 晋阳学刊, 2006 (4).

[39] 郑杭生. 社会学概论新修[M]. 3版. 北京: 中国人民大学出版社, 2003.

[40] 郑杭生, 杨敏. 社会实践结构性巨变的若干新趋势——一种社会学分析的新视角[J], 社会科学, 2006 (10).

[41] 周雪光. 组织社会学十讲[M]. 北京: 社会科学文献出版社, 2003.

[42] Arnstein S R. A Ladder of Citizen Participation [J]. Journal of American Institute of Planners, 1969, 35 (5).

[43] Dale A, Newman L. Social Capital: a Necessary and Sufficient Condition for Sustainable Community Development? [J]. Community Development Journal, 2010 (1).

[44] Fukuyama F. Social Capital Civil Society and Development [J]. Third World Quarterly, 2001.

[45] LedwithM. Community Development: A Critical Approach [M]. The Policy Press, 2011.

[46] Onyx J, Leonard R. The Conversion of Social Capital into Community Ferdinand Townies [J]. Community and Society, 1999.

[47] Onyx J, Leonard R. The Conversion of Social Capital into Community Development: an Intervention in Australia's Outback [J]. International Journal of Urban and Regional Research. 2010 (2).

[48] Powell F, Martin G. Beyond Political Zoology: Community Development, Civil Society, and Strong Democracy [J]. Community Development Journal, 2006 (2).

[49] Rossi P H. Community Decision Making [J]. Administrative Science Quarterly, 1957, 396.

[50] Walder A G, Jean C O. Property Right in the Chinese Economy: Contours of the Process of Change [M] //Property Right and Economic Reform in China. Stanford CA: Stanford University Press, 1999.

[51] Yin R K. Case study Research: Design and Methods (2nd ed) [J]. London Sage, 1994.

社会治理创新中的协商民主:
珠三角公共服务政策的公众评议实践研究

岳经纶 刘 璐*

在政府治理创新的改革中,许多地方政府尝试加强政策部门和社会公众的互动协商来提高政策的回应性和民主性。本文以珠三角地区的珠海市和佛山市顺德区两地的公众评议作为案例来探究珠三角地区公众评议的主要特点,以及不同城市公众评议活动的差异。研究发现:两地政府在开展公众评议公共政策时,首先邀请了公众参与,商定评议对象的选定,同时搭建了多方主体协商对话的公共平台,最后加强了民众对政策落实情况的监督,在一定程度上体现了协商民主公开透明、理性协商和监督问责的特点。相比较而言,顺德区在公众评议过程中引入了更广泛的公众参与和更深入的协商讨论,更充分地体现了协商民主的民主性和协商性。通过建立公共政策过程中的协商民主机制,地方政府能够有效推动社会治理创新的实现。

一、引言

进入21世纪以来,为了应对社会变迁带来的治理难题,党和政府不断更新发展理念,提出相应的改革措施。2004年,党的十六届四中全会提出了"社会管理体制创新"的理念。2012年,党的十八大要求建立"党委领导、政府负责、社会协同、公众参与、法治保障"的社会管理体制。2012年,党在十八大报告中提出"协商民主"的概念,以发展协商民主来促进政府与公众之间的广泛协商,解决社会发展重大问题。2013年,党的十八届三中全会将"社会管理"上升为"社会治理"的新命题,要求着眼于人民利益,充分利用社会资源化解社会矛盾,实现治理现代化。2015年,中共中央印发《关于加强社会主义协商民主的意见》,提出政党协商、人大协商、政府协商、政协协

---

* 岳经纶,中山大学中国公共管理研究中心、政治与公共事务管理学院教授;刘璐,中山大学政治与公共事务管理学院硕士,新加坡国立大学政治学系博士研究生。

商、人民团体协商、基层协商、社会组织协商等七条协商渠道。无论是"协商民主"还是"治理创新",国家都越来越重视公众参与在政策决策中的重要作用。可见党和政府已经意识到国家对社会公众的回应性不足,因而强调公众参与社会事务,以提高治理绩效、缓和社会矛盾。

在此次改革浪潮中,各地推行了多种多样的公众参与活动。例如,泽国镇、温岭镇和盐津县等地区引进了市民参与公共预算,走出一条预算恳谈的创新道路(牛美丽,2007)。另外,在公共政策和公共服务领域,政府也通过各种形式加强了公众参与,如搭建公民论坛和网络问政平台。政府采用恳谈、问询等形式将民众参与嵌入政府的决策过程,以提升公共决策的公开性和民主性。在广东省,为了统筹社会发展力量,2011 年,在省委牵头、省政府配合下,广东省委建立了社会工作委员会(以下简称"社工委"),负责社会治理创新、社会体制改革、社会组织管理和公众参与等相关工作。在省社工委的指导下,各市也成立了市级社工委,负责市级层面的工作。在各级社工委的带动下,各地开展了多样的社会主体参与活动,其中包括成立各地决策咨询机构、开展《珠三角规划纲要》公众评价调查、第三方评议公共政策、成立公共法律服务志愿队、完善公众参与立法工作机制等①。

学者们认为,公众参与的地方实践体现了协商民主在地方的发展,并有利于社会治理创新。例如,何包钢(2012)指出,通过社会协商和审议来决定公共政策,有助于社会管理朝向民主化方向发展,这是协商民主在中国发展的基础和途径。协商民主有助于协商治理。韩福国、张开平(2015)也指出,协商民主是中国政府进行治理创新的重要领域,随着开展领域、实践议题的拓宽,以及参与形式和程序的规范化,协商民主在基层得到了极大发展。协商民主能够将一种治理资源注入现代城市治理当中,通过政府与社会的互动实现多元利益的整合,从而推动协商民主在中国的发展(韩福国,2013)。换言之,协商民主可以作为治理创新的途径和手段之一,而治理创新也有助于协商民主在中国的发展。

各种各样的公众参与活动在多大程度上体现了协商民主,实现了社会治理创新?不同的公众参与之间有什么差别?本文将以珠三角地区的公众参与政策评议的情况来回答以上问题。2014 年 3 月,广东省社工委印发了《关于开展公共服务政策与项目公众评议试点工作的通知》(粤社委函〔2014〕18 号),将珠海市、佛山市顺德区等七个城市列为全省该项工作试点城市。在广东省社

---

① 参见广东省社会工作委员会官方网站:http://www.gdshjs.org/shcy/,访问时间:2015 年 4 月 10 日。

工委的统一领导下，试点城市开始探索政府公共服务的公众评议。研究发现，公众评议政府的活动从项目立项、活动过程到结果使用等，在一定程度上体现了协商民主在地方治理中的运用，但不同的地区由于协商程序的差异而呈现出不同的特点。为了证明这一观点，笔者首先回顾学者关于协商民主内涵和特点的讨论；接下来，文章选取两个地区公众评议公共政策活动的案例，对关键要素进行了梳理和比较；笔者根据协商民主的核心要素和评价标准对案例进行分析，归纳了其中的不足，提出了前景展望。

二、文献综述

为了探究社会治理创新中的协商民主内涵，首先要对协商民主的相关概念和内涵进行梳理。在国内外学界，学者从各个方面对协商民主进行了比较丰富的讨论，包括协商民主的概念及其特征、协商民主的运作过程和运作机制、协商民主在中国的发展情况。

（一）协商民主的理论内涵

1980 年，约瑟夫·毕塞特（1980）首次提出协商民主（deliberative democracy）的概念，将之作为民主的一种重要形式，强调公民直接参与公共政策的制定过程，通过深思熟虑和反复协商，达成能够有效制约全体参与者的决策（Dryzek，2002）。随后，伯纳德·曼宁和乔舒亚·科恩进一步充实了协商民主的意义，引发了更多人的关注。虽然学者对协商民主的定义各有不同，但他们都赞同协商民主聚焦民意产生的过程，尊重各方的意见表达，并在此基础上形成决定，从而让公共政策更贴近民众的利益（陈剩勇，2005）。民主是一系列过程，协商民主关注的是进行管理的过程，而非结果（燕继荣，2006）。

关于对协商民主内涵的理解，学者提出了几个研究思路。第一，作为决策形式的协商民主，它强调的是利益相关者能够自由表达观点，并愿意接受其他方提出的挑战性观点，进行协商和妥协，以寻求最合意的决策（Miller，2002）。第二，古特曼与汤普森等学者也将协商民主作为一种治理形式，强调的是"回应多元文化和社会冲突与对立的民主治理形式"，强调超越团体的公共利益的责任，促进不同文化间的相互理解（Valadez，2001）。第三，学者认为也可以从组织论的角度来理解协商民主。科恩（1997）认为，协商民主指的是"一种事务受到其成员公共协商所支配的团体。这种团体将民主本身看作是基本的政治理想，而不只是将其看成能够根据公正和平等价值来解释的协商理想"。

这些学者进一步讨论了协商民主的基本要素。查理德森认为，既然协商民主作为一种具体的政策过程，那么它必须包含一些关键性的运作过程，分别是民主提议、民主评价、非正式一致和明确接受四个阶段。黄振辉、王金红（2009）总结了协商民主的核心制度设计，分别是平等机制、接受机制、对话机制和互动机制。在哈贝马斯看来，协商民主最重要的特征是围绕共同利益的对话，它必须具备理性、开放、负责的特点。而博曼和雷吉（2006）指出，协商民主应包含五种对话机制，分别是彰显、交流历史经验、"规范—特点"情形、表述和视角转换。

关于协商民主的主要特点，学者也进行了讨论。高斯认为，协商民主主要有三个要素，分别是理性理想、公共正当性理想和实现政治共治的规制性思想。还有学者认为，协商民主必须具备包容、平等、合理和公开的特征（Young，2002）。王学军（2006）认为，协商民主的前提是平等、协商、理性和真理，同时必须具备合法性、透明性、责任性和公正性的特征。

（二）协商民主在中国的实践

协商民主理论传入中国后，引发了学者争相学习和讨论的热潮。在中国这个复杂的国家体系内部是否存在民主化的趋势一直是学者争论的焦点（Dickson，1997）。一些学者指出，协商民主在中国已有发展，而且有进一步改进的空间（李君如，2006），但也存在反对的声音。因而，学者们就协商民主能否在中国发展进行了热烈的讨论，他们讨论的焦点在于我国的政治体制下协商民主是否有生存的空间，以及政府在多大程度上鼓励这种民主形式的发展。

一批学者认为，中国在发展的过程中已经逐渐形成了协商民主的发展基础。陈家刚（2014）认为，在中国革命、建设和改革开放时期，协商民主已经逐渐发展起来。这既表现为抗日民主根据地的建设，也体现为新中国成立初期协商民主制度的建立，协商民主的作风体现在中国国家治理的历史脉络中。而且，随着时代发展，协商民主在中国被赋予了新的内涵。2006年颁布的《中共中央关于加强人民政协工作的意见》中首次提出了协商民主的思想，随后，党中央不断强化协商民主对于中国国家治理的重要意义，并逐渐丰富了协商民主的内涵，明确了协商民主的实现路径、制度渠道和重点领域。由此可见，协商民主对于提高国家民主化程度和治理能力有着积极的意义，得到了中央政府的大力推崇。

从实践上来看，中国的地方治理中也体现了协商民主的运用。例如，黄振辉和王金红（2009）指出，协商民主在中国主要有两种表现形式，分别是恳谈型协商和论坛型协商，前者以杭州的社区议事会和深圳盐田的评议会为代表，后者以广州羊城论坛、南京市民论坛为代表。并且，他们认为，协商民主的实践从论坛到恳谈经历了一个发展的过程，随着议程设置的民主化、评议过程的互动化，恳谈型协商民主能够大大提高协商民主的有效性。陈剩勇（2005）也指出，以浙江省为例，协商民主体现在地方人大立法、政协常委会会议、地方决策听证会、乡村的"民主恳谈会"和网络问政论坛等平台上，通过这些渠道，公民能够对决策过程产生影响，既提高了决策的公开性和民主性，还有利于公民在协商的过程中互相理解和尊重，同时掌握参与政治的技能，提高了参与政治的热情。郭忠华（2016）指出，随着网络技术和移动通信设备的发展，网络问政成为一种新型的公民参与方式。2008 年以来，广东省河源市政府开启的"网络问政"实践充分体现了政府和民众之间的协商沟通，为治理创新提供了范本。

很多学者从中国传统文化的视角出发论证了协商民主契合中国的传统政治理念。他们认为协商与中国儒家的"和"理念息息相关，同样强调多元主体平等发展的重要性。另外，"以民为本"的儒家传统也与当今的民主潮流相一致，强调人民意见对政府决策的重要性（陈剩勇，2005）。

然而，有学者认为，协商民主在中国的发展受到了很大的阻碍。第一，在中国，国家与社会的力量对比悬殊，协商民主的发展条件仍不成熟（Chambers，2003；金安平、姚传明，2007）。例如，黄振辉等指出，协商民主存在运作过程的重心偏移问题，导致协商质量偏低。第二，机制设计的取向偏离，在对话机制和接受机制方面建设不足。第三，共同体意识缺乏，合作意愿稀薄，很难形成全体同意的意见。而且，从文化传统上来看，他们认为，儒家传统的政治理念是建立在等级制度和集体主义上的，而这两点对于发展平等主义和个人主义的协商民主都有反作用。

还有一些学者提出了"协商威权主义""咨询列宁主义""审议威权主义"等术语，来描述中国政体语境下的协商实践。他们认为，国家需要通过发展协商活动来加强公民意见在政策过程中的体现，提高政府回应民意的能力，从而释放国家与社会间的张力，提高治理能力，巩固国家政权（He, Warren, 2012）。有研究表明，随着个人素质提高和信息社会的发展，人们对于政治参与的要求会进一步提高，将对形式化的协商活动失去兴趣（Truex，2014）。

本文认为，学者之所以对中国是否存在协商民主存有质疑，主要分歧在于对协商民主的概念界定上。前文指出，协商民主既可以看作一种宏观的民主运作方式，体现在国家权力的分配上，从微观上看，协商民主也可以作为一种治理技术，运用在公共治理过程当中。因而，即使在中国的政治权力结构保持稳定的前提下，地方政府也能够在已有的框架内根据社会环境和内部发展的需求进行调试和改革，因此，协商民主的确可能作为一种改进治理绩效的策略得到运用。正如何包钢（2012）指出的："中国的协商民主是一种治权意义上的民主，它不是通过选举对政治权力进行委托授权，它是一种公共事务治理模式的民主化。"随着社会主体的多元化，政府无法维系"总体—支配"型管控，而是转向"技术—治理"型模式，满足人民群众对社会服务的需求（黄毅、文军，2014）。因此，本研究并非从宏观层面上提出中国是否存在向协商民主转型的命题，而是观察地方政府如何运用各类治理手段来提高政策的民主性和政府的回应性。

三、案例介绍

从已有的文献评述中可以看到，协商民主作为一种治理形式，其关键的运作过程和运作机制可以作为治理创新的重要手段。本文选取2014—2015年间珠海市和佛山市顺德区的公众评议政府服务的实践活动作为主要的研究对象，为了使案例呈现更加清晰，将先介绍公众评议是如何发起和执行的，以及公众如何参与评议活动，再介绍评议结果的使用，以全面地呈现公众参与政府评议的主要过程。在此基础上，笔者对珠海市和佛山市顺德区的活动进行比较分析，以便凸显不同地区的差异。

（一）珠海市公共服务公众评议实践

1. 活动发起初衷

根据党的十八大报告提出的"加强治理创新要求加快形成党委领导、政府负责、社会协同、公众参与、法治保障的社会治理体制"，公众参与式的社会治理被提到了一个新的高度。2014年，广东省社工委在此指导思想下发文，鼓励各地探索公众参与社会治理模式，并要求在珠三角七座城市开展公共服务政策与项目公众评议试点。珠海市政府正是在此指导思想下开始了公众评议活动。根据珠海市的活动指导文件，其主要目的在于弥补社会建设领域的不足，将公共政策评估工作作为检验社会建设成效的手段，以促进公共服务政策均等化的发展。

2. 活动流程和机制

珠海市社工委负责具体组织这项活动，并委托当地高校作为第三方组织公众评议活动。评议对象的确定经过了两轮挑选，首先由专家、学者组成的决策咨询组织提出备选项目，再由市委、市政府及其他部门协商选出最终的一个政策和两个项目作为评议对象。第三方在社工委的监督指导下开展整个项目的组织活动，包括制定公共服务政策与项目评议的指标体系，设计调查问卷、确定调查方案，确定参与评价的公众人员，组织公众评议，包括问卷调查、现场座谈和深度访谈等，汇集评议内容，分析政策效果，撰写评议报告，提出整改意见，向社会公布。

珠海市在公众参与方面体现出多元参与和互动协商的特点。第三方设计评估标准和评估方案并负责实施。项目评价指标被分为客观指标和主观指标：客观指标主要是对比项目完成的实际情况与预期目标，数据由相关政策部门提供；主观指标主要是收集政策相关方的意见，通过深度访谈、问卷访谈和会议座谈的方式收集。针对第一个养老项目，第三方首先用抽样方式确定了受访社区，再随机抽取社区中的养老服务接受者、一般公众和养老服务提供者，通过征集多方的意见评估养老项目的实施情况。而与两个教育项目相关的主要是教育部、学校领导、老师、学生和家长等主体。第三方选取了其中两所受助学校，通过问卷和访谈的形式收集了来自多方主体的意见。由于这两个教育项目的受助范围有限，因而收集的信息量也相应较少。

3. 评议结果运用

公众评议的效果主要取决于评议结果的使用方式。在珠海，第三方根据收集的公众评议数据，编制公众评议报告初稿，在征集相关部门意见后，完善初稿，形成公众评议报告。公众评议的结果提交给相关的部门，相关部门提出整改意见，进一步修订和完善法规规章内容，并向社会发布，接受公众监督。

（二）佛山市顺德区公共服务公众评议实践

1. 活动发起初衷

同样地，应广东省社工委的要求，佛山市顺德区委办公室、人民政府办公室联合下发《关于印发顺德区公共服务政策与项目公众评议试点工作指导意见的通知》。通知指出，试点活动的指导思想主要来源于党的十八届三中全会关于"创新社会治理体制"的精神和广东省委在《中共广东省委贯彻落实〈中共中央关于全面深化改革若干重大问题的决定〉的意见》中强调"建立公共政策与公共服务的公众评议评价机制"的要求。在省级政府的支持和鼓励下，顺德区政府开始了公众参与政府服务评价活动的试点。从总体目标来看，顺德区政府"以保障和改善民生为重点、完善社会服务为基础、促进公平正义为导向"，"通过制度创新，搭建社会参与新平台，保障人民群众的知情权、参与权、表达权和监督权，建立科学、民主、规范的公共服务政策与项目公众评议长效机制，激发社会参与热情，在贯彻群众路线中推动公共服务均等化，促进社会和谐稳定"。

2. 活动流程和机制

顺德区与第三方组织合作，开展了为期一年左右的公众评议活动。在顺德区政府的指导下，受委托的第三方组织承担了评议活动的设计、执行和反馈的具体工作，包括项目甄选、开展问卷访谈、网络问卷、现场评议等评议活动，还包括形成书面政策建议，交由区政府和社会进行监督。2014年6月，顺德区社工委和第三方机构开始甄选项目，首先由各公共服务的政策部门提供公众评议候选项目，第三方机构据此向基层镇街相关部门和民众征求意见，通过问卷调查和网络甄选的形式选取最受关注的六项政策。最后，公众评议领导小组确定参加评议的两项公共服务项目。为了加强对民生政策项目落实情况的反馈和监督，评议小组将顺德区每年的十件民生实事也纳入评议的对象。

顺德区的评议活动主要分为三个板块，分别是专业评议、网络评议和现场评议。首先开展的是专业评议，主要是通过随机问卷的形式，由社会公众、政府职能部门和社会各界三方主体来对政策打分。其次，为了增强评议主体的广泛性，第三方通过网络问卷的形式向市民群众征询意见，咨询的时间跨度为三周。最后一项是公众评议现场会。第三方机构组建了一个24人左右的评议委员会，其中包括社区群众约10人，党代表、人大代表、政协委员、决咨委委员各2人，专家学者、行业代表各3人。2014年底，第三方组织了两场评议会，会议流程如下：①部门代表进行政策说明，介绍政策的出台背景、政策目标、实施进展、取得成效与存在问题（15分钟）；②部门接受评议主体的提问、质询、建议，并作出回应（60分钟）；③书面匿名评议环节，评议会参与者填写调查问卷，作为最终的意见；④会议整理，第三方组织对会议的整个过程进行梳理和总结，形成报告。多家媒体共同参与了此次评议过程，随后进行了报道和宣传。

3. 评议结果运用

在顺德区，公众评议现场会议召开后，第三方机构整合会议记录、专业评估报告、网络评估报告等相关重要内容，在12月上旬形成书面的政策建议，并发送相关政策部门，政策部门必须在15个工作日内完善政策或提升项目效果后，形成反馈意见。2015年初，顺德区社工委将评议结果和政策完善情况向社会公众公布，并将所有相关评议报告反馈给参加评议活动的委员，鼓励"两代表一委员"形成提案。

（三）珠海市与佛山市顺德区的经验比较

基于上述案例介绍，本文从六个主要方面对珠海市和佛山市顺德区的公众评议活动进行了梳理和比较（表1）。

表1 珠海市与佛山市顺德区公共服务公众评议比较

项　目	珠海市	佛山市顺德区
活动起因	自上而下改革试点	自上而下改革试点
活动目的	改进公共服务	改进公共服务 推动决策民主化
项目确定	各部门与专家代表提出参选政策与项目 局（办、委）联席会议选定评议对象	各部门与专家代表提出参选政策与项目 公众投票缩小评议对象范围 公众评议领导小组确定评议对象
参与范围	政策对象	一般公众
参与方式	问卷调查、访谈、座谈会	问卷调查、访谈、座谈会
结果使用	政府内部反馈改进 向社会公开	政府内部反馈改进 人大与政协提案

第一，从项目发起方式来看，两地的公众评议都是在省级政府的推动下展开的，并且由各地的社工委部门主导整个过程。不过，值得一提的是，无论是珠海市还是顺德区的社工委都委托了第三方作为活动的组织者，这在一定程度上提高了公众评议的独立性。

第二，珠海市和顺德区在试点过程中提出了不同的改革思路。珠海市的改革落脚点在于通过收集民意以改进公共服务；而顺德区负责人认为，公众参与不仅能带动公共政策质量的提升，还能够改变封闭的政策过程，建立长效民主决策机制。

第三，在项目确定上，两地政府在选取评议对象时都参考了各政策部门和专家代表的意见，最后的项目决定权在政府手中。不过，差别在于顺德区引进了公众投票作为决策依据之一。

第四，从参与范围来看，珠海市所选取的评议项目只针对特殊群体，因而参与政策评估的主要是受助群体；顺德区的政策覆盖面更广，群众可以通过网络问卷参与政策评估。

第五，两地公众参与的方式包括问卷、访谈和集体座谈会三种主要形式。不过，由于顺德区包涵了更多元化的参与主体，因而形成了更开放、热烈的公开讨论。

第六，在结果使用方面，两地的评估报告都进行了内部反馈。珠海市对评估结果和部门回应进行了公开，接受民众监督；而顺德区则将评估报告交由人大和政协形成提案。

四、分析与讨论

接下来，本文借助协商民主的关键运作机制对案例进行剖析，并利用协商民主的核心特征来衡量案例中的民主程度。参照学者对于协商民主流程的分类，本文将公众评议公共服务活动划分为民主提议、协商对话和接受提议三个过程。民主提议指的是利益相关者提出与公众利益相关的议案，进入讨论的范围；协商对话指的是公众通过理性的讨论和协商来"建构公共利益"，最后形成一个符合大多数人利益的共识；接受提议主要指的是共识形成之后能否对参与的各方形成实质的约束力，通过公开程序得到正式的认证（Richardson，2003）。这三个过程应体现公开平等、理性协商、监督问责三个特征。

首先，在珠三角地方政府的公众评议实践中，评议活动是由政府发起的，政府实际上控制着民众参与的入口。公众作为最主要的评议主体，其议程提出能力受到了一定的限制。从项目提出方式来看，珠海市的政策和项目是由各部门和咨询委员共同提出的，在一定程度上体现了体制外群体对于议案的影响力；佛山市顺德区的项目则由部门推选、民众投票和政府决定三个环节共同构成，公众能够选出自己最感兴趣的几个项目作为备选集，实际上打破了政府"点菜"的传统模式。从协商民主的角度来看，公民应当被充分赋权，提出公众关心的主题进入正式议程，这是协商民主的公开性和平等性的体现。在本案例中，虽然地方政府仍然掌握着公共议程，影响了公众参与的效力，但其中的专家代表和民众意见的比重正在提升，公开性有所提高。

其次是协商对话过程。在地方实践中，政府收集民意的主要方法之一是调查问卷，这种手段在一定程度上能够反映社会群体对于政策的一般看法。但是，从协商民主的角度来看，这种方法的缺陷在于各个主体的决策信息都是不完全的，由于缺乏协商的平台，不同的利益主体往往各说各话，难以聚合成公共利益。可以看到，在实践中，珠海市和顺德区的公众评议在一定程度上改进了问卷调查的单一性，开辟了新的协商平台，以便利益相关者能够进行理性的讨论，从而达成一致。在珠海市的项目中，政府邀请了与教育相关的学校、老师和学生家长代表等参与面对面的访谈调查，收集和汇总各方意见，在小范围内实现了平等协商。在顺德区的公众评议中，交互咨询的参与主体是多元化的，部门代表、人大代表、政协委员和普通民众、媒体记者按照一定比例进入政策讨论的议程中。公众参与的方式也更加灵活和自由，可以通过询问、辩论和协商的方式来表达立场，并及时得到相关政策部门的反馈，从而影响政策过程。在面对面的协商和讨论之后,活动组织者将对意见进行二次收集。通过对比参与双方在协商前后的意见,可以明显发现双方意见趋向理性和统一。因而,从政策过程来看,参与者正在从单一、封闭走向多元、公开;从影响来看,开放式的讨论环境能够有效提高协商民主的平等性和协商性。

最后,接受提议主要指的是公众参与意见对政策产生的实际效果(Richardson,2003)。公众对政府公共服务的评价意见能否真正影响决策是评价协商民主有效性的重要标准。在以上案例中,两地的公众评议结果都由社工委反馈给相关的职能部门,作为部门提高和改进的依据。珠海市政府通过内部通报的形式来督促被评议的部门接纳民众反映的意见。同时,珠海市政府通过官方渠道和新闻媒体进行了社会公布,接受公众的监督。顺德区则希望通过体制内的其他力量来对政策部门形成压力,评议部门将评估报告提交人大代表和政协委员,希望他们通过提案的形式影响政策。从公开性和问责性来看,公众评议的结果主要用于政府部门内部参考使用,而缺少对外负责的反馈机制,而并未成为由外而内推动政府提高回应性的压力。

从协商民主的有效性来看,顺德区比珠海市的公众参与更符合公开平等、理性协商、监督问责的标准。顺德区通过公众投票的方式将公众纳入评议对象的选择中,在一定程度上突破了政府对评议对象的限制;在协商过程中,参与政策讨论的不仅仅是特殊政策相关的特殊人群,体现了社会多元主体共同讨论协商的特点;并且,顺德区在评议结果的使用方面纳入了人大代表和政协委员的参与,提高了公民参与的有效性。

为什么在相同的政策导向下会产生这种差异呢?原因之一在于顺德区和珠海市的政策主导部门对于政策定位不同。虽然公众评议公共服务政策的活动直接来源于省级政府的试点号召,但这也意味着各地能够根据实际发展出差异化的公众参与实践。从两地的活动指导文件来看,他们都以公众参与作为评议公共政策效果、改善公共服务质量、推动公共服务均等化和促进社会和谐的重要手段,而不同点在于,顺德区社工委将公众参与提升到了一个新的高度,即强调公众评议长效机制的建立,以改变原有的政府主导的政策过程,增加公民的参与机会,从而推动民主化的决策方式的形成。他们认为,邀请公众评议不仅是为了提升某项公共服务的质量,更重要的是政府能够"通过这项工作把公众意见引入到政府的决策中来","作为一个长效机制坚持下去",在社工委的推动下,各个政策主导部门能够通过"完善本部门来完善政策的征求意见和评议工作","能通过现在有的平台,比如说决策咨询制度,通过网站将我们的政策意见真诚地向社会公布，征求公众的意见，不断改进我们的政策"。①可以看到，即使在相同的政策环境中，不同的地方政府关注点不同，因而导致政策定位的差异，继而影响政策开展过程和结果。

五、结论和展望

总结来看，公众评议公共服务的活动在流程上设置了民众提议、公开协商和接受提议等主要环节，一定程度上体现了协商民主的公开平等、理性协商、监督问责的特点。因而，在地方政府进行社会治理创新的过程中，采用协商民主作为提高治理能力的政策工具确实是一个可行的选择。而不同的政府面对公众参与的理念和参与程序设计的差异可能导致不同程度的公众参与，从而影响协商民主的效果。

从目前公众参与的局限性来看，未来的公众参与公共政策需要进一步完善。第一，公民充权。从协商民主的理论来看，公众参与的过程实际上就是公民充权的过程。只有充分赋予民众进行决策的权力，才能达到广泛而深入的公民参与。政府一方面扩大民众的参与范围和深度，另一方面也要给社会自我成长和发展的空间，以形成更理性的社会参与力量。例如，在深圳，社会组织主动承担起了组织公众评议政府服务的第三方角色。这也表明随着公民组织的逐渐发展，成熟的公民组织将有能力自上而下地提出正式议程，推动协商民主的发展。第二，提升参与效力。提升公众参与效力在于不断改进公众参与的方式方法，提高政府部门和公众的沟通效率，推动理性决策的产生。第三，建立结果反馈机制。建立一套规范的公众意见反馈机制是协商民主的落脚点。同时，政府应当建立起信息公开机制，接受公众监督和质询，保障协商民主的成效。

参考文献

[1] 陈剩勇. 协商民主理论与中国 [J]. 浙江社会科学，2005 (1).
[2] 陈家刚. 协商民主与当代中国政治 [M]. 北京：中国人民大学出版社，2009.
[3] 陈家刚. 当代中国的协商民主：比较的视野 [J]. 新疆师范大学学报，2014 (1).
[4] 郭忠华. 协商民主视域下的国家治理能力建设——基于双案例的思考 [J]. 岭南学刊，2016 (1).
[5] 何包钢. 协商民主和协商治理：建构一个理性且成熟的公民社会 [J]. 开放时代，

---

① 根据访谈录音整理。

2012 (4).

[6] 韩福国, 张开平. 社会治理的"协商"领域与"民主"机制——当下中国基层协商民主的制度特征、实践结构和理论批判 [J]. 浙江社会科学, 2015 (10).

[7] 韩福国. 作为嵌入性治理资源的协商民主——现代城市治理中的政府与社会互动规则 [J]. 复旦学报: 社会科学版, 2013 (3).

[8] 黄毅, 文军. 从"总体—支配型"到"技术—治理型": 地方政府社会治理创新的逻辑 [J]. 新疆师范大学学报, 2014 (2).

[9] 黄振辉, 王金红. 协商民主与中国地方治理创新 [J]. 经济社会体制比较, 2009 (5).

[10] 金安平, 姚传明. "协商民主": 在中国的误读、偶合以及创造性转换的可能 [J]. 新视野, 2007 (5).

[11] 李君如. 协商民主: 重要的民主形式 [J]. 现代领导, 2006 (9).

[12] 牛美丽. 预算民主恳谈: 民主治理的挑战与机遇 [J]. 华中师范大学学报, 2007 (1).

[13] 王学军. 协商民主与公共决策 [J]. 天府新论, 2006 (1).

[14] 燕继荣. 协商民主的价值与意义 [J]. 科学社会主义, 2006 (6).

[15] [美] 詹姆斯·博曼, 威廉·雷吉. 协商民主: 论理性与政治 [M]. 北京: 中央编译出版社, 2006.

[16] Bessette J. Deliberative Democracy: the Majority Principle in Republican Government [J]. How Democratic is the Constitution, 1980, 102.

[17] Chambers S. Deliberative Democratic Theory [J]. Annual Review of Political Science, 2003, 6 (1).

[18] Cohen J. Deliberation and Democratic Legitimacy, Deliberative Democracy: Essays on Reason an d Politics, Edited by James Bobman and William Rehg [M]. The MIT Press, 1997, 67.

[19] Dryzek J S. Deliberative Democracy and Beyond: Liberals, Critics, Contestations [M]. London: Oxford University Press, 2002.

[20] Dickson B. J. Democratization in China and Taiwan: The adaptability of Leninist parties [M]. London: Oxford University Press, 1997.

[21] He B. Civic Engagement Through Participatory Budgeting in China: Three Different Logics at Work [J]. Public Administration and Development, 2011 (2).

[22] He B, Warren M E. Authoritarian Deliberation: the Deliberative Turn in Chinese Political Development [J]. Social Science Electronic Publishing, 2012, 9 (2).

[23] Miller D. Is Deliberative Democracy Unfair to Disadvantaged Groups? [J]. Democracy as Public Deliberation: New Perspectives, 2002, 201.

[24] Richardson H S. Democratic Autonomy: Public Reasoning About the Ends of Policy [M]. London: Oxford University Press, 2003.

[25] Truex R. Consultative Authoritarianism and Its Limits [J]. Comparative Political Studies, 2014.

[26] Valadez J M. Deliberative Democracy, Politics Legitimacy, and Self Democracy in Multiculture Societies [M]. USA Westview Press, 2001, 30.

[27] Young I M. Inclusion and Democracy [M]. London: Oxford University Press, 2002.

实践与经验编

社会工作委员会与广东社会治理创新

温金荣*

从 2003 年开始，中国的改革进入了一个以社会改革为主体的阶段，科学发展观以及和谐社会理论的提出，标志着追求社会公平和正义作为主导价值，并且在执政理念上更加注重服务的时代的来临，社会政策长期以来从属于经济建设的尴尬局面开始逆转。在此背景下，"社会建设""社会治理创新"日益占据着一段时期以来中国政治话语的焦点。

2011 年，中共广东省委十届九次全会通过《中共广东省委广东省人民政府关于加强社会建设的决定》及与之配套的七个文件，标志着广东省全面进入"社会建设的狂飙时代"，社会建设上升到和经济建设同等的地位。在这次全会上，广东省委决定成立广东省社会工作委员会（以下简称"社工委"），对全省社会建设工作进行统筹、协调、决策。此后，广东省在省、市、县三级全面设立了社会工作委员会，成为全国首个全面设立社会工作机构的省份。至此，社会改革以某种顶层设计的姿态进入广东社会治理的议程，成为改革谱系中的一个新单元。社会改革亮点频出，呈现出井喷式的发展态势。

2012 年，时任广东省委书记汪洋同志在全省社会工作会议上提出，要建设"大社会""好社会""小政府""强政府"。这是清晰的改革目标，也是整体的改革设计，吹响了广东省加强社会建设、全面推进社会改革的号角。依托成熟的经济发展基础、靠近港澳台等社会工作先进地区的地理优势，以及广东勇于创新、敢想敢干的开拓精神，近几年来，广东省在社会建设方面积极探索实践，在基层社会体制改革、社会治理创新、社会组织综合管理等方面取得了显著成效，社会改革走在全国前列。

一、广东各级社工委的成立及其运作机制

2011 年，广东以省委省政府的名义颁发了《关于加强社会建设的决定》

---

* 温金荣，中山大学政治与公共事务管理学院博士研究生。

及七个配套文件，形成了一个完整推进社会建设的制度体系，明确了广东社会建设的发展方向和主要任务。2011—2012年召开的四次标志性的重要会议，可以简单勾勒出广东省社工委的形成过程。

2011年1月，广东省委召开十届八次全会，提出"加快转型升级，建设幸福广东"这一核心任务。时任广东省委书记汪洋在报告中40次提到"幸福"一词，体现了以人为本、增进民生福祉的理念。

2011年7月，广东省委召开十届九次全会，专题研究社会建设问题，用三个"同"字强调社会建设的极端重要性："必须把社会建设摆在更加突出的位置，做到社会建设与经济建设同规划、同部署、同考核，走出一条既有经济发展，又有社会进步的新路子。"会议以广东省委省政府的名义颁发了《关于加强社会建设的决定》，并在之后颁发了七个配套文件。随后，广东在省市县三级成立社会工作委员会，形成了一个强有力的社会工作机构体系。广东省成为全国第一个成立省、市、县三级社工委的省份。

2011年11月，广东省委省政府召开全省体制改革工作会议，重点推出"保障性住房""医疗保障"和"社会组织"三项改革措施。按照会议的部署，广东省社工委形成了《深化社会组织体制改革工作方案》，得到了广东省委主要领导的充分肯定。

2012年2月，广东省委省政府召开省社会工作会议，这是一次超高规格的会议。汪洋、朱小丹等广东省主要领导，全省各地级以上市市委书记、社工委主任、专职副主任，各县（市、区）社工委主任，以及省社工委委员等参加会议，汪洋代表省委省政府作了重要讲话，明确提出广东要建设"大社会""好社会""小政府""强政府"。

这四次会议的召开，指明了广东省社会建设的方向，也基本明确了社工委机构的定位和职能。社工委的"三定"方案明确，广东省社工委既是省委的工作部门，又是省政府的职能部门。各级社工委运行机制可以大体分为以下四点：

第一，委员制组织架构。社工委实行决策、执行既相对分离又相互协调的社会工作运行机制。社工委实行委员制（省社工委由44个成员单位组成），社工委与各成员单位之间是决策与执行的关系，成员单位的领导兼任社工委委员，负责落实社工委涉及本部门的决策。

第二，统筹协调机制。在广东省编办的大力支持下，广东省社工委整合社会领域有关议事协调机构，成立了社区建设、社会组织、社会工作人才队伍、民生事业、群众工作、社会动态监测和考评督办等七个专项工作小组，研究各成员单位提出的问题，形成跨部门的议事协调机制。

第三，决策和督办机制。建立社工委会议制度。广东省社工委每年以省委省政府的名义召开一次全省社会工作会议，适时召开全体委员会议、主任会议和专项工作小组会议，每周召开一次专职副主任会议，研究处理全省各级各部门提出的社会建设重点和难点问题。省社工委与省委办公厅、省政府办公厅督查部门协调一致，就省委省政府关于社会建设重大工作决定要求、主任会议决定事项重点开展督查督办工作，确保省社工委各项决策落到实处。

第四，咨询调研机制。广东省社工委组建了省社会创新咨询委员会和省民情志愿服务队两支辅助工作力量。

二、各级社工委在当前社会领域行政组织架构中扮演的角色

相对于绝大部分党委和政府工作部门，广东省社工委是新机构。新机构与老机构不同，老机构有章可循，职责法定，"做什么、怎么做"清清楚楚，而新机构则要面对许多未知的问题和挑战。要了解清楚广东省社工委在当前社会领域的行政组织架构中扮演何种角色，首先要厘清社工委和其他部门的关系。

第一，社工委与党委、政府的关系。社工委作为社会建设的专责部门，在协助同级党委、政府推进社会建设中发挥独特的作用，成为党委、政府推进社会建设的"总参谋部"，站在宏观的角度谋全局、出思路、提方案。同时，社工委可有效增强工作的执行力，及时地将党委、政府布置的任务分解到相关单位，并加大查办督办力度，确保令行禁止。

第二，社工委与其他职能部门的关系。社工委的职责是统筹协调推进社会建设，而社会建设的涉及面非常宽广，其中每一项工作几乎都有对应的职能部门负责。为了与众多的职能部门形成推进社会建设的合力，社工委与各个部门之间的关系处理有一个根本原则：不参与各部门职能范围内的具体工作，否则容易越界，会产生摩擦和纠纷，最后不是形成合力，而是产生一种负面作用。社工委与其他职能部门的关系主要体现在三个方面：一是在跨部门的统筹协调上，重点解决那些单一部门无法解决的瓶颈问题；二是作为提高决策效率的"绿色通道"；三是充分发挥委员单位的决策和探索、指导创新作用。

第三，社工委与基层的关系。各级社工委统筹协调辖区内的社会建设，而不仅仅是本级的社会建设，推动工作往纵向发展。例如，省社工委推出的"社会创新观察项目"就是一种尝试，成功地将全省各市的积极性调动起来。省社工委有基层，各地级以上市、县（市、区）社工委也有自己的基层，各级社工委都指导基层开展社会建设，及时发现基层的好做法、好经验，并加以

总结推广，形成以点带面、部门联动、上下互动的局面。

厘清这几层关系，社工委在行政组织架构中的角色也就清晰可见了。广东省社工委专职副主任刘润华曾经将社工委在行政组织架构内的作用和体制外的作用放在一起，以此定义社工委的角色。刘润华认为，社工委的角色是"园丁"，其任务是努力为社会建设创造一个良好的政策和制度环境，吸引各级各部门，吸引体制内外各方力量投身社会建设，让各参与主体都能够充分调动资源，充分发挥聪明才智，共同参与社会创新。

将社工委的角色定位和运行机制放在广东社会改革的进程中看，其具体作用可以定义为改革议题的提出者、试点方案的设计者以及创新评估的反馈者。

这种作用形成于社会治理领域的行政结构碎片化。中国现行行政体系以部门为"条"，地方为"块"进行区分。仅社会领域，就被教育、卫生、医疗、文化、体育、劳动就业、社会保障等相关部门打碎，高度分散，这些部门难以突破自身利益的束缚、跳出自己的圈子通盘考虑社会建设，使社会改革困难重重。而社会改革是一项烦琐复杂、涉及面极广的工作，横向涉及多个领域，纵向牵扯到各级党委政府、社会组织和普通老百姓，需要全面系统地统筹、设计、实施和评估，方能均衡而协调地推进各领域和主体的改革工作。因此，社工委的三重角色，正好符合广东社会改革进程的各环节需求，是社会改革得以实施并获得成功不可或缺的关键因素。

三、比较视野下的社工委改革角色及特点

自上海 2003 年成立全国首家省级社工委至今，已有许多省市先后设立了社工委机构。这意味着越来越多地方党委、政府关注和重视社会改革。这其中，尤以北京、上海、广东三地社工委最具代表性。《人民日报》曾如此评论：中国最重要的三个地区在几年内先后设立社工委，意味着中国政府加强社会建设、创新社会管理工作迈出了坚实步伐。梳理全国各省市社工委，可以发现一条清晰的时间脉络：上海先行先试，最早设立社工委；北京适时跟进，成立任务更为明确、职能更为宽泛的社工委；而广东更以其独特的工作优势，在社会建设和社会改革方面走在了全国前列。

（一）北京、上海社工委的特点

上海于 2003 年成立了全国首家省级社会工作委员会。2005 年，上海市政府系统成立社会服务局，与社工委合署办公。北京于 2007 年成立了社会工作委员会和社会建设办公室。次年，北京各区县相继成立了社会工作委员会和社

会建设办公室，社会建设工作在全市范围内铺开。两市社工委具有以下特点：

第一，职能定位清晰。北京、上海社工委都有清晰的职能。包括负责制定全市社会建设发展规划，研究制定相关政策，统筹协调、宏观指导、督促检查全市社会建设工作；负责统筹协调社会领域党建工作；负责相关重点工作。北京市社工委更注重微观层面的统筹工作，其工作的重点是社区建设、社会组织和社会工作队伍建设，同时牵头负责社会事业和社会治理体制改革专项小组工作；上海市社工委则更注重党对社会组织的领导作用，其工作重点是新社会组织和新经济组织党建工作。

第二，工作抓手得力。北京、上海都以科学的社会建设评价体系为依据，考核下级社会建设工作，以考核评估促进工作落实。北京以市委市政府名义设立社会建设考核评价指标体系并开展考评工作，考评结果作为领导班子考核和领导干部选用依据。上海也设立了社会建设考核评价指标体系，并由市社会工作党委组织实施。

第三，党建作用突出。北京、上海社工委以社会领域党建为统揽，条块结合、以块为主推进社会建设。北京以社会领域党建工作为基础，在全市各街道（乡镇）建立区域性社会工作党委；在全市商务楼宇中建立党建工作站；在社会组织中建立党建工作委员会、联合党组织和工作例会机制，对一个系统、领域或区域的社会组织实施归口管理与服务。同时开展社区党委、社区居委会、社区服务站规范化建设和网格化社会服务管理体系建设，基本形成社区党建、社区自治、社区服务"三位一体"治理机制。上海由市社会工作党委牵头负责，以区域性、行业性的党建为基础，建立社区党建领导体制。

（二）广东社工委的角色及特点

第一，规格更高。北京、上海的社工委书记均由正厅（局）级干部担任。与北京、上海相比，广东省社工委明显高配。省委副书记兼任社工委主任，省委常委、政法委书记，省委常委、省委秘书长以及一名副省长兼任副主任。在中国现行行政体制下，高规格配置让社工委的统筹协调能力大大增强，更有利于突破"条块"限制，牵头推进社会体制改革和全省社会建设工作。

第二，职能更大。相较北京、上海市社工委，广东省社工委职能进一步扩大，其中包括：参与拟定劳动就业、社会保障、教育、卫生、文化、体育等方面的政策；推进和创新群众工作，协调建立健全群众利益协调、诉求表达、矛盾调处、权益保障机制；配合推进社会领域党建工作；研究推动社会建设和治理体制改革创新；等等。职能扩大，有利于全局统揽、通盘考虑全省社会建设的各方面内容，统筹协调社会建设工作中单一部门难以解决的重点难点问题，形成跨部门的工作机制和合力。

第三，更注重社会协同、公众参与。"党委领导、政府负责、社会协同、公众参与、法治保障"是当今中国努力构建的社会治理体制。广东省社工委始终抓住社会协同和公众参与这两个重点，推进社会改革。例如，社会协同方面的典型代表——广东省社会创新咨询委。中央全面深化改革领导小组第六次会议提出，要加强中国特色新型智库建设，让"智库"一词成为时下热门。而在广东省社工委设立之初，就前瞻性地探索组建了决策智囊型非官方组织——广东省社会创新咨询委。咨询委委员中，没有党政机关及其直属单位工作人员，只有社会专业人士。咨询委成立以来，参与了社工委调研和决策咨询，对事关全省社会发展的重大问题、课题提出了重要意见和建议。再如，公众参与的典型代表——公共服务政策与项目公众评议。广东省社工委在珠三角九市一区开展公共服务政策与项目公众评议机制试点工作，指导试点地市（区）构建长效机制，充分调动公众参与社会民生事业发展的积极性，以评议促进社会体制改革。

第四，更注重基层探索。广东省社工委除了机构和工作内容创新，对工作方法也进行了大胆改革。为了改变党委、政府对下级项目考核容易流于形式的弊端，广东省社工委向各地市、各部门和社会组织征集"社会创新观察项目"。经过一段时间观察了解，并引入第三方综合评价，选定优秀项目升级为"试点项目"，重点扶持培优。经共同努力，全省共选定试点项目100多项，形成了体制内与体制外同台竞技的良好局面。广东省还出台了《2013年广东深化社会体制改革工作要点》，各地各部门按照要点，选定了423个基层项目，以项目推进社会体制改革，让广东社会改革的基层探索呈现出百花齐放的良好态势。另外，广东省社工委还不断完善省市共建机制。例如，与东莞市、珠海市和佛山市顺德区共同落实"全省创新社会管理引领区""全省社会建设法制化试点城市"和"全省社会建设与管理创新示范区"等共建项目，推动顶层设计和基层探索良性互动、有机结合。

四、社工委指导下的广东社会改革及基层社会治理创新

广东省是全国首个在省市县三级全面设立社会工作机构的省份，对于国内外乃至广东省自己，社工委都是一个全新的机构，只能以"拓荒牛"的姿态筚路蓝缕地继续探索和实践。广东省社工委适时推出了许多开展基层社会治理、社会创新、社会改革的试点工作，鼓励和引导地方大胆进行探索，呈现出多点开花、百家争鸣的态势，在全省层面形成了以点带面，以先进促后进，全

面推进社会改革的良好局面。

第一，体制内外互动。广东省非常重视发挥社会智库这类体制外专业力量在社会改革当中的作用。广东省社工委不断加强省创新咨询委员会、民情志愿服务队建设，完善5个省社会创新研究基地、38个省社会创新实验基地和有21家机构参加的省社会创新研究联盟的工作机制，调动各方力量积极参与推进社会体制改革，促进社会建设理论与实践相结合。同时，广东省社工委还牵头组织全省"南粤幸福活动周"，一年在全省城乡开展超过3000个活动，体现了民间性、草根性、群众性和基层性的特点，成为广东省开展群众工作的重要抓手和展现幸福广东建设的重要品牌。广东省社工委还尝试开展构建公共服务政策与项目公众评议机制试点工作。在珠三角九市一区开展试点，指导试点地市（区）构建长效机制，以评议促进社会体制改革。

第二，部门与地方条块互动。广东省不断探索破解社会政策部门化和碎片化难题，加强"条"（部门）、"块"（地市）联动，推进社会改革。按照广东省委安排，由广东省社工委负责牵头全省深化社会体制改革工作，并在社工委设立省社会体制改革协调小组具体负责相关工作。出台《广东省深化社会体制改革主要任务及分工方案》，明确11大项52小项改革任务的牵头单位和参与单位，并印发各地市。各地市参照《任务及分工方案》，主动与牵头单位、参与单位进行改革任务对接，联动推进社会体制改革。此外，广东省社工委牵头，会同广东省直相关部门，组织开展了包括东莞市流浪乞讨未成年人综合救助、东莞市基层综合服务管理平台建设、惠州"特色之家"、深圳公益金融产品"融益通"等项目的实施和推广。

第三，顶层设计与基层探索互动。广东省先后推出三批共100多个省级社会创新观察项目，并由广东省社工委带动各地社工委推出特色项目，形成全省上下共同推进社会创新的良好局面。广东省社工委分别采取第三方评审、网络评审和各相关单位评审等办法，择优评选出广东省社会创新试点项目和广东省社会创新实验基地。广东省社工委联合广东省司法厅出台《关于开展"一村（社区）一法律顾问"工作的意见》，由省市财政购买服务，为广东全省每个村、社区配备一名法律顾问，将省级改革措施直接落到最基层。此外，广东省社工委还与东莞市共建全省创新社会管理引领区，与珠海市共建全省社会建设法制化示范市，支持佛山市顺德区创建全省社会建设与治理创新示范区，通过省市共建为全省社会治理探索创造经验。

基层社会创新和改革试点百花齐放，是广东社会改革的一个显著特点。例如，深圳建设社会信息资源互联互通、融合共享的"织网工程"，社会建设项目化的"风景林工程"，抓住了社会建设和社会体制改革的关键环节。梅州蕉岭基层综合服务管理平台建设经验在全省推广,为群众提供"一站式"服务等。这些基层创新的成果成为各地市社会改革的硬招、实招,收到了良好成效。

五、广东深化社会改革的障碍

深化社会改革,其中一个关键环节就是要把政府一元管理的"独角戏",变成社会多元共治的"舞台剧"。中国社会治理的旧传统根深蒂固,要改变社会治理的原有状态,其障碍之大可想而知,这是广东社会改革"破"的过程。党的十八届三中全会指出,要深化社会体制改革,形成"党委领导、政府负责、社会协调、公众参与、法治保障"的社会治理新格局。形成新的治理格局,需要在这五个主体中寻求突破,建立新的状态,这是广东社会改革"立"的过程。

在这一"破"一"立"的过程中,广东社会改革的主要障碍,其实就隐藏在这五个主体背后。把这五个主体按类别进行分析,我们不难发现,改革的障碍主要有三个:第一个来自党委、政府内部,即现行体制机制的障碍;第二个来自社会内部,即社会活力不足,社会协调与公众参与不充分;第三个障碍则是社会领域法治不完善。

第一,体制机制障碍。2013年7月23日在武汉召开的全面深化改革征求意见座谈会上,习近平总书记深刻地指出,必须以更大的政治勇气和智慧,不失时机地深化重要领域改革,攻克体制机制上的顽疾,突破利益固化的藩篱。原有体制机制所带来的利益固化问题,已经严重制约着各领域深化改革。从广东社会领域状况来看,尽管广东省全面深化改革领导小组和各专项小组统筹全省体制改革工作的总体机制已形成,但社会建设"各自为政"和"政出多门"等体制问题仍未解决。社会领域的部门比较多,各部门常常是各自推进改革和发展,较难超脱部门利益,跨部门统筹考虑比较少。另外,重经济建设、轻社会建设的思维仍然根深蒂固,即使是综合性部门,如果同时承担统筹经济与社会发展的职能,也很容易向经济倾斜,还是难以消除社会的"短腿"现象。

第二,社会活力不足。"党委领导、政府负责、社会协调、公众参与、法治保障"的社会治理格局是社会改革的其中一个重要目标。从目前广东省社会参与渠道的情况来看,基层自治程度不够,群众诉求表达平台还不健全,社会参与公共服务的渠道还不多,志愿服务体制还不健全,社会信用缺失、道德滑坡严重,群团组织"机关化"倾向严重、凝聚力不断减弱,政府向社会组织转移职能进程缓慢,等等。这些都成为挤压社会活力的重要原因,导致社会改革的内在动力不足。

第三，社会领域法治不完善。当前深化改革，都面临着法治不够完善的问题。首先，社会治理法律法规体系也不够健全，随着经济社会迅速发展，社会领域的法律法规建设相对滞后，一些社会建设工作"无法可依""有法难依"。现有的立法层次低，缺少纲领性、方向性、根本性的法律法规指引。同时，社会建设还面临着改革与法治之间的"度"难以平衡的问题。法律的滞后性与社会问题的先发性存在矛盾，改革在某种程度上就是对法律的突破。此外，各级各部门在社会治理体制改革方面做了很多卓有成效的探索，亟须以立法巩固改革成果，以立法推进改革。

六、深化社会改革的"广东路径"

第一，进一步巩固党政的社会改革主导地位。要解决纷繁复杂的社会建设难题，特别是体制机制的束缚，广东就必须进一步加强党对推进社会改革的领导地位。加强党的领导，就必须有一个专门的社会工作部门来统筹推进社会改革和社会建设。因此，从社会改革的组织架构看，广东省社工委具有天然的优势，来承接中央和省委的社会改革要求。社工委必须强化自身作用，认真做好省社会体制改革协调小组工作，贯彻党委、政府意图，关注顶层设计，发挥统筹、协调、决策和督促作用，推动政策制定和资源整合，协同各地、各部门形成推进社会建设的合力，有效解决政策部门化、工作碎片化、资源分散化等体制性障碍。

第二，进一步推进社会协调和公众参与。只有党委、政府一个角色的戏不是好戏，广东要激发社会活力，就必须把社会组织和公众等多方力量请到"舞台"上来，发挥角色作用，演好多元共治的活剧。广东省社工委必须继续开展公共服务政策与项目公众评议工作，让老百姓参与到公共政策制定和公共服务供给工作中，用社会评价来促进党委、政府改善公共政策和服务，推进民生事业改革，促使社会良性运转。同时，广东省社工委还必须继续发挥好社会智库作用。

第三，进一步加强社会组织有效监管。广东拥有全国最多的社会组织数。社会组织是广东省激发社会活力、推进社会改革的重要主体和力量。广东省社工委必须充分发挥职能，组织有关部门开展社会组织底数摸查，推动建设全省联网的社会组织信息平台，推动出台社会组织配套法规，完善规范管理制度，管放结合，建立完善的社会组织监管机制，让社会组织有序发展，让社会时刻保持充沛活力。

第四，进一步完善社会体制改革省市共建机制。习近平总书记在中央全面深化改革领导小组会议上强调，要鼓励地方、基层、群众解放思想、积极探索，鼓励不同区域进行差别化试点，善于从群众关注的焦点、百姓生活的难点中寻找改革切入点，推动顶层设计和基层探索良性互动、有机结合。广东省社工委必须带动省市县三级社工委，强化全省社工委系统牵头推进社会体制改革的作用，加强工作指导，开展省市共建项目建设，以点带面，全面而深入地推进广东社会改革。

第五，进一步推进社会领域法治化。党的十八届四中全会提出要"坚持法治国家、法治政府、法治社会一体建设"。广东省社工委必须发挥牵头推进法治社会建设的作用，构建较为完整的社会领域法规制度体系，加强社会法制的制度、修改工作。加大重点领域行政执法力量，推动行政执法重心下移。深化基层组织和部门、行业依法治理，支持各类社会主体自我约束、自我管理。加强社会创新法治保障，运用法治思维和法治方式推进社会体制改革。

广东社区文化建设：现实与挑战

江 蓝[*]

文化是什么？这是一个大而化之的概念范畴。人是社会性的动物，我们总是生活在特定的地域内，譬如朝夕相处的社区。相对于社会总文化，社区文化是一种地域性的亚文化。目前普遍认为社区文化是指共同生活在某一特定区域范围，存有相近的价值观念、认同意识的社会群体，在物质条件许可的前提下，因求知、求乐、求美等需要而进行的社会性精神文化活动。

社区文化建设是社会治理创新与和谐社区建设的重要内容，也是推动和谐社区建设的重要推手。广东作为改革大省，对社区文化建设高度重视，在社区文化建设领域进行了大量创新活动，取得了不俗的成绩。

一、社区文化建设的理论与实践概览

文化建设是一个常讲常新的话题，各类书籍与新闻报道均有涉及，在政府工作计划与报告中亦是常客。学术层面上看，我国对社区文化的研究始于20世纪80年代中期，现阶段我国社区文化研究呈现出全方位、多维度、线性增长的发展态势。在各类学术文献库中以"社区文化建设"为主题词进行搜索，得到的大部分文献都是从宏观的大方向及原则上论述社区文化建设问题，探讨社区文化与社会和谐、精神文明间的关系；另一些文献则更多地注重微观层面的社区文体设施，如博物馆、图书馆、群众活动广场等硬件设施对社区文化建设的贡献作用，很多研究将图书馆等文化场所的社会作用与市政规划等领域相联系，进行交叉学科研究。

此外，也有学者从社区文化的层次、形态与功能问题入手加以研究，将社区文化分为表层的文化环境与规章、中层的行为规范和人际关系以及深层的价值判断与社区意识等（奚从清，1996）。在从宏观和微观上研究社区文化本身之外，学者也将社区文化与社区管理的其他方面加以结合，分析研究社区文

---

[*] 江蓝，中山大学政治与公共事务管理学院硕士研究生。

与社区服务、社区发展和社会转型等之间的关系。例如,学者徐永祥(2001)曾深入探讨社区文化与社会发展之间的联系,认为"社会文化是区分不同社区的重要特征"。

在社区文化建设所存在的问题上,学界普遍认为问题集中在因过多的行政强制导致缺乏社区自理、民众参与度不足、资源配置不合理、相关法律法规不健全等方面。具体来看,社区资源配置的不合理导致社区资源的开发利用程度远远不够,社区文化建设的行政管理关系仍有待理顺,而主管部门的不明晰使得文化资源被浪费。

当前,社区工作显得庞杂无序,甚至出现了"社区火锅"的局面。在一些社区中,妇联、残联、工会、党团部门、老干部群体、文化局、民政局、政务服务中心等部门团体均要求有自己的文化活动场所,并各有文件作为依据,从而在社区场域内往往是政出多门、各行其是,出现了看似谁都管理社区、实际却谁都不能负全责的局面,现有的文化资源容易被分散、浪费,难以形成整合效应(董欢,2009)。而类似社区居委会这样真正的基层领导者,其资源整合与动员力量又十分薄弱,难以盘活资源,居委会的自治职能难免产生偏离。社区文化活动往往流于居委会的动员式组织与辖区居民的象征性参与。社区文化建设需要资源,很多地方文化产业仍处于发展阶段,经费不足,因此对政府拨款的依赖性大,而社会化参与程度却不足。

有观点认为,当前我国城市社区文化建设的根本症结是政府主导型的社区文化运作模式。公共权力资源在社区文化层面配置呈现单极性,在公共运作过程中表现出单向性(朱佳玮,2007)。政府以行政管理手段为主,通过对社区文化组织和社区文化资源全面而微观的控制来推动社区文化建设,这制约了社会力量的发挥,阻碍了我国社区文化的建设与发展。

社区文化建设研究的发展,其背景是现阶段社区的不断发展,也是改革以来民众从原先的"单位人"到"社区人"转变的必然要求。显而易见,良善的社区文化建设能促进良好的邻里关系,凝聚社区精神,减少社会排斥,增强社区住户的认同与归属感,从而促进社会资本和社会融合。

人是情感动物,群体交往和公众评价都是非常重要的心理需要。因此,绝不能仅仅把社区文化看作单一的解闷找乐的文艺活动。社区文化最为重要的是满足人们的"亲切动机"和"成就动机",前者通过缩小人际距离获得,后者则通过社会承认获得(童颖骏、胡海岩,2005)。

社区文化在社区建设中的作用是深层而不容忽视的。学者王思斌(2000)认为,社区文化主要指社区成员心理上的联系,对社区的认同和相互支持关系,以及由此形成的社区生活氛围。因此,在增强社区成员传统社区认同的努力下，促进其在现代社会中的社区认同，是建设优良的可持续发展社区的关键。

当前，有关部门以文化引领发展，倡导形成绿色的生态系统和健康的生活方式，引导人们建立可持续发展的社区消费文化，积极创建"绿色文化""和谐文化"，打造"绿色社区""和谐社区"等独具特色的社区居住环境，通过引领创建社区环保绿色等文化建设，促进社会政策的生态化关怀。

无论是在学理研究还是实践行动上，社区文化建设都面临着一系列时代机遇与挑战。和其他很多社会建设的子方面一样，社区文化建设亦时时面临着政府"控制"与"引导"之间度的把握问题，在放权、赋权与非政府组织的增能等方面仍大有可为。社区文化的发展不仅仅是地方政府的要务，更应该纳入更多的推动主体，形成一种共建共享的机制——地方政府条块结合的适度引导与管理，配合以社区单位的资源共建共享，建设更多的社区文化培育组织与载体。

二、广东社区文化建设的政策与实践

（一）广东省社区文化建设情况概述

广东作为经济强省与改革大省，在社区文化建设一事上亦有不俗表现。具体来看，社区文化建设似乎更多是作为社区建设的子类别，形式多样，且无固定死板的评判标准。以"创建星级社区"为目标，广东在全省范围内开展了新型社区创建，省电视台拍摄了诸多宣传节目，并开展了系列文艺活动，如"群众看戏、政府买单"的送戏送电影下乡进社区、文艺巡演、达人技能评选与歌咏比赛等活动。

迄今为止，广东已基本形成"党委政府倡导、文化部门指导、社区主办、社会联办"的社区文化建设格局。2014年，广东省公共文化设施建设总体水平位居全国前列，其中，公共文化设施面积总量为全国首位。根据此前颁布的《广东省建设文化强省规划纲要（2011—2020年）》，公共文化服务体系建设已日趋完善，基本实现了省、市、县、镇（街道）、村（社区）五级公共文化设施全覆盖，并在全国范围内率先实现了公共图书馆、博物馆、美术馆、文化馆与文化站等文化设施与场所免费面向公众开放（郑照魁，2015）。

自2011年起，基层文化建设已持续多年被纳入广东省政府"10件民生实事"范畴。除举办年度社区文化节外，文化惠民、亲民、乐民等工作均在扎实推进之中。省政府也加大了对粤东西北地区的扶持力度，基本实现了全省范围内基层文化服务网络的全覆盖,公共文化流动服务进一步向基层拓展延伸。2014年,全省"奖补扶持"欠发达地区新建文化站,共下达资金2.1亿元,累计扩改建50个县级图书馆、文化馆与博物馆,122个乡镇(街道)综合文化站,170个文化站子阅览室以及7578个行政村(社区)文化室(郑照魁,2014)。

广州、中山、珠海等市均有独具特色的社区文化建设实践创举。例如,广州市将文联办下沉到街道一级,盘活社区文化"一盘棋",基本实现城市"10分钟文化圈"和农村"十里文化圈"的目标,使公共文化服务成为每一位广州市民所普享的民生福利。中山在全国率先开展农村地区"2+8+N"社会创新管理试点的中心工作,把农村(社区)文化室的高标准全覆盖纳入镇区领导班子的绩效考核中,以文化促发展,将基层工作的积极性有效调动起来。近年来,珠海着力打造"公共艺术之城",其战略规划中提出发展公共艺术的两种模式,一是以公共艺术城市空间站为载体的传播型公共艺术模式,二是"让艺术融入社区"的社区型公共艺术模式。其中,社区型公共艺术更注重和居民形成生活层面上的互动,将文化创作融入家家户户、柴米油盐、茶余饭后的日常生活,保护和尊重不同类型的社区文化,营造变化和有活力的城市街区,以及有特色的地标建筑和艺术事件。珠海的这两种模式代表的是文化的展示型与体验型两种发展方式,而长远来看,比起传统的展示型文化,体验型文化将更为惠民,也更符合体验型消费的时代需求。

(二) 社区文化建设的排头兵——广东社区文化节

作为社区文化建设的排头兵,形式多样、内容丰富并由多部门参与组织的广东社区文化节已多次成功举办,并成长为具有导向性、示范性的制度化大型群众文化品牌活动。

首届广东社区文化节于2011年6—8月间在东莞、广州等市举办,以"幸福广东、和谐家园"为主题,开展了一系列植根社区、服务社区的特色文化活动,如农民文艺会演、社区健身舞蹈大赛、家庭才艺大赛、社区文化大讲坛、网络社区文化、残疾人文化活动等12项系列活动。对象广泛、普惠性质的健身舞、家庭赛和讲座与针对性更强的残疾人、外来工子女文化活动相结合,体现了以人为本的融合性原则。首届社区文化节从策划到实施,一直坚持将城乡基层群众作为活动的参与主体和主要受众,轮番开展的系列活动对不同受众更具针对性,活动的吸引力得以强化,因而促使更多身处不同层次与境况的民众参与其中。

2013年9月底,第二届广东社区文化节在惠州市启动。本次社区文化节延续了首届社区文化节的主题"幸福广东,和谐家园",以"植根社区、贴近百姓、惠民乐民"为宗旨,共计开展七大活动进基层进社区,惠及群众数百万人次。据广东省文化厅副巡视员王莉介绍,本届社区文化节的一大特色,便是政府搭台、全民参与。一方面,政府将工作重点放在搭建平台上,如组织演出团队、骨干教师、专家学者下基层、进社区,为群众进行示范性演出、培训和开办讲座,建立基层广场活动辅导示范点等,通过"搭台"推动基层文化活动的蓬勃开展;另一方面,突出社区文化节的群众性和广泛性,充分调动政府、企业、民间艺人、文化志愿者等各方面力量,整合文化资源,扩大活动规模,充实活动内容,活跃广大社区群众的文化生活。为避免以往政府"一头热"的现象,本届文化节各项活动实施之前都进行了群众意愿的调查,这种活动形式在报道中被记者们戏称为"网上点菜"。从具体操作上看,则是由文化志愿者进行惠民巡演,期间将 4 台广场演出节目单放到网上供全省各地民众选择,最终以群众"点菜"、政府"埋单"、志愿者服务的方式开展群众喜闻乐见的文化活动。此外,还采用了"政府引导、骨干牵头、群众自发自愿参与"的工作思路,重视发挥活动中的典型示范效应,注重培育典型个人与团队,以点带面,让一批切合群众需要的活动项目得以在更大范围内推广普及(谭志红,2013)。

广东省文化馆还在全省 22 个地级以上市建立了广场活动辅导示范点,组织业务骨干以文化志愿者的身份在社区、广场、公园、街道等群众相对聚集的场所义务为广大群众辅导文化艺术,使之成为公益文化服务的补充。群众广场排舞推广活动是第二届广东社区文化节的重要活动之一,省文化馆经过调研,确定以排舞作为介入项目,积极培育新兴的群众广场文化艺术活动。省文化馆采取分片培训、定点培训、试点培训等形式,对全省近千名舞蹈专干进行了培训,使得这项每天有近千万人参与的群众广场文化艺术活动,在共建共享幸福广东的实践中产生了积极的社会作用。

(三)社区文化建设的领路人——文化组织机构的作用

在广东,社区文化的建设与发展并不只由政府一方独揽,文化组织机构的统率与倡导作用是不容忽视的。文化组织机构对推动社区文化发展起到了重要作用,也是都市社区文化发展的重要标志。

广东省社区文化艺术促进会(以下简称"促进会")便是广东社区文化建设的领路人之一。促进会是经广东省民政厅批准,具备独立法人资格的社会团体,在国内率先以促进社区文化艺术建设为宗旨,旨在传播先进文化理念,构建和谐社区。促进会的工作以社区活动为主,提倡以现代角度包装社区文化艺术,以全新观念促进社区文化艺术发展。其业务范围涵盖调查研究、学术交流、人才培训、展会举办和刊物编辑等。迄今为止,促进会已开办六个平台:广东社区文化直通车(大型艺术表演形式为主)、和谐社区文化万里行(诗、书、画、摄影、楹联形式为主)、广东社区文化艺术节(社区群众表演形式为主)、岭南少年艺术大赛、《广东社区文化》内刊和关爱贫困儿童慈善活动。

(四)文化地产——房企积极参与社区文化建设

在岭南,经济高速发展的同时,企业集团也日益重视履行其社会责任。近年来,碧桂园、万科、保利地产、越秀地产等众多房企陆续投入社区文化建设,积极开展各类社区文体活动,丰富广大业主的文化生活,增强其对社区的认同感,由此提升居住幸福感,为构建和谐社会添砖加瓦。

地产大户碧桂园的愿景是为业主提供五星级的家。为此,多年来碧桂园倡导"睦邻友好,相互关爱"的社区文化理念,致力于打造高品质的社区文化生活,为社区业主精心营造幸福和谐的社区文化氛围。近年来,碧桂园陆续推出"幸福社区建设三部曲"——建设幸福家园、温情碧桂园和睦邻计划。据统计,碧桂园全年的社区文化总投入往往高达近千万元,已累计推出近2000场大型社区文化活动,几乎每个月都针对不同业主群体策划特色文化活动,如适合老年人的歌舞活动、适合中年人的郊游及锻炼运动以及适合小朋友的游园游戏等。同时,碧桂园物业积极推动业主成立社区业主团体,为业主们搭建出一个培养兴趣、发挥所长、娱乐健身的平台。

从2008年开始,位于中山市的宇宏健康花城小区通过举办社区文化节等大型主题文化活动、成立社区党支部以党建带动社区建设、发动业主成立社团组织丰富居民日常文化活动等多种渠道,形成了独具特色的开发企业支持、物业公司配合、业主和社会积极参与的"文化+党建"的社区建设模式。这种两相结合的社区模式通过成立党支部组织,发挥党委系统的动员作用,积极筹集文化活动所需的资源,举办一系列邻里活动,如派发"邻里联系卡"、开展"党员义工进楼栋"等服务,构建"以德为邻、以情睦邻、以诚助邻"的邻里关系,全方位打造邻里亲文化,从而强化社区的自治与服务功能,大幅提升了业主的满意度和幸福感。

保利地产则秉承"以人为本,亲情和院"的服务理念,在社区中传递亲情、温暖,倾力打造人文和谐社区,在全国范围内的100多个社区全面推行系列便民服务及人文关怀的社区活动,积极发展社区内的志愿服务队与各类兴趣团体等。

近年来,诸多知名房企均致力于社区文化建设,这既体现了企业履行其社会责任，又表明了企业对楼盘售后服务的重视。文化建设与经济发展齐头并进、互为促进，表现出良好的发展态势。一系列活动的举办，使得社区里的楼房不再只是冰冷的小笼子，邻里之间也不仅仅只是"最熟悉的陌生人"，而是与邻为伴、与邻为善并守望相助，和睦的邻里关系得以建立和巩固，社区开始真正成为现代人的"心灵家园"。

三、广东社区文化建设的经验探索与模式创新

在广东社区文化建设蓬勃开展的大环境下，涌现出了一系列社区文化建设创新的典型案例，如广州的"文联办到街道"模式探索、中山的街区文化与镇区文化格局以及深圳的"一社区一特色，一社区一亮点"等经验探索。

（一）广州市社区文化建设探索

1. 文联办到街道：广州社区文化建设的创举

广州市的街道文联办是以街道党工委为领导、群众参与为主体、社区文化资源共建共享为特征的创新型组织，下沉到街道的文联办使得社区文化的"一盘棋"得以盘活，使传统的"藏艺于民"转变为如今的"献艺与民"，在建设社区文化、构建和谐社会中发挥着日益重要的作用。

1986年成立于海珠区的素社街文联办，是广州市第一个街道文联办，它在实践中摸索出了一套"联谊、联资、联办"的"三联"共建模式，将社区内覆盖中央省市等不同单位范畴的文艺资源整合起来，每年举办集邮、书画、摄影、音乐会等60余场大型社区文化活动，形成了独具特色的素社街社区文化。

素社街文联办并不是孤例，自它开始，作为社区文化共建共享的重要平台，广州市的街道文联办建设在国内早已遥遥领先。20多年来，广州先后成立了50余家街道文联办，共拥有会员四五万人。陆续成立起来的各街道文联办以其特有的组织形式和工作方法，盘活并整合蕴藏于社区的文化资源。

广州街道文联办的另一案例位于海珠区的赤岗街。赤岗街区辖内共有22个社区居委会、235家企业和58个中央省市级单位，如珠江电影制片公司、南方歌舞团、巨星影业公司、南方医科大学、广东第二师范学院等，可谓人才济济，文化资源十分丰富。但平时，各单位创作、排演的文艺作品和节目，往往只在节假日或庆典活动时进行小范围的演出展示，社区普通群众的精神文化需求难以得到满足。针对这一局面，赤岗街文联办积极联络、协调辖区各单位，将沉睡而分散的文化资源加以盘活，实现辖区内优质资源的互助共享。在

联络协调的同时，街道文联办还积极与艺术家们交朋友，一起研究社区文化工作的后续发展问题，这个平台也由此凝聚起一大批艺术造诣颇深的文化人。

从诞生之日起，广州市的街道文联办就致力于贴近社区实际，发挥面向社区居民提供文化资源的桥梁纽带与整合功用，这也是传统的政府文化行政职能部门难以完全替代的。街道文联办这种政府主导、多方参与、各尽所能、联合共建的工作模式，与政府提供的文化服务恰好形成互补，改变了以往街道仅由文化站单方面开展文化活动组织工作的局面。在社区文化活动中，辖区内单位的身份亦发生了变化，变客为主，变被动为主动，变参与为共同组织活动，最大限度地团结和维系了社区内富于文艺资源的单位和活跃于社区的各类文艺人才。当前，广州市的街道文联办建设方兴未艾。街道文联办作为社区文化建设的组织者、推动者与实践者，正显示出日益旺盛的生命力（张景华，2009）。

2. 新技术的运用与公共文化服务的普及

2014年4月，广州市越秀区都府社区数字移动图书馆正式启用，该社区居民便可享受足不出户且24小时不打烊的海量图书借阅服务。据有关报道，几年来，这样的移动数字图书馆已建成50多个示范点，广受所在地社区居民，尤其是低收入居民的好评。

不同于传统的社区图书馆建设模式，社区数字图书馆本质上不需要建设实体场所，只需建立基于移动网络的虚拟图书馆。这样的社区图书馆实际上就是免费上网和体验的社区中心。因此，社区只需提供适当的场地和无线网络以及必要的移动阅读终端（如专用的阅读器），就能使社区图书馆成为社区居民阅读和交流的场所；而维护也可在网络端直接完成，阅读的成本大大下降。从数字上看，建一个最基础的社区数字图书馆，包括20个阅读器、电子图书平台、相应的图书资源等，每个社区最低仅需5万元的投入。而类似都府社区这样规模较大的社区数字图书馆，包括100个阅读器，也仅需20万元。如果广州市的2500余个社区都配置一台借书机，传统的社区图书馆建设总投资接近10亿元，而建设最新的移动数字图书馆，2亿元预算即可实现。

这一项目也得到了时任新闻出版广电总局副局长孙寿山的肯定。作为推动全民阅读的有益探索，数字移动图书馆是新时期公共文化服务与科技相结合的创新之举。新技术的运用与铺开，使得公共文化服务更为普及。对于普通社区居民而言，文化变得更为切实可感，文化资源也显得更为可及和可得。受其启发，广州的社区图书馆建设将往数字化方向继续探索，计划通过3年时间，在广州市城乡范围内建设2500个移动数字图书馆，实现全市移动数字图书馆的全覆盖，但截至目前，尚缺乏全面推广这一项目的扶持政策，仍有许多工作需要落实（刘怀宇，2014）。

在灵活运用新技术之外,良好的管理网络对公共文化的传播与普及也十分重要。在全国,广东首创以流动图书馆、流动博物馆和流动演出服务网为主体的公共文化流动服务网络,盘活了文化资源,一定程度上改善了欠发达地区群众看书难、看戏难、看展览难的问题。其中,广东流动图书馆迄今已在广东全省经济欠发达地区建立了 70 个分馆,接待读者超千万人次,借阅图书达 2000 万册次。

广东省公共文化资源的服务范围也日益扩大,16139 个城市社区文化室遍布城乡各社区,共建立、建成 5000 多个文化广场等基层公共文化设施,实施如送书屋送电影到农村、非物质文化遗产保护和广播电视村村通等各类重点文化工程,深受基层民众的欢迎。

目前,广州市已基本将城市"10 分钟文化圈"、农村"十里文化圈"的蓝图变为了现实,基本公共文化服务已成为每一位广州市民所普享的民生福利。

3. 城市边缘社区文化建设:减少失意与怨恨

作为经济强省广东的省会城市,羊城广州在为很多人实现梦想提供舞台的同时,也不可避免地成为很多市场经济失意者的伤心地。如何通过社区文化建设,尤其是城市边缘社区的文化建设,减少有关民众的失意感和怨恨感,是新时期广州市社区文化建设面临的重要挑战。

首先,城市边缘社区所在街道应建立失地农民、失业人员等失意者的专属档案,为之提供必要的职业技能培训和文化素质教育。通过座谈、访谈等形式,对社区居民的闲暇时间、兴趣爱好、精神需求进行细致分析,以此决定社区文化的组织方式、时间和活动形式,有的放矢,对症下药,构建城市边缘社区新的文化环境。

其次,需要整合资源,创新城市边缘社区文化运行机制。政府及相关部门应着眼于居民的长远利益,将城市边缘社区文化设施建设纳入公共文化服务体系的建设中,推动基本文化公共服务均等化;政府应加大对城市边缘社区文化建设的政策倾斜与保障力度,确保基层文化活动和机构正常运转。引导和鼓励社会力量兴办实体、资助项目、赞助活动、提供设施,参与社区文化服务;积极发展和建立社区文化中介、文化社团、老年协会等各类文化活动组织机构,结合城市边缘社区实际,设计特色文化服务项目。

最后,城市边缘社区的文化建设,也要重视本社区文化队伍的自身建设,发现和培养边缘社区中的文化能人和民间文化传承人等。让基本公共文化服务真正成为人人普享的民生福利,减少社会排斥,促进社会融合与并包,从而实现社会政策和经济政策良性的链条式循环。

4. 几个典型社区的文化建设实践

位于广州市越秀区梅花街的中山一社区有一面"社区心愿墙",顾名思义,居民可根据自身需要在心愿墙的"许愿池"子板块登记求助信息,并通过心愿墙发布出去,继而由有能力的其他居民根据求助信息提供相应帮助,增进邻里互动。此外,居民还可在此发布祝愿信息。2012年起,中山一社区开始全面推行管理服务网格化,将社区划分为15个网格,每个网格服务220户居民,依靠居民小组长、社区党员、志愿者、物业公司等人力资源,组建了网格志愿服务团队,经常组织幸福联谊,增强居民互动。如该社区的"爱心手拉手"社区助老队,为本社区的独居空巢老人提供养老服务;"社区义工大本营"鼓励和提倡居民根据兴趣与技能聚集起来,发挥所长,为社区居民提供专业化的义工服务。

"社区心愿墙"与义工互助队伍的建立,使得邻里互助成为可能,社区居民之间不再是鸡犬之声相闻老死不相往来,而是延续了传统社会中的守望相助、相互扶持。学者迪安(2009)在《社会政策学十讲》中提到,社会政策旨在延续人类社会传统的依赖状态,由此观之,这种守望相助的社区邻里文化建设不正是传统依赖状态与互助精神的体现吗?

而在广州老牌的盐运西社区,其正街、一巷、二巷、三巷的绝大多数房屋都是民国和新中国成立初期修建的精致洋房,部分出自建筑名家,所有建筑没有一栋重样,可谓是洋房博物馆。该社区文化底蕴深厚,有着浓郁的本地特色和本土文化气息,文化资源十分丰富。为此,街道办建立了社区文化的多方参与机制,积极挖掘社区资源,组建"社区能人库",为社区自治提供人才储备和人力支持。目前,全街划分为65个片区,推选居民片长65人、楼长139人,每个社区都有"管事人",每个社区都有志愿服务力量,居民自治落实到每个楼栋,社区正成为居民群众的共同精神家园。

盐运西社区"站""居"分设后,居委会的工作人员空出了更多时间策划活动,先后组织举办了新年游园会、"我爱盐运西"首届睦邻友好乒乓球赛、"我爱盐运西"社区文化节、"社区好声音"音乐欣赏会、盐运西街坊电影节、"端午情,邻里乐"包粽同乐会等精彩活动。此外,还成立了社区社会组织协会,大力开展"社团进社区"活动,营造社区社会组织发展的良好环境。建立社区社会组织孵化基地,制定社区社团管理办法。对已成熟成型的社会组织纳入登记,并将10余支活跃在社区的特色队伍纳入社区社会组织备案。整合了社区小商铺、小餐馆等资源建立社区慈善互助网,通过社区拍卖会、旧物交换、慈善超市、"百叟宴"等平台和项目,对社区弱势群体进行慈善帮扶。

沙园社区则更为注重发挥辖区内群众的作用,先后组建了广重社区管乐队等 18 支群众文艺团队，依托广重文化广场等文化阵地，开展"幸福你我同行""爱我家、爱沙园"等系列大型文化活动 30 多场，做到了"天天有活动、月月有安排、季季有高潮"。社区文化产品丰富，文化活动健康，文化事业进步，文化品位高尚，真正营造出集学习、娱乐、休闲于一体的文化氛围。

长兴街社区则善于利用区位优势，整合社区资源，依托辖区内的著名芭蕾舞团，将芭蕾作为维系长兴社区民众情感的纽带，引入社区文化建设的行列，高雅艺术进社区的活动蓬勃开展。

（二）中山市社区文化建设探索

从广东省内来看，中山毫无疑问算是一个"小"市，有趣的是，这里并没有太多的专业文化团体，除了一个粤剧团之外，再无专业院团，但这里的文化建设却发展得蓬勃旺盛。目前，中山有 3 个镇被评为国家级"民间艺术之乡"，6 个镇为省"民族民间艺术之乡"，共有 166 个曲艺、戏剧等群众文化艺术团体，各类文化广场每年公开演出达 2600 多场次。真正撑起中山文化大舞台的，是由街区文化、镇区文化构成的中山社区文化。48 个街区文化广场以及大大小小的镇区文化广场正如星星之火，共同汇成中山文化的燎原之势。每晚的社区聚会，千人舞、太极、恰恰、伦巴等轮番上演，人们风雨无阻，各得其乐。

在社区群众文化繁荣的同时，中山的社区文化向文化产业转化迈进，实现了社会、经济与文化的和谐发展。在文化产业领域一掷千金的长洲社区、千人共舞的三乡镇文化广场和以文化为招牌的雍景园便是中山的社区文化在不同角度的折射。

中山市长洲社区是一个城中村，但这里并不落后荒凉，反而是"全国文化先进社区"所在地。20 世纪 90 年代后期至今，共投入社区硬件建设资金数亿元，兴建了集水上乐园、健身中心、休闲区域等多功能为一体的翠景康体园，以及设备一流的文化艺术中心等项目，并重金兴办一年一届的大型社区艺术节。这些大手笔的社区文化建设，带动了休闲旅游、文化消费以及相关的房地产和酒店业，为长洲赢得了丰厚的收入回报。长洲社区文化建设的出发点是以社区文化为载体，提高人文素质，将文化、经济与民生结合起来，打造和谐社区。其成功显示了一个农民集体对于文化产业的成功探索，更反映了一个"城中村"单位组织在现代化城市演变中的转型与适应。

中山市的三乡镇共有 15 万打工人口，本地人口却只有 3 万多。如何安排好外来务工人员的闲暇生活，自然成为三乡镇文化建设最关注的事情。据三乡镇文化站站长介绍，投资 3800 万元建成的三乡镇文化广场，已成为三乡镇外来工满足文化需求的最大场所。每晚,千人共舞的壮观场面都会在这上演,人们不约而至,尽兴而归。在这里,一起起舞的人群只会留意旋律与节拍,而不在意工资、户口、身份等外在事物,本地人不会狭隘排外,外来务工人员也不再封闭。广场舞使得人们之间的交流显著增多,社会更为包容与融合。

2000年起,中山市的群众文化事业日益蓬勃,一批新的楼盘开始有意识地引入社区文化概念,吸引人气进行促销,这渐渐发展成整个中山房地产业的潮流。在当今中山,人们不再满足于仅仅"居者有其屋",社区的文化滋养日益成为人们择居的重要因素。社区文化已成为衡量楼盘质量的一大指标,社区的文化招牌越响亮,楼盘的销量就越高。社区文化从精神诉求发端,继而与经济联姻,成为中山特有的标志。

社区文化是城市发展的脉搏,而中山的发展之路,为我们提供了一个中国城市社区化发展的优秀范本。在中山,社区自治组织、社区非政府组织和社区居民是参与社区文化的主要力量。与很多地方传统的用"城"去同化"乡"的实践做法不同的是,在这里,更多的是利用政府管理,以"城中村"的组织架构和本土资源,去吸纳"城"、连接城。①

(三) 深圳市社区文化建设探索

深圳市南山区着力打造特色文化社区,根据社区地域、人群特点,以文化引领和谐,实现"一社区一特色、一社区一亮点"。例如,花果山社区针对老年人多的特点,建设以"孝行天下"为主题的文化园;光华街社区突出抓社区"共建共享",驻社区单位无偿提供了1200多平方米活动场地,建起了"和谐之家";海湾社区以"社员节"等传统节日为载体,大力推进"睦邻点"建设;北头社区则建起了以蚝业为主题、体现北头发展史的蚝业陈列馆,对村民进行致富思源、富而思进的文化教育。

政府主导、社会参与、机制灵活、政策激励,经过多年努力,南山区探索出积极引导社会力量以兴办实体、资助项目、赞助活动、提供设施等形式参与公共文化服务的新路子。

南山居民自发组织的公益活动不仅推动了社区文化建设,也丰富了社区儿童的生活,更为南山区的文化发展积聚了群众力量。与此同时,南山区政府也充分重视社会力量,并激励社会组织参与到公共文化服务建设上来,"南山流行音乐节""周末音乐会""社区艺术节""青工文化快车""粤剧艺术周"

---

① 《街镇撑起文化舞台:中山社区文化万民同乐无贵贱》,《南方日报》网络版,2005年10月24日。

"保利艺术讲堂""我们的节日"等文化品牌越来越受到居民喜爱。如今，曲艺、讲座、音乐会、展览、书法等公益文化活动在南山遍地开花。内容丰富、形式各异的文化活动丰富了南山人的生活，形式风格多样，从小社区到大平台，从小广场到大剧场，满足了南山市民的文化需求，南山区真正成为一个充满生机活力的文化大舞台。

四、结论与讨论

本文以为，社区文化建设的核心在于提升民众的参与感、认同感与幸福感。对每个人而言，在生命的不同时期，在学校、社区、单位和家庭等不同场域，对"文化"一词会有不同的认知与感触，当这看似宏大的概念落实到柴米油盐的日常生活中，我们对它的需求是否能够实现、实现的水平如何、有没有超越与创新，这一系列问题都影响着我们对认同、幸福和参与感的判断。也许，对于社区文化而言，发展是无止境的，完美只是追求，而不断完善才是其必经过程。

近年来，广东省社区文化建设不断发展并持续完善，笔者从这一进程入手，归纳了以下几个特点：

其一，以"幸福广东"为核心，关注文化建设的幸福感与认同感。已成功落幕的两届广东社区文化节均以"幸福广东、和谐家园"为主题，开展了一系列植根社区、服务社区的特色文化活动，做到了文化建设的惠民、亲民与乐民。广东各地市的社区文化建设也关注民众的幸福程度与认同感，不难发现，"教育和文化""公共设施"等均是"建设幸福广东评价指标体系"中的客观指标。幸福不仅是个体的责任，有赖于个人的努力与修养，还是社会性的，需要政府努力以确保公民享有与文明程度相匹配的生活水准（岳经纶、邓智平，2012）。这样看来，民众的幸福离不开基本公共文化服务的均等化与普及提供，需要个人和政府与社会的合作奋斗。

其二，文化建设呈现出社会化的趋势，注重多元化参与。地产企业等诸多主体积极参与到文化建设的进程中来；社区文化始于精神诉求，发展过程中又与经济相挂钩，体现了文化等社会政策与经济政策的良性循环。广东各地市的社区文化建设实践表明，要依靠社会力量建设社区文化，注重对城市社区文化多样性的尊重和培育。依托岭南文化与各地独具特色的地方文化，避免社区文化建设中千人一面、千篇一律的局面，走"共识、共建、共办、共荣、共享"之路（文军、唐亚林，2011）。政府不能一家独揽，应该政府搭台，动员全民参与。各级政府、文化组织、社会团体、商业企业、民众等多方一道，分工协作，形成多元参与的合力。

其三，重视文化组织机构的统率与倡导作用。文化的魅力在于展示，而文化的活力则在于交流。以广东省社区文化艺术促进会为代表的一系列文化组织机构，以现代角度包装了社区文化艺术，以全新观念促进着社区文化艺术发展，为有需要的民众提供了互通有无、展示与互助的重要平台，增进了文化群体与个人之间的协作与交流，在社区文化建设上发挥出了巨大作用。

其四，重视新技术的运用，以技术促发展。广州市24小时不打烊的移动数字图书馆等新技术的运用，使得公共文化服务更为普及，社区文化对普通民众，尤其是低收入群体而言，显得更为可及和可得。社区文化日益成为每一名广东民众都能享受到的民生福利。

回到本文导语的问题，文化是什么？在文人龙应台的笔下，文化体现在一个人如何对待他人、对待自己，如何对待自己所处的自然环境：人不苟且、不霸道且不掠夺，因而有品位、懂得尊重自然和他人，且有永续的智能。在她看来，品位、道德和智能便是文化积累的总和，而文化会对价值和秩序有所坚持，对破坏这种价值和秩序的行为有所抵抗。我们的社区文化建设做到提升人的品位、道德和智能了吗？我们的社区文化又是否能使人坚守价值和秩序，抵抗破坏行为？

至此，仍难给出确切的答案。也许这类问题的意义就在于发问本身，通过貌似无解的问题来时时提醒我们：社区文化建设既是理论研究的话题范畴，又是日常生活的主要方面。我们既是社区文化的受众，又是社区文化的建设者。我们的力量虽然渺小，但却并不微弱。社区文化建设离不开个人，但也不仅仅只依托于单独的个人。

理想状态下的社区文化又是什么样的？文化对人的作用潜移默化，而又深远持久。理想的社区文化也许就是当我们在社区里长大而又老去后，记忆里剩下的有关那个特定地域和当时邻里之间独有的那些文字、精神、记忆与味道。这样看来，理想状态下的社区文化，必定是以人为本、包容且融合的，也应该能跟上时代的发展脚步不断更新，有能力提高民众的参与能力与意愿，并且与辖内的经济增长形成良性的链条循环，化解社会冲突与矛盾，营造和谐的氛围。

因此，在社区文化建设的过程中，首先应充分考虑以人为本的融合性原则。具体而言，就是要摸清社区居民的情况，包括年龄结构、受教育情况、特长爱好等。社区文化的服务对象是社区居民群众，其中上班族多为中青年，老人与儿童在社区生活的时间远远多于中青年群体，因此，社区在开展文化活动时应充分考虑到这一点，分层对待，重视活动的时间段安排，提高活动对不同受众的针对性，强化活动的吸引力。我们需要的，是建设一种"需要诠释型"的社区文化，提高社区文化的针对性，并使更多的人有能力和渠道表达、传递出属于自己的真实文化需求。

其次，社区文化建设也应与时俱进，跟上时代发展的大背景。运用新技术，促进公共文化服务的普及与传播。值得思考的是，当下热门的互联网思维有没有可能运用到社区文化建设中来？互联网思维遵循着价值环流的思维模式，认为万物皆可以互联，而互联形成全生态，因此，注重人的价值，使人有表达和参与的机会与能力。网络时代，社区论坛、微博、微信等平台日益为人们所熟知，街道、社区也应跟上潮流，对各种网络社交平台加以利用，与民互动。在开展工作时，最好跳出社区看社区文化建设，实现地区文化资源跨部门、跨领域、跨系统的共建共享，与大学、单位、文艺团体、文联等合作，而不是仅仅局限于本社区。

最后，社区文化建设如何提升民众的参与能力与参与意愿？如何在丰富一部分人精神文化生活的同时，不产生新的矛盾与冲突？近年来，遍地开花的广场舞在丰富参与群众文化生活的同时，也成为另一些群众不胜其扰的烦心事。广州的黄埔社区在全国范围内率先以公约的形式解决双方冲突，赢得了多家媒体的报道与赞誉。但在小组合作的实际调研中，笔者却发现，广场舞公约的订立过程仍以居委会为主导力量，居委会才是实质性参与主体，行政力量统治着社区公共事务，而物业公司、跳舞者等更多只是象征性参与和边缘性参与，甚至是无参与，绝大多数住户对社区文化事务与出现的纠纷漠不关心，社区文化建设在民众参与程度上仍有很大的提升空间，未来仍任重道远。

参考文献

[1] 董欢. 和谐社会视野中的我国城市社区建设研究［D］. 北京：中共中央党校，2009.
[2] ［英］哈特利·迪安. 社会政策学十讲［M］. 岳经纶，温卓毅，庄文嘉译. 上海：格致出版社，2009.
[3] 刘怀宇. 3年全市拟建2500移动数字图书馆［N］. 南方日报，2014-04-24.
[4] 童颖骏，胡海岩. 社区文化建设的要义［J］. 社区，2005（17）.
[5] 谭志红. 第二届广东社区文化节：惠民、亲民、乐民［N］. 中国文化报，2013-10-31.
[6] 王思斌. 体制改革中的城市社区建设的理论分析［J］. 北京大学学报（哲学社会科学版），2000（5）.
[7] 文军，唐亚林. 变迁与创新：我国城市社区文化建设的历史考察与现实分析［J］. 求索，2001（2）
[8] 奚从清. 社区研究——社区建设与社区发展［M］. 北京：华夏出版社，1996.

［9］ 徐永祥. 社区发展论［M］. 上海：华东理工大学出版社，2001.

［10］ 岳经纶，邓智平. 完善幸福广东评价指标体系的思考［J］. 华南师范大学学报（社会科学版），2012（5）.

［11］ 朱佳玮. 社区公益性文化事业的社会化管理模式研究［D］. 上海：上海师范大学，2007.

［12］ 郑照魁. 2014年广东文化建设：文艺精品频出，文化消费旺盛［N］. 南方日报，2015 – 01 – 20.

［13］ 张景华. 文联办到街道：广州社区文化的创举［N］. 光明日报，2009 – 03 – 17.

［14］ 广东房企社区文化建设给力幸福生活［EB/OL］. http://gz.leju.com/news/2014 – 07 – 11/17044285778.shtml.

［15］ 街镇撑起文化舞台：中山社区文化万民同乐无贵贱［N］. 南方日报，2005 – 10 – 24.

广东社区社会组织：发展与反思

郭英慧[*]

改革开放以来，随着社会主义市场经济体制的不断推进，中国经济发展取得了举世瞩目的成就，人民生活水平也得以显著提升。然而，随着工业化、信息化、城镇化以及农业现代化的发展，我国社会结构、社会形态和利益格局深刻变革，人们的社会心理、行为方式和利益诉求明显改变，对生活有了更高期待，对获得公平机会、实现全面发展有了更迫切的愿望。社区正是上述各种利益的交汇点、矛盾纠纷的聚焦点，也因此成为社会治理创新与和谐社会建设的关键点与着力点所在。要想在社区层面化解各类社会风险、缓解各种社会问题、回应各样社会需求，势必面临巨大挑战，而社区社会组织的培育及发展不仅是应对这一挑战的有效途径与有力保障，也是反映公众诉求、创新社会治理，增强社区自治、发展基层民主的内在要求。近年来，广东在统筹协调各项资源的前提下，大力扶持、培育社区社会组织的发展。社区社会组织如今已成为社区建设和社区管理的重要力量，成为居民参与社区事务的重要载体。

一、广东社区社会组织发展的基本情况

作为中国改革开放的前沿阵地，广东省在抓好经济建设的同时，不断深化社会领域的改革，社区治理与社区建设已成为广东政府与社会共同关注的焦点，并且经过上下一致的协同努力，已取得一些成效，涌现了一批优秀的社区组织，他们在丰富居民精神文化生活、整合社区资源、提升居民参与意识等方面都发挥了重要作用。

（一）社区社会组织在数量上呈现快速增长态势

近年来，广东省各地积极推动基层政府行政职能归位、服务职能下移，加强社区服务平台建设，这些举措无疑为社会组织在社区的生根、落地创造了良

---

[*] 郭英慧，中山大学政治与公共事务管理学院博士，重庆大学公共管理学院讲师。

好环境。一方面,在全省范围内开展社区组织牌子过多过滥问题专项治理工作,将基层政府及其职能部门下设的机构清理出社区,平均每个社区清理牌子20块。另一方面,高度重视社区社会组织的培育和发展,率先在社会组织直接登记注册、政府职能转移等方面进行创新实践,促使社会组织在数量上得以快速增长。截至2014年底,全省各级民政部门登记注册社会组织达46835个,比2013年(44496个)增长5.26%;从人均数量来看,2014年末,每万人拥有社会组织数量为4.37个,比2013年(3.85个)增长12.9%(见图1)。

图1　广东省社会组织发展数量

资料来源:2008—2010年数据来自广东省《广东省民政工作简况》,2011—2014年数据来自《广东国民经济和社会发展统计公报》《广东省民政工作总结》。

参照这一发展趋势,2015年底,广东圆满完成了《省委省政府关于加强社会建设的决定》提出"到'十二五'末,实现每万人就有五个社会组织"的目标。此外,据统计,目前全省已建成街道(社区)家庭综合服务中心1162个,全省登记和备案的基层社会组织超过2.7万个,扎根社区服务的民办社工服务机构超过350家。已建成城市社区公共服务站4601个,农村社区公共服务站5234个。不仅如此,广东省民政局在2015年最新召开的全省社区社会工作暨"三社联动"推进会上,提出"到2020年,全省每个城市社区有10个以上、每个农村社区有5个以上社区社会组织,有专职、兼职专业社工或民办社工机构从事社会服务活动"。这一目标的提出,将有助于进一步推动广东社区社会组织的蓬勃发展。

(二)社区社会组织从多方面推动和谐社区建设

随着社区社会组织的不断壮大,社区社会组织已成为和谐社区建设的一支重要力量,使社区居民不用走出家门即可按需享受各类社会服务,同时也为居民参与社区事务、深化基层居民自治提供了更为便利的平台。

第一,助力社区公共服务新格局。20 世纪 90 年代,为应对单位制解体对社会及个体所带来的冲击,我国政府开始发起社区建设运动,在社区建设实践中,基本形成了"两级政府、三级管理、四级落实"的管理体制,然而在这一体制下,社区层面,原本定位为面向居民开展自我管理、自我服务的社区居民委员会行政化倾向严重,更多精力放在完成上级任务及"迎评应检"等行政工作上,社区服务缺位。社区居民更像散落于社区中的孤立原子,需求缺乏回应,难以形成对社区的归属与认同感。如今,随着社区社会组织在社区落地,残疾人康复站、老年活动中心、儿童之家、亲子乐园、志愿者服务中心、邻里互助会、社区棋牌协会等社区社会组织在社区层面得以孵化,社区服务覆盖家庭、长者、青少年、社区矫治、残障康复、农村留守人员、异地务工人员等多个服务领域及居民群体,成为满足居民需求的重要力量。社区社会组织与基层政府、居委会、驻区单位、志愿者等共同构建了广东社区公共服务新格局,使社区居民有更加多元化的服务选择,更多符合其需求的"定制服务"。

第二,加强社区协商,为深化基层居民自治搭建便利平台。过往社区发展实践显示我国社区治理依托的是"自上而下"的行政化体系,社区体制改革通常也只局限于"街居"体制。为突破此限制,广东省将扶持和发展社区社会组织作为拓展基层居民自治空间的重要载体,为社区居民的自我服务、自我管理搭建参与平台。与此同时,习近平总书记在庆祝中国人民政治协商会议成立 65 周年大会上的讲话中强调"涉及人民群众利益的大量决策和工作,主要发生在基层",因此,要保障广大人民群众的切身利益,必须充分听取基层群众的意见,在基层群众中开展民主协商。而社区社会组织作为政府密切联系基层居民的桥梁,恰恰能够发挥这种组织引领作用。据统计,截至 2012 年底,全省已建立街镇社区政务服务中心 947 个、城乡社区公共服务站 5360 个,已建有家庭服务中心(含社区服务中心)1150 个,其中近 400 个通过政府购买社工机构服务运营。广东省借助这些社区社会组织,极大地激发了基层居民的参与热情与民主意识,拓展了居民意见表达渠道,提升了居民自我管理与自我服务的能力,进而实现了新时代社区治理、社会自我调节及居民自治的良性互动。

第三,化解社区矛盾,维护社区稳定。21 世纪以来,以单位社会走向消解和后单位社会来临为背景,中国基层社会发生了诸多值得关注的变化(田毅鹏,2015)。随着单位制度的瓦解,社区已成为各种社会矛盾与利益诉求的起源地与交汇点,社区内的诸多问题俨然成为城乡社区发展过程中的一大困扰,甚至威胁到整个社会的和谐与稳定。广东省在面对这一棘手问题时,借力社区社会组织，以其作为"减震器"与"安全阀"，力争将矛盾化解在基层社区。一方面，家庭综合服务中心、志愿服务中心、心理咨询机构等社区社会组织不但能够从专业角度准确评估社区一般居民的需求并给予及时的回应，而且对于社区中的行为偏差青年人、刑满释放人员等边缘群体，亦能利用专业介入促使他们实现再社会化，重新融入社区；另一方面，在地的社区社会组织充当"民意代表"，积极协助相关政府部门调整各种利益关系，畅通弱势群体发声渠道，协助基层居民理性表达自身诉求，从而达到缓解社会矛盾、维护社会稳定的作用。

第四，撬动"民力"，服务"民意"。社区承担了计划生育、安全消防、治安维稳、社会福利、优抚保障等40多项工作，同时还要配合上级机关的相关行政安排。广东省政府早在2011年即开始思考社区服务中"小马拉大车"的难题要如何破解。公权资源相对有限，却要承接如此繁复的社区公共服务，这不但加重了政府的财政负担，也使基层政府在回应居民福利需求时显得力不从心。为突破由此带来的社区治理难题，广东一方面在社区层面强调借"民智"，动员社区成员参与，同时注重整合、凝聚社区服务资源，以社区社会组织为中介，鼓励社会各方力量参与社区公益活动，统筹配置各项社会资源，为社区服务。另一方面，拓宽社区资金来源，主推社区服务发展。广东积极向先进国家与地区学习经验，社区发展资金的筹集不仅限于政府资助，而且还积极撬动社会资源投入。深圳宝安的桃源居社区即是典型案例，该社区为了满足社区服务发展需要，先后建立了十大社区社会组织。为使组织运作更加规范，服务更加专业，社区向驻地企业筹资1亿元，创立了中国首家社区公益基金会，主要用于培育和扶持社区社会组织，为居民提供社区服务。

二、广东社区社会组织培育及发展的政策创新与实践经验

2011年到2015年上半年，广东GDP分别增长10.0%、8.2%、8.5%、7.8%和7.7%，年均增速接近8.5%，预计比全国高0.5个百分点，远高于同期世界2.5%左右的年均增速。根据《广东省国民经济和社会发展第十二个五年规划纲要》显示，"十二五"期间，全省各级财政对公共教育、医疗卫生、社会保障等民生领域的投入累计达到30065亿元，占全省公共财政预算支出的比重提高了6个百分点。与此同时，为了解决长期以来社会服务基础薄弱、社会组织匮乏、供给体制落后、专业人才短缺等问题，近年来，广东省及各级政府在培育社会组织尤其是社区社会组织、发展社会服务过程中不断完善制度设

计，并鼓励各地在实践基础上不断创新。

（一）综合规划性政策陆续出台

一直以来，与境外社会组织及社会服务发达国家相比，国内社会组织及社会服务发展的一个显著不足在于缺乏系统的政策规划。制度规范的缺乏，使各项社会福利事业的发展及社会组织的培育具有较大的主观随意性，严重影响了社会服务的质量及可持续性。为突破这一限制，使社区组织及服务的发展更具有方向性和持续性，自2002年全面推进社区建设以来，广东省利用社会组织发展社会服务的综合规划性政策陆续出台（见表1）。

表1　广东省推动社会组织发展的相关政策文件

文 件 名 称	文号/日期
广东省民政厅 广东省档案局关于印发《社会组织档案工作的指引》的通知	粤民发〔2015〕167号
广东省民政厅关于印发《广东省民政厅关于社会组织法人治理的指导意见》等四个文件的通知	粤民发〔2015〕70号
广东省人民政府办公厅《关于印发政府向社会力量购买服务暂行办法》的通知	粤府办〔2014〕33号
广东省省级培育发展社会组织专项资金管理暂行办法	粤财行〔2012〕245号
关于确定具备承接政府职能转移和购买服务资质的社会组织目录的指导意见	粤民民〔2012〕135号
关于培育发展城乡基层群众生活类社会组织的指导意见	粤民民〔2012〕134号
中共广东省委 广东省人民政府印发《关于进一步培育发展和规范管理社会组织的方案》的通知	粤发〔2012〕7号
中共广东省委、广东省人民政府关于加强社会建设的决定	粤发〔2011〕17号
广东省民政厅《关于进一步促进公益服务类社会组织发展的若干规定》	粤民民〔2009〕96号
广东省民政厅关于社会组织评估管理的暂行办法	粤民民〔2009〕12号
中共广东省委办公厅 广东省人民政府办公厅关于发展和规范我省社会组织的意见	粤办发〔2008〕13号
广东省民政厅《关于实行民间组织涉外活动报告制度的通知》	粤民民〔2007〕41号

续表1

文件名称	文号/日期
广东省民政厅《关于进一步深入开展民间组织自律与诚信建设活动的通知》	粤民民〔2006〕15号
广东省民政厅关于印发《关于加强社区民间组织培育发展和登记管理工作的指导意见》的通知	粤民民〔2006〕3号
广东省民政厅《关于在全省范围内开展民间组织自律与诚信建设活动的通知》	粤民民〔2005〕28号
广东省民政厅《关于加强防范和依法查处非法民间组织以及民间组织违法违纪活动的通知》	粤民民〔2004〕102号
广东省民政厅《关于规范我省民间组织行政执法工作的通知》	粤民民〔2003〕31号

随着综合规划性政策的陆续出台及推动，可以看到政府在培育社会组织发展方面的政策扶持力度正在不断加大，而基层社会组织数量少、规模小、能力弱、社会认知度低的状况也得以持续改善。数量的增加，规模的扩大，使基层社会组织参与社会治理的空间不断拓展，作用显著增强。

（二）社会组织登记管理逐步放开

2013年3月17日，十二届全国人大一次会议通过的《国务院机构改革和职责转变方案》（以下简称《方案》），对社会组织管理体制改革作出了部署。《方案》提出重点培育有限发展行业协会商会、科技类、公益慈善类、城乡社区服务类社会组织。今后这些社会组织可以直接向民政部门依法申请登记，不再需要业务主管单位审查同意。实施政社分开，理顺政府与社会的关系，意味着备受诟病的社会组织"双重管理"体制将成为历史，从体制机制上为利用社会组织发展社会服务提供了空间。

反思我国社会组织发展，其面临的一个重要障碍就是社会组织的定位不清。要实现社会组织的准确定位，首先要做的就是将社会组织还给社会，这也正是《方案》的意义所在，但这其实并非社会组织管理体制改革的首创之举。早在中央《方案》出台之前，广东省即先行先试，2011年通过的《关于进一步培育和规范管理社会组织的方案》明确规定，从2012年7月1日起，除特殊规定、特殊领域外，社会组织的业务主管单位改为业务指导单位，社会组织直接向民政部门申请成立。各地市在充分领会中央及广东省精神的基础上，也陆续出台了相关政策指引，如广州市随后印发了《关于进一步深化社会组织登记改革助推社会组织发展的通知》（以下简称《通知》），《通知》为社会组织进一步"松绑"，主要从"降低准入门槛、简化登记程序、减轻登记负担、提高工作效率"四个方面深化社会组织登记改革，并且将登记审批时限从60日缩减至20日，此举措对社会组织发展起到积极推动作用。

在社会管理体制改革这一崭新领域，广东省不仅先于中央而动，而且创新力度在一定程度上也大于中央。为进一步培育发展社区社会组织，充分发挥社区社会组织在社区治理和社区服务中的积极作用，广东省于2012年即规定符合条件的基层群众生活类社会组织（包括公益慈善类组织、社会事务类组织、社区服务类组织及文化体育类组织）可采取法人登记、备案登记两种方式进行登记。"备案制"的推出，无疑使过去活跃在居民身边，但从严格意义上讲没有合法身份的"草根组织"得以正名。"草根组织"的正名不仅有利于其自身的健康发展、资源获取，同时也将有助于政府的监管，这无疑在我国社区社会组织发展史上具有里程碑意义。

（三）社会组织培育制度渐成体系

要充分发挥社会组织在推动社会服务发展中的积极性，"放权"并不是全部，社会组织的"扶持"与"培育"同样重要。因此，从2009年开始，广东省及各地市都颁布了一系列培育和发展各类社会服务类社会组织的政策文件，其中不仅包括理念引导、发展方向等宏观制度设计，更包括人才、资金、设施、场地等方面的具体政策措施，并且几乎所有政策都涉及"真金白银"的资金投入支持。

具体而言，广东省对社会服务类社会组织的支持主要包括四种形式：一是免税支持。"免税"一直以来是最让社会组织感到头痛的问题。目前没有获取免税资格的社会组织几乎都要按照与企业相同的标准缴税，主要包括25%的所得税和5.5%的营业税，这对于社会组织来说，无疑是沉重负担。为帮社会组织"减负"，广东省下发了《财政部国家税务总局关于非营利组织免税资格认定管理有关问题的通知》，使社会组织的免税申请有章可循。二是对直接提供社会服务的社会组织进行常规性资助。2013年以来，广东省民政厅每年安排1000万元资助欠发达地区发展社会工作事业。广州、深圳、佛山、东莞、中山等地整合各类社区资源，大力推动街道（社区）家庭综合服务中心建设。目前，全省已建成社区综合服务中心超过1100个，全省登记和备案的社区社会组织超过2.7万个，扎根社区服务的民办社工服务机构超过350家。三是为推动社会组织发展，为其提供非常规性资助。广东珠江三角洲地区的各地政府纷纷成立专项基金扶持社会组织发展。例如，广州市先后出台了《广州市福利彩票公益金扶持社会组织发展专项资金管理办法》和《广州市民办社会工作服务机构公共财政基本支持实施办法（试行）》，前者规定广州在市本级福利彩票公益金中立项500万元，重点支持公益服务类社会组织和社区社会组织的发展；后者规定广州对符合条件的民办社工机构提供"一次性资助"和"以奖代补"，其中接受资助的绝大部分社工机构都有在社区层面提供社区服务或从事社区公益慈善事业的经验。① 四是着力打造孵化基地，构建市、区、街三级社会组织培育基地网络。近年来，除了广东省级财政安排专项孵化基金外，各级政府也积极筹措资金，围绕激活社会组织活力、提升社会组织发展能力这一核心目标，为入驻社会组织提供行政办公后勤、政策法律咨询、项目策划、服务指导、交流培训、资源链接以及财务托管、人事托管等一系列服务。至2014年上半年，仅广州市已建成30个社会组织培育基地，其中，市级社会组织培育基地1个，区（县级市）培育基地10个，群团组织培育基地8个，街道培育基地11个，基本形成市、区（县级市）、街（镇）三级社会组织培育（孵化）基地网络。除基地孵化外，各地还会借助项目形式对社区社会组织进行培育。例如，东莞寮步镇由东莞市香市公益互助会实施的"寮步镇社区社会组织孵化项目"即对15家社区社会组织的共15个项目进行资助，除项目外，公益互助会还将对这些社区社会组织本身进行扶持。借助上述的培育及扶持措施，不仅解决了一些社会组织尤其是社区社会组织在起步或发展过程中的资金限制问题，同时也促使机构在推动服务发展方面可以有更多投入与规划。

（四）重视服务人员的专业化，社会服务人才培养体系日渐完善

社会工作专业人才是提升社会服务水平的人力支撑。以2006年为标志，中央及地方各级民政部门根据社会服务发展需要，积极倡导社会工作人才在新时期的培育和发展。广东省对社会工作专业人才的培育也给予了高度重视，各地相继建立了较为系统的专业人才培养体系。

一是将社工人才队伍纳入《广东省中长期人才发展规划纲要》重点推进的六支主体人才队伍之一。二是广东省委组织部、民政厅专门制定出台了《广东省社会工作专业人才中长期规划（2014—2020年）》（以下简称《规

---

① "一次性资助"是指给予符合条件的民办社工机构一次性的办公经费资助，用于机构设施购置费、办公场地租金、人才培养等基本经费支出。"以奖代补"则是对民办社工机构未接受各种资助、自行开展的社会工作培训、社会工作交流、研究以及专业服务项目，业绩突出、效果明显、受到上级表彰的，在项目完成后，给予适当的奖励，用于补贴工作经费支出。

划》),《规划》不仅对广东社会工作专业人才队伍建设提出了指导思想和发展目标、重点任务,同时也据此提出了五个重点工程及相应的保障措施。三是出台《关于加强社会建设的决定》,将社会工作人才队伍定位为全省社会建设的人才保障,并以省委办公厅、省政府办公厅名义出台《关于加强社会工作人才队伍建设的实施意见》。各市也始终以社工制度建设统领全局,将系统性、前瞻性、务实性作为制度建设的关键。如深圳市在率先出台"1+7"文件后,又制定了《社工机构行为规范指引》《政府购买社工岗位需求规定》《深圳市社会工作者登记和注册管理办法》《深圳市社会工作者督导助理选拔与聘用办法》《深圳市社会工作行业投诉处理规范》等文件。广州、珠海、东莞等市也相继出台推进社会工作发展的意见及相关配套文件,逐步建立起社会工作人才培养、评价、选拔、使用、流动、激励保障等相关制度,培养了一批素质高、专业强的社会工作人才队伍。截至2015年底,全省共有4.3万多人获得助理社会工作师、社会工作师资格;设置社工岗位数达到1.66万个。社工专业人才的发展为社区服务的推进与社区社会组织的发展提供了较为夯实的人力基础。

(五) 智库助推社会组织发展

为响应中央"创新社会治理,激活社会组织活力"的总体部署,推动社会组织发展的产学研融合,促进社会组织及社会服务创新发展,广州、深圳等地在全国率先成立社会组织研究院。研究院在政府指导下,整合国内一流高校及社会专家资源,旨在实现政府资源、高校资源及社会资源的有效对接。社会组织研究院的成立,一是有利于推动对广东各地社会组织与社会服务发展的理论研究,同时也有助于本土经验的总结、开发与经验分享;二是意味着广东各地社会组织有了自己的高层次研究及人才培养平台,有助于培养当前较为稀缺的社会组织领军人才;三是作为民间社会智库,社会组织研究院借助理论研究影响公共政策,为政府培育、发展及管理社会组织的决策提供更为可靠的理论依据与重要参考;四是作为社会组织发展的专门研究机构,社会组织研究院在影响社会政策的同时,也积极参与社会舆论的引导及社会力量的激活,为助推社会组织的实践与发展作出了重要贡献。

三、广东社区社会组织发展存在的问题

当前,广东社区社会组织的快速发展,已使其逐渐成为和谐社区建设的重要力量之一。社会各界对社区社会组织及社会服务的发展越来越关注,对其的

政策扶持及运作管理也已成为政府部门面临的重大课题。时至今日，广东培育社区社会组织发展社会服务过程中，虽取得了一定的成绩，但仍存在一些值得反思及进一步改革的问题。

（一）认识偏差，定位不清与概念误读

社会作为群体的一种组织形式，亘古有之。但是，千百年来，由于受到皇权至上思想的影响，中国政治文化形成了深厚的国家权力观念。相对而言，个人权利、社会权利不受重视，甚至被完全消解，可以说社会被国家所吞噬。受此传统制度文化的影响，政府对社会组织的态度也表现得分外谨慎与小心，认为社会组织与国家处于对抗关系中，是抗衡国家权力、防止过分集中的国家权力侵害民众权力的手段（关信平，2011）。直到21世纪初，仍有政府部门将译作"非政府组织"的社会组织认定为反政府组织，致使大量社会组织在进行自我介绍时候都避免使用"非政府组织"一词，而采用更为本土的"社会组织"或"非营利组织"。出于对"对抗关系"的顾虑，政府对社会组织采取的策略必然是"管"与"控"，而过度的管控也必然使政府与社会组织的关系走向另外一端。正是在这种关系定位影响下，政府对社会组织尤其是社区社会组织缺乏真正的培育意识，大多是工具性利用，这在市场转型、社会转轨过程中表现得尤为明显，并一直得以延续。在此导向下，政府允许并鼓励社区社会组织发展的动机是希望借助社区组织提供更多社会服务，但却没有考虑通过全面的制度和稳定的政策推动社区组织的可持续发展。

（二）严进宽管：组织运作的错位管理

正是基于政府对社会组织"管控"职能的定位，过往政府一直实行的是"归口登记、双重管理、分级负责"的社会组织登记管理制度。这种"双重管理"的制度，要求社会组织必须找到一个"业务主管单位"挂靠后，才能在民政登记，这被民间社会组织戏称为"找婆婆"的过程，对社区社会组织而言更非易事。为了突破这一制度限制，广东各地推出的"备案制"的确在一定程度上为部分社区组织解了燃眉之急。但这是否如众多学者或媒体所宣称的"社区组织的春天"已然来临？实际情况可能并不十分乐观。"备案制"虽然较"登记制"的门槛有所降低，但达不到注册登记条件而选择备案的社区社会组织条件包括"要有固定的办公场所"以及"有相应的组织机构和业务活动相应的工作人员"。上述限制性的规定，对多数尚处于起步阶段的社区社会组织而言，门槛仍旧较高，获得合法性过程仍显艰难。而对于那些具备备案资格的社区社会组织而言，由于组织人员有限，面对烦琐的备案手续，也常感叹

"一半社区社会组织在填表过程就累死了"。与社区社会组织登记时的"严进"相比，组织运作中的"宽管"同样令人担忧。尽管对于登记注册后的社会组织每年都有年检、年审制度，但与登记备案时相比大都是例行公事，造成事实上的"监管不足"。深圳龙华新区社会组织总会会长的解释颇具代表性："造成虚监管，首要原因是监管力量不足，例如宝安区负责监管的工作人员只有4名，要监管300多个社区社会组织，而龙华新区将近200个社区社会组织，监管工作人员就只有2名。"由此可见，政府社区社会组织的管理中存在严重的本末倒置，政府将大量的行政资源投放在登记备案的资料审核上，而对于社区社会组织在运作中服务递送的规范性及成效性等都缺乏有效监管。

（三）能力孱弱与公信力不足：社区社会组织主体地位的缺失

从福利多元主义视角出发，国家在社会福利中扮演着重要角色，但绝不是对福利的垄断，市场和社会组织在福利供给中同样发挥着重要作用。广东省政府在推进社会治理创新过程中，亦十分重视社会的自我管理和自我服务。然而，社区社会组织培育及发展过程中由于自身能力孱弱及组织公信力不足等原因，直接导致了社区社会组织主体地位的缺失，无法在服务供给中作为独立的一方主体。

健全的管理制度和管理能力是社会组织实施有效运作及提供服务的重要保障，对于社区社会组织来讲也不例外。一般而言，社会组织的管理机制应该包括清晰的项目服务模式、稳定专业的全职团队、良好的运营能力、公开透明的财务制度等。但从目前广东社区社会组织发展的现状来看，绝大部分组织采取的都是以低制度化的方式进行运作，大多数社区社会组织仍表现为"草根化"，它们缺乏专业的服务团队，组织领导者为社区热心人。这通常导致社区组织在运作及服务提供过程中，虽有热心，但在服务专业性、资源动员力等方面多有欠缺。社区社会组织以上能力的缺陷与孱弱都限制了其主体性的发挥。

对于社区社会组织而言，组织公信力是指社会（包括政府、社区居民等利益相关者）对该组织的认可及信任程度，可以说它在某种程度上决定了组织能否延续且可持续发展（张勇、周雪，2011）。而从目前广东各地社区社会组织发展情况来看，其公信力的不足主要表现在两个方面：一方面，目前活跃于社区的多数社区社会组织并未取得合法身份，这使得相关政府部门在与其互动的过程中，通常抱质疑态度。即使面对少数通过注册备案取得合法身份的社区社会组织，由于受到传统管理思想的影响，政府部门也只是放手让这些组织做些康乐性的社区活动，对于一些真正关乎社区公共事务治理的问题处理上则表现得较为拒斥，缺乏对社区社会组织的信任。另一方面，由于前述组织自身能力孱弱的问题，使社区社会组织所提供的公共服务并不能充分回应居民诉求，往往给居民造成"花拳绣腿"的感觉，对于一些涉及个人切身利益的诉求，居民通常不会求助于社区社会组织，而是向更为传统与熟悉的居民委或街道政府求助。

四、发展及培育社区社会组织的策略选择

党的十八大报告指出，要"引导社会组织健康有序发展，充分发挥群众参与社会管理的基础作用"。而社区社会组织恰恰是实现政府基层治理和社会自我调节、居民自治良性互动的重要载体，如何充分发挥这一载体的作用已成为基层社区治理的关键。针对目前社区社会组织发展中存在的问题，可以从以下方面寻求对应之策。

（一）转变理念，让渡空间

不同理论流派从各自的研究视角出发，为社会组织参与社会管理、提供社会服务提供了依据。其中兴起于20世纪90年代的治理理论对国家与社会公共事务的管理模型进行了新的探索，强调人类政治过程的重心应由统治走向治理，这实际是一个还政于民的过程，是政府与第三部门的合作与互动。它说明社会组织可以并且应该参与到社会管理如社会服务的供给之中，社区社会组织也不例外。当然，无论是希望社会组织作为第三方参与到社会治理过程中，还是与政府保持"伙伴关系"，这都是对政府传统管理理念的挑战，需要政府理念的转变。长久以来，政府对社会组织尤其是生发于社区的草根社会组织的态度都是"担心""限制""消极管理"。而在如今社会转型、政府职能转变的新时期，政府需要调整与社区社会组织的关系，为社区社会组织重新定位。当前政府迫切需要构建一种与社会组织的"水平型"合作伙伴关系，使"组织""服务""治理"真正得以回归社会。

与此同时，经济的高度运转与社会的急剧变迁，衍生出大量亟须满足的社会需求。其中，既有传统的基础性服务需要，也有越来越多的发展性服务需要。对这些需求的回应，不仅发生在传统的工作场域——单位，更多的是回归到当下的生活场域——社区。因此，从更好地回应新的社会需求角度出发，服务保障与优化的责任不能依靠政府这一单一主体，需要政府与社区社会组织之间建立一种取长补短、相互合作的平衡关系，通过政府行政职能部门与社区社会组织间的制度化合作，进一步拓宽社区社会组织参与公共服务的空间以满足公众需要，提升社会福祉。

(二) 改革双重管理模式，推动"宽审批、严监管"的新模式

过往"归口登记、双重管理、分级负责"的登记管理制度束缚下，多数社会组织失去造血功能，社区社会组织也很难真正发挥社区居民社会参与的功能与作用。要想使社区社会组织参与基层社会管理、社区建设并充分发挥其主动性与积极性，首先必须将"严审批、宽监管"的登记管理模式彻底转变，改变对社会组织"重登记管理、轻运作监管"的做法，逐步建立"宽审批、严监管"的社会组织登记管理新模式。

虽然政府部门早在2012年已经为社区社会组织松绑，推出"备案制"，与之前相比，对社区社会组织的审批条件似乎已有所降低，但就具体备案要求而言，对于目前绝大多数"稚嫩"的社区社会组织而言，门槛仍旧过高，组织合法性的取得仍显艰难。因此，要真正激发社区社会组织的活力，对于政府部门而言，一方面，还需进一步降低门槛，放宽社区社会组织成立的审批备案条件，让有意愿参与社区服务的社区组织获得参与机会。另一方面，除"宽审批"外，"严监管"也是政府在社区社会组织管理中的关键着力点。要做到"严监管"，相关政府部门必须明确以下几点：第一，加强监管力量，重新分配政府行政资源，将有限的行政资源投放于社区社会组织的运作监督，而非登记备案纷繁资料的审核上。第二，扩展监管主体，让社区居民参与监管。社区居民是社区社会组织的直接服务对象，他们对社区组织及其服务是否满意应作为监管的第一考量，因此，要将社区居民纳入监管体系。而相关政府部门则需要建立完善的投诉及处理机制，对于社区居民发现的问题给予及时的处理与回应。第三，改变监管方式，注重参与过程监管。目前，政府部门对社区社会组织的监管主要是借助年审实现的，但这种监管主要依赖于组织的自我呈现，缺乏客观性，难以达到真正的效果。要想使监管真正发挥效用，必须采取参与式的过程监管，通过不定时的活动参与了解组织开展活动的真正成效及其存在的问题。

(三) 增强社区社会组织资源动员及联结能力

任何组织都无法生产自身所需的所有资源，为了维持生存并完成组织任务，必须通过与外部环境中其他资源的联结互动，来获取所需要资源。社区社会组织作为组织的一种类型，资源动员与联结自然也成为其自身生存发展所必须重视的一项任务。即使在社会组织与社会服务发展比较完善的地区，政府对于社会组织的财政支持也只是占到其经费来源的60%~70%，而非全部。目前，广东各地政府力推的政府购买服务以及对社会组织的普惠性财政资助却带

来了另外一种情况：政府经费成为社区社会组织全部的经费来源，这无形中造成了社区社会组织对政府的过度依赖，甚至影响到组织自身的自主性与独立性。因此，社会组织如果要保障服务的持续及自身的独立，必须加强自身能力建设，提升资源动员能力，建立多元资源联结渠道。在资源联结过程中，社区社会组织应该发挥其扎根社区的天然优势，撬动"民力"，发挥"民智"。一方面，可以联结驻社区各单位，发挥它们的资源优势，助力社区服务；另一方面，国内的很多基金会每年都接受国家巨额拨款及国际捐赠，往往会出现大量捐款用不出去的现象，其实这些基金完全可以供有需要的社会组织申请以用于直接服务，从而合理配置资源，并使社区社会组织的运作经费更加丰富多元。

（四）建立社区服务使用者参与机制

在社会服务递送过程中，人们通常认为社会组织在整个服务过程中处于主动地位，服务使用者则相对处于被动接受状态，但有学者认为，在社会服务生产过程中，"服务使用者"与"服务提供者"之间的区别是人为的（Pollitt, 1998），服务中助人目标的实现，有赖于服务使用者提供相关的个人信息，积极参与服务，以及在服务过程中与服务提供者充分合作。因此，可以说，在社区服务中，社区居民是一个重要的服务产生元素，他们的参与不仅对社区社会组织所提供的服务成效具有重要意义，而且也是增进社区社会组织公信力的重要途径。

要保障社区居民的参与，需要建立相应的机制，将社区居民的参与纳入组织的服务规划当中。通常，社区居民的参与主要有三种途径：首先，社区居民参与需求评估中的意见表达。与其他任何人相比，社区居民是自己生活处境的直接经历者、当事人，他们更了解服务对象群体的需求，而在社区社会组织所提供的服务中，最为适切的服务必然以准确的需求评估为基础。因此，社区社会组织要想使所提供的服务能够更好地协助居民解决问题、摆脱困境，在服务规划当中纳入社区居民显得十分必要。其次，居民参与社区社会组织管理工作。对于当前的绝大部分社区社会组织而言，尽管让社区居民参与管理都比较难以做到，但这却是维护社区社会组织可持续发展的重要影响因素。社区社会组织应该强化自身的理事会制度。与其他代表相比，社区居民虽然对机构未必有金钱或专业方面的支持，但却能够对机构管理问题给予最直接的意见与回应。最后，社区居民参与服务监督与评估。这与社区居民参与服务规划是相对应的，既然社区居民在服务的最初设计中有所参与，在服务过程中又是服务的直接体验者，那也必然成为服务成效的权威评价者。当然，除了对服务的监督、评估之外，作为社区社会组织，其资金使用情况、运作是否合法、非营利原则是否得到坚持等方面亦需接受公众的监督，从而树立和维护组织自身的公信力。

参考文献

［1］ 关信平. 社会组织在社会管理中的建设路径［J］. 人民论坛，2011（11）.

［2］ 田毅鹏. 后单位时期社会的原子化动向及其对基层协商的影响［J］. 南京社会科学，2015（6）.

［3］ 张勇，周雪. 非政府组织公信力建设路径——基于公共理性的研究视角［J］. 人民论坛（中旬刊），2011（8）.

［4］ 李强. 广东省每个城市社区将有 10 个以上社区社会组织［N］. 南方日报，2015 - 11 - 24.

［5］ 广东省"三社联动"创新基层社会治理［EB/OL］. http://sw.mca.gov.cn/article/dfdt/201504/20150400807221.shtml.

［6］ 2012 年民政工作总结［EB/OL］. http://www.gdmz.gov.cn/zwgk/zwgb/fzgh/201302/t20130227_32423.htm.

［7］ 广东共享发展："十二五"期间民生投入逾 3 亿元［EB/OL］. http://news.southcn.com/gd/content/2016 - 02/05/content_142114429.htm.

［8］ 广州市社区服务中心［EB/OL］. http://www.96909.gd.cn/sqfww/py_jianjie.asp.

［9］ 广东省持证社工 4.3 万成社会建设新生力量［EB/OL］. http://news.xinhuanet.com/gongyi/2016 - 02/26/c_128756135.htm.

［10］ "十二五"广东 GDP 年均增速接近 8.5%［EB/OL］. http://epaper.southcn.com/nfdaily/html/2015 - 10/20/content_7478799.htm，A01.

［11］ 一半社区社会组织"累死"在填表中？［EB/OL］. http://sztqb.sznews.com/html/2015 - 09/23/content_3343804.htm.

［12］ Pollitt C. Improving the Quality of Social Services: New Opportunities for Participation? ［M］//Flosser G & Otto H U. Towards More Democracy in Social Services—Models and Culture of Welfare. Berlin: Walter de Gruyter, 1998.

广东社区社会服务：发展与问题

谢 菲[*]

改革开放以来，广东在经济建设突飞猛进的同时，社会建设也发生了深刻的变革与转型，社区社会服务也经历了从无到有、由点到面、由城市到农村的快速发展过程。根据第六次全国人口普查数据，广东省常住人口为1.04亿人，广东已经是全国第一人口大省。其中，居住在城镇的人口为6902万人，占常住人口的66.18%；居住在乡村的人口为3527万人，占33.82%。常住人口中，流动人口3178万人，占30.56%，其中省外的2149万人，省内的978万人。广东省有6418个城市社区、19351个行政村，为如此庞大的人口提供适合其需求的社会服务，是目前广东迫切需要解决的现实问题，也是一个巨大的挑战。社区社会服务的提供关乎广东和谐社区建设的顺利开展，也是社会管理和社会建设顺利进行的保障。

一、广东社区社会服务的总体情况

（一）在社会服务的规划方面，基本形成了社区建设和社区服务的政策体系

自2000年全面推进社区建设以来，广东出台了一系列促进社区发展和社会服务的相关政策。一是社区建设和社会服务的规划。出台了《广东省基本公共服务均等化规划纲要（2009—2020年）》《印发广东省民政事业发展"十二五"规划的通知》（粤民财〔2011〕43号）、《广东省人民政府办公厅关于印发广东省城乡社区服务体系建设"十二五"规划的通知》（粤府办〔2012〕109号），这些发展规划描绘了"十二五"时期社区建设和社会服务的蓝图，并指出了建设与经济社会发展水平相适应的社会保障和社会服务体系的方向与路径。二是社区建设与社区服务的具体工作方案。出台了《关于在全省推进

---

[*] 谢菲，广东金融学院讲师，中山大学管理学博士。

城市社区建设的意见》（粤办发〔2001〕8号）、《中共广东省委广东省人民政府关于全面推进平安和谐社区建设的意见》（粤发〔2005〕19号）、《广东省农村社区建设试点工作方案》（2007）、《广东省民政厅关于实施"强居促和谐、强村促稳定"计划的通知》（粤民基〔2010〕2号）、《广东省人民政府关于加强和改进我省社区服务工作的意见》（粤府〔2007〕6号）、《关于加强广东省城乡社区基础设施"六个一"工程建设的通知》（粤民基〔2012〕9号）等。三是政府购买服务的相关规制。目前广东已出台《广东省人民政府办公厅关于印发政府向社会力量购买服务暂行办法的通知》（粤府办〔2014〕33号）等政策，借助社会力量，切实改善各项社会服务的供给。

在这些政策的驱动下，广东各地积极拓展社区服务的范围和内容，明确社区服务的主体，统筹城乡社区建设，大力完善城乡社区服务设施，创新社区服务的方式和手段，积极发展城乡社区志愿服务。

（二）在社会服务的递送方面，服务主体多元化格局初步形成

1. 服务内容由基础保障型向适度普惠型转变，服务对象覆盖全民

自全面推进社区建设以来，各地、各有关部门积极拓展社区服务的范围和内容。《广东省人民政府关于加强和改进我省社区服务工作的意见》把救助服务、劳动保障和就业服务、安全服务、卫生服务、文化、教育、体育服务、环保服务、信息化服务统合为社区服务的体系。社区服务的内容丰富多样，涉及人民基本生活的方方面面。除了最低保障的服务外，社区邻里互助、志愿服务以及养老托幼等便民利民服务项目逐步完善，广覆盖、多层次的社区服务体系呈现在人们的视野中。在服务对象上，无论是本地人口还是外来人口，将老年人、残疾人、青少年、妇女及社会弱势群体普遍纳入社区服务对象的范围，惠及全民。户籍孤寡老人、优抚对象、"五保"户、残疾人、社区刑释解教人员等各种弱势群体、特殊群体，可以在社区获得政府资助的各种公益保障型服务，符合一定条件的社区居民可以获得低偿的社区服务，社区公共基础设施向所有社区居民开放。治安防范、环境整治、科普教育、法律咨询等服务，以及便捷的居家市场服务，让社区居民普遍受益（张元醒，2009）。

2. 服务提供主体多元化格局初步形成，社区社会组织力量凸显

从文明社区、宜居社区、绿色社区、"六好"（自治好、管理好、服务好、治安好、环境好、风尚好）平安和谐（现名"和睦"）社区到安全社区、智慧社区等各类特色社区如火如荼的创建活动中，广东社区服务的提供从过去单纯依靠街道、社区居委会转变为基层政府、社区居委会、驻社区单位、企业、社区社会组织、志愿者以及居民共同参与的局面。广东出台多项政策明文规定重

点扶持社区社会组织的发展，社区社会组织投入社区服务行列。

3. 服务设施和网络初具规模，三级社区服务网络初步建成

广东积极兴办社区服务设施，增强社区服务功能，积极拓展社区服务领域，构建社区服务网络，规范社区服务，并推进社区信息化工程，不断提高服务质量和水平。具体表现为以社区服务项目管理方式推动社区服务场所和设施建设，完善各有关部门服务居民的载体；以项目管理和购买服务的方式加强和改进社区服务。全省已普遍建立街镇社区政务服务中心、城乡社区公共服务站、家庭服务中心（含社区服务中心），大量的社区服务中心通过政府购买社工机构服务运营，为社区服务的开展搭建了扎实的基础平台。其次，"六个一"工程①建设也在稳步推进，初步形成了区、街道、社区三级社区服务网络。

4. 服务方式不断创新

社区是社会的细胞，居委会是各种行政事务执行的末梢。居委会本身工作任务繁重，随着政府职能转移和各种社区建设项目的推进，许多社区居委会已负荷累累。社区存在的最重要的理由是为居民提供服务，政府购买服务是改变这一现状的一剂良药。目前，广东已基本建立起了政府购买服务制度，2012年广东在全国率先推出了《政府向社会组织购买社会服务暂行办法》《2012年省级政府向社会组织购买服务项目目录》，首次明确了政府向社会组织购买服务的范围、程序方式和资金安排等。通过向社会组织购买服务，借鉴港澳经验引入社会工作专业服务，不断提高社区服务的专业化水平。

此外，现代科学技术的运用极大地提高了社区信息化程度，便利了社会服务的供给。一些地区开通了社区政务网、服务信息网、政务微博、微信平台，推进智慧社区建设，在社区层面实现各类传输网络、实体服务和数据资源的互联共享，社区信息化水平不断提高。

（三）在社会服务的融资方面，多样化的融资渠道为社区服务的递送提供保障

广东省各级政府不断加大对社区服务的投入，建立稳定的财政投入机制，资金保障不断增强。除了把社区办公、服务、党建经费和社区工作人员的工资补贴纳入财政预算外，从 2006 年起，上述经费实行总额包干，珠江三角洲地区的社区每年不低于 20 万元，其他地区每年不低于 10 万元。包干经费由市、

---

① "六个一"工程指的是有条件的社区设立一个公共服务站、一个文体活动中心、一个健身计生服务中心、一个家庭综合服务中心、一个综治信访维稳工作站、一个小广场或公园。

区两级财政共同分担；下辖区的市和县一般由本级财政承担。以购买社工服务为例，据统计，2013 年广东各级政府购买社工服务资金总额达 8.04 亿元，其中，财政投入 6.68 亿元。近 5 年来，广东省各级政府累计投入社工事业的资金达 19.17 亿元。东莞、广州、中山等市先后建立了公共财政支持社会工作体制。

2007 年，广东批准成立全国首个省级志愿者事业的公募基金会——广东省志愿者事业发展基金会，用以资助社区志愿服务工作。例如，截至 2014 年初，全省共投入福彩公益金 3.6 亿元，省级从 2013 年开始连续 3 年每年安排福彩公益金 1000 万元用于社工人才培养和社工试点。

（四）从社会服务的人才建设来看，社区服务工作者队伍日益壮大

社区工作者队伍包括四支：一是社区居委会成员；二是专职的社区工作者；三是社区志愿者及在社区中介组织中工作的人员；四是理论工作者。《广东省关于加强社会工作人才队伍建设的实施意见》（粤办发〔2011〕22 号）、《广东省社会工作专业人才中长期规划（2014—2020 年）》提出，到 2015 年全省专业社会工作者达到 5 万人。到 2020 年，社会工作专业人才总量达到 8 万人。据统计，截至 2014 年底，广东民办社会工作服务机构达 770 家，持证社工逾 3 万人。

二、广东社区社会服务存在的问题

广东三级社区服务网络体系初步建成，社区服务的硬件设施不断完善，服务队伍不断壮大，服务方式不断创新，资金保障不断增强，服务质量不断提高，走出了一条具有广东特色的社区服务发展之路（张元醒，2009），基本形成了覆盖城市与农村、本地人口与外来人口、服务主体多元、服务功能完善、服务质量和管理水平较高的社区服务体系。但从总体上看，目前广东省的社区服务供给还存在诸如行政化色彩过浓、社区服务项目不够全面、居民参与度不高、社区服务队伍整体素质偏低、社区服务发展不平衡、社区服务经费不足、对政府购买服务的监管不到位等问题。

（一）社区服务的行政化色彩浓厚

中国城市社区服务是在政府领导下通过"自上而下"方式建立起来的，街道办事处作为区政府的派出机构，在社区管理中居于中心地位。随着政府职

能转移的推进,政府把一些事务性的管理职能和公共服务职能下放到社区,将原本由部门承担的工作转嫁给了社区,社区居委会实际上变成了政府部门的延伸,居委会与政府部门的关系被形象地比喻为"上面千条线,下面一根针"。"社区成为各级政府及其部门工作的承受层、操作层和落实层……由于忙于完成各职能部门下达的任务,把一些本该为居民办实事的,为居民服务的时间挤占了。"(郭安,2011)居委会承担了大量由街道办事处、政府职能部门及其他机关布置或交办的行政性及指派性工作,极大地影响了社区自治功能的发挥。

(二) 社区服务供给不足,社区服务项目不够全面

广东省作为改革开放先行地,目前正处于经济转型升级、社会转型加快、社会矛盾和社会问题凸显时期,如人口老龄化进程加快,老年人对社区服务的需求不断提高。与此同时,新的服务对象和新的服务需求也迫切需要应对。例如,广东作为全国流动人口大省,为这些流动人员提供基本的社会服务是社会管理和社会建设的题中之义;此外,还有残疾人服务、儿童服务、居民心理咨询服务、精神康复者辅导、失独家庭服务等等。但受人员、经费等因素的制约,社区目前所开展的社区服务项目不够全面,不能满足各类群体的需要。据调查,广州市家庭综合服务中心(以下简称"家综")提供服务的主要对象是青少年(40.8%)、老年人(37.3%)和残疾人(14.4%)。调查显示,居民迫切需要的服务与家综提供的服务基本一致,但家综目前仅能提供基本的服务,对居民更高层次的需求则无法满足(罗桦琳,2014)。

(三) 居民对于社区服务的参与程度不高

社区为居民提供社会服务,充分的社区参与意味着居民对社区责任和社会服务成果的认可。"社区居民不仅是社区服务的对象,也是社区服务的重要参与者和生产者。"(孙双琴,2007)居民参与也是积累社区社会资本的重要途径。但是,许多社区服务的参与对象仅为老人、小孩、残疾人或者某些特殊群体,由于社区提供的服务并非社区居民迫切需要的,居民对社区服务中心的了解不够,以及社工机构悬浮于社区之外并未融入社区,因而居民参与的社区服务种类有限。一项对广州社区参与的研究指出,广州的社区参与存在参与意识整体偏弱、参与的实际影响力较低、行政性地被动式参与较多等问题(万玲,2011)。一方面,家综(有的地方叫"社区服务中心")为居民提供了许多服务,但居民的参与度并不高,导致资源的极大浪费;另一方面,家综服务范围

过大，难以辐射到所有居民，加上许多居民对此不了解，甚至不知道有这个机构①，导致社区服务不能满足居民需要，使社区服务陷入两难境地。

（四）社区服务队伍整体素质偏低，专业化不足

虽然广东在社会工作人才队伍建设上出台了相应的规划和政策，城市社区虽然已经建立了社区服务队伍，但目前这支队伍的专业化水平还比较低，主要表现在社区服务中专业社会工作人员的构成比例较低，社工实务水平和服务质量有待提高。从全国的统计数据来看，广东的社工队伍建设工作走在前列。《广东省人民政府办公厅关于印发广东省城乡社区服务体系建设"十二五"规划的通知》提出到 2015 年，力争每个城市社区配备 3 名、农村社区配备 1 名登记在册的社会工作人才。《广东省人民政府关于加强社会建设的决定》提到，"十二五"期末，全省实现每万人中有 5 名社工的目标。《广东省社会工作专业人才中长期规划（2014—2020 年）》提出到 2015 年，社会工作专业人才总量增加到 5 万人。据民政部统计，截至 2018 年底，全国持证社工共 44.05 万人，其中，广东持证社工超过 6.5 万人。

（五）社区服务发展不平衡

广东的社区服务虽然走在全国前列，但存在区域发展不平衡的问题，珠江三角洲地区与欠发达地区推进力度不一、发展水平参差不齐，农村社区社会服务发展滞后于城市社区。以社工人才队伍建设为例，2009—2012 年，全省社工人才队伍建设支出资金总规模约为 12 亿元，其中，珠三角地区的广州、深圳、东莞、佛山、中山等市总额约占全省政府购买社工服务的 98%，其余各市约占 2%。持证社工主要集中在珠江三角洲地区，约占 95%，其他地区不足 5%。再如，提供社会服务的民办社工机构分布也不均衡，其中 95% 分布于珠三角地区，有的地区连一家民办社工机构也没有。②

（六）社区服务经费不足，融资渠道有待拓展

目前，广东社区服务的经费投入主要来自政府财政，部分来自社区居委会、驻社区企事业单位以及基金会。社区服务融资的现实情况是，政府经费投

---

① 家综的社会知晓度不足。据调查，有 23.5% 的居民没听说过家综，41.8% 的居民对于家综的工作内容不甚了解，也有不少居民简单地将家综与街道政务中心混淆（罗桦琳，2014）。

② 广东省民政厅：《广东省社工人才队伍建设的成效与反思》，http://sgxh.mca.gov.cn/article/sgrc/201403/20140300609242.shtml，2015 年 2 月 10 日。

入有限,社区居委会筹款能力不足,使得社会服务的供给不能满足社区居民的现实需要。

以广州市家综为例,不论家综的服务面积、服务人口、服务社区数量,财政每年对每个家综购买服务的投入是 200 万元,这是家综的主要经费来源。此外,家综可以从社区居委会、驻社区企事业单位以及基金会的一些合作项目中获得一些经费。但随着社会经济的发展,居民的社会需求在不断变化,社工机构的行政性和事务性开支也在增加①,而购买服务的拨款下发需要通过审核批准等程序从而产生税费,可以发现,真正用于提供服务的经费实际上并不多。

(七)对政府购买服务的监管不到位

购买服务中的监管包括对政府购买方和对服务生产者的两重监管,前者意在保证购买行为的合理与合法性,后者意在保证代理人按合同约定正确履行购买意图(周俊,2013;王建军、廖鸿,2014)。在广东的购买服务实践中,对于作为采购方的政府部门来说,哪些职能应该向社会放权还没有一个清晰的评价标准。有的政府部门直接成立社工机构,或者由领导的亲属成立,导致暗箱操作。有许多社工机构反映,和政府签订了三年合同未到期就因为其他社工机构与领导关系更好而被取代。对于服务生产者,由于政府购买服务每年投入巨大,导致一些鱼龙混杂、不具备资质的社会组织"精心包装"后,加上政府对社会组织的评估和监管还不完善,这些没有专业能力的、专门为了购买服务而生的社工机构也想去分一杯羹。"政府购买服务项目中,存在'关系户'浑水摸鱼⋯⋯利用各种关系和各种非正常手段承揽项目⋯⋯对政府购买服务的公益性和非营利性带来了巨大的挑战。"(张强等,2014)

三、加强和改进社区服务的建议

《广东省人民政府办公厅关于印发广东省城乡社区服务体系建设"十二五"规划的通知》指出:"逐步形成与全省经济社会发展水平相适应,城乡统筹、主体多元、功能齐全、设施配套、服务完善的社区服务体系,使社区更加和谐稳定,社区居民生活的便利性、舒适度、幸福感普遍增强。"针对目前社区服务存在的问题,加强和改进社区服务,可从以下七个方向努力。

---

① 一般来说,用于购买服务的 200 万元总经费中,60% 用于人员开支(工资、奖金、"五险一金"和以上支出引致的税费等),原则上每 10 万元购买服务经费须配备 1 名工作人员。

（一）建立社区社会服务的多中心供给模式

从过去单纯由政府提供社会服务转变为社区居委会、社区综合党委、社区服务中心、业委会、物业公司、辖区企事业单位、社区社会组织、社区居民等共同承担，实现多元共治。一是大力发展社区社会组织。社会组织是社会服务的重要的提供者，大力发展社会组织是建立多元化供给模式的组织基础。应支持和鼓励社区居民成立形式多样的社区社会组织，通过制度建设推进社区社会组织发育，为老年人、残疾人、困难群众提供各种社会服务。二是积极鼓励开展社区志愿服务活动。继续完善志愿者注册登记制度和"社工＋志愿者"联动机制，建立志愿服务激励机制，弘扬志愿精神，动员志愿者踊跃投身社区服务，形成全社会关心、支持、参与志愿服务的浓厚氛围。三是建立社区服务准入制度。各级政府和职能部门安排的行政性事务工作到社区完成的，应实行"准入制度"，严格落实"权随责走、费随事转"的要求，并充分兼顾社区的承接能力，赋予社区相应的工作职权。

（二）建立以居民需求为导向的社区服务网络

一是继续推进"六个一"工程建设，完善社区公益性服务设施。二是加强家综建设，在优化已有服务的基础上，努力拓展服务范围，结合不同社区的实际，为社区居民提供多样化、精细化的服务，较好地满足居民的服务需求。三是发挥社区社会组织、物业公司、业委会、社区基金会、辖区企事业单位和居民等社区主体的作用，让它们参与到社区服务的生产中来，为社区提供个性化的服务。四是大力培育民办社工机构，通过优惠政策、举办专题讲座、提供财务管理培训等办法提高机构整体管理和服务水平。五是推广深圳、东莞、中山、广州等市公益创投方式，鼓励和资助社会组织、民办社工机构，整合社会资源，发掘社区需求，策划出可行的服务项目。

（三）动员社区参与，培养社区领袖

首先，增强居民的参与意识，培育社区公共精神，增强社区居民对社区的认同感和归属感。其次，不断拓宽居民的参与渠道，充分发挥社区党组织、居委会、业委会、党代表、人大代表、政协委员、社区工作站等的作用，建设社区民主议事和监督平台，确保居民对社区服务资源的知情权和参与权，对于社区服务项目和设施的建设，从意见征集、公示到论证，都要确保公民参与进来。再次，制定社区领袖培养计划，搭建社区平台，开设各种专业技能培训课程，积极培养社区领袖。南海成立社区学院、坪山开展"社区领袖百人百分培育计划"，开设社区领袖学校等经验值得推广。

（四）打造高素质社区工作者队伍

首先，加强社区居委会队伍建设。切实解决社区居委会成员及其聘用的服务人员的生活补贴、工资、保险等福利待遇问题，定期对社区服务人员进行业务培训，不断提高他们服务居民、管理社区的能力。其次，壮大社会工作人才队伍。依托大专院校、现有大专院校民办社会工作服务机构孵化基地、社会工作人才培育基地和社会工作专业重点实训基地，培育发展社会工作专业人才。最后，积极培养社区工作骨干。充分利用毗邻香港的优势，采取项目合作、督导引领、教育培训、业务交流等方式，组织优秀社工赴港跟班实训学习，切实提高社区工作者的专业水平。

（五）加快发展农村社区服务，实现社区服务的均衡发展

首先，粤东西北等欠发达地区向珠三角学习社区服务经验。一方面，探索建立珠三角地区与欠发达地区的社区居委会、社区服务中心、社工人才、社工机构等方面的区域合作、地区互助、结对帮扶机制；另一方面，粤西北等欠发达地区应认真学习珠江三角洲地区社区服务的先进经验，稳妥推进社区服务。其次，加快推进农村社区服务发展。对农村社区服务的专业人才、社工机构、资金、场所等给予政策支持，整合和利用农村社区资源，完善农村社区服务体系，构筑多类型、多层次、广覆盖的农村社区服务网络。

（六）建立社区服务发展的多元化融资渠道

从几年来广东省专业社会服务工作的提供形式上看，资金的筹措、项目的策划组织、整体实施等呈现政府主导、多元参与的发展态势。特别是资金投入方面，已经开始形成了政府投入为主、社会慈善捐助为补充的投入模式。一是继续加大公共财政投入。建立公共财政支持社会服务供给体制，并纳入财政预算。二是加大福彩公益金投入力度。每年安排福彩公益金用于开展社工人才培养、公益创投、购买服务等项目，资助专业社会服务工作。三是建立社区服务发展基金，接受企事业单位、居民捐赠，制定捐助办法，对于企事业单位、个人捐助的资金给予税收减负等优惠政策，积极鼓励社会资金参与到社区服务中来。

（七）加强对社会服务的监管

首先，加强对政府部门等购买主体的监管。政府购买服务需要依法购买，

要按照"公开、公平、公正的原则,通过竞争性方式选择承接政府购买服务的社会力量,确保具备条件的社会力量平等参与竞争,实现'多中选好、好中选优'",不能以各种不合理的条件或借口对承接主体实行差别化歧视。其次,建立政府购买服务的监督、检查以及评估制度,对提供服务的机构加强监管。严格对承接主体进行资质审核,设定准入门槛,确保承接主体要充分具备履行合同的能力。最后,引入第三方机构评估,探索建立人大、政协、社会中介机构、公众和媒体监督、专家监督等构成的多元化的外部监督机制,实现对政府部门和社会组织的多重监督,形成监管合力。

参考文献

[1] 郭安. 关于社区服务的涵义、功能和现有问题及对策 [J]. 中国劳动关系学院学报, 2011 (2).

[2] 罗桦琳. 七成"家综"社工嫌钱少 [N]. 广州日报, 2014 – 06 – 13.

[3] 孙双琴. 社区服务发展不平衡的制度原因 [J]. 城市问题, 2007 (2).

[4] 万玲. 广州市社区参与的问题与对策 [J]. 探求, 2011 (6).

[5] 王建军, 廖鸿. 2013—2014 年中国社会组织理论研究文集 [M]. 北京: 中国社会出版社出版, 2014.

[6] 张元醒. 广东社区服务发展回顾与前瞻 [J]. 广东民政, 2009 (12).

[7] 张强, 陈怡霓, 杨秦. 广州蓝皮书——2014 年中国广州社会形势分析与预测 [M]. 北京: 社会科学文献出版社, 2014.

[8] 广东省 2010 年第六次全国人口普查主要数据公报 (第 1 号) [EB/OL]. http://www.gdstats.gov.cn/tjgb/t20110510_83276.htm.

[9] 2012 年民政工作总结 [EB/OL]. http://www.gdmz.gov.cn/zwgk/zwgb/fzgh/201302/t20130227_32423.htm.

[10] 广东省社工人才队伍建设的成效与反思 [EB/OL]. http://sgxh.mca.gov.cn/article/sgrc/201403/20140300609242.shtml.

[11] 广东省近 5 年政府购买社工服务资金近 20 亿元 [N]. 南方日报, 2014 – 01 – 05.

[12] 广东持证社工逾 3 万人 4 人获评首批专业领军人才 [N]. 羊城晚报, 2015 – 01 – 27.

[13] 关于全省创建"六好"平安和谐社区工作进展情况的通报 (2006 年 7 月 20 日) [EB/OL]. http://www.gdmz.gov.cn/oldsite/DONGTAI/2006/200608/0804_8.htm.

[14] 图解: "数"说 2014 社会工作发展 [EB/OL]. http://www.mca.gov.cn/article/ztzl/tjtb/201501/20150100763781.shtml.

佛山市南海区农村社区治理创新试验："政经分离"

李晓燕　岳经纶[*]

导　论

伴随着市场化改革和经济社会的发展，中国东部沿海地区农村经济高速增长，农民生活水平显著提高，但社会利益主体的多元化导致了利益分化和社会矛盾激增，农村社会治理问题日益凸显，如集体经济发展效率低、社会发展滞后、公共物品短缺、政府的政治信任降低、社会紧张关系增加等。有学者将这种农村社会不和谐加剧的情况表述为"治理危机"。经济发达地区农村的这种治理危机与地方政府的"发展型政府"特征密切相关。在发展型政府的逻辑下，"公司化"成为地方政府的重要特征。政府的公司型特征在经济发展的过程中发挥了很大的作用，但同时也构成了"治理危机"的基本成因。第一，在公司化的政府运行逻辑下，资源主要被用于满足地方经济发展，面向全社会提供公共物品的目标被忽略，基层政权没有提供公共物品的动机，无法满足基层社会对公共服务和公共物品的需要，难以有效调动政治支持和信任。第二，政府官员深度介入经济活动，手中掌握着大量的资源配置权力，索贿受贿，这就必然导致腐败。所以，要根本解决农村的"治理危机"，必须立足政府自身的改革创新，由发展型政府向服务型政府、监管型政府转变。

佛山市南海区一直走在地方政府创新的前列。南海区农村集体经济发达，但在农村治理问题上也存在不少问题，如农村治理结构失衡、公共服务供给不足、基层公务员权力过大且缺乏有效制衡、基层民主发展不足等（卢福营，2011；项继权、李增元，2012）。有鉴于此，在加强社会建设和创新社会治理的宏观政策环境支持下，南海区自2010年起大胆改革，试行"政经分离"。

---

[*] 李晓燕，广东财经大学公共管理学院副教授；岳经纶，中山大学中国公共管理研究中心、政治与公共事务管理学院教授。

所谓"政经分离",是指"政"(自治与社会管理)与"经"(集体经济管理)的分离,其实质是将由公共财政提供的社区事务,或者公共产品的"公权",与农村集体经济的"私权"进行重新划分(向德平,2014)。南海区"政经分离"工作是南海区深化农村体制综合改革的一项重要试验任务,促进了农村基层自治,并被中央农村工作领导小组办公室确定为全国农村改革试验联系点。

那么,南海区进行"政经分离"改革的背景如何?"政经分离"改革的具体内容是什么?效果如何?还存在什么问题?本文尝试对以上问题进行研究。

一、南海区农村社区"政经分离"改革何以发生

1993年,南海市(2002年撤市设区)开启了具有南海特色的农村集体经济股份制改革。股份制改革对农村经济活力的释放与促进起到不可磨灭的推动作用,使得南海区农村集体经济飞速发展,为农业产业化、农村工业化和城镇化的实现奠定了坚实的基础,给农民带来了实实在在的利益。随着南海区农村地区工业经济的发展,村集体和经济组织通过出租物业、集约化经营土地获得的收益愈加丰厚,南海区每年仅用于分红的资金就有30亿元,村民的分红也急速增长,一个50岁的村民,每年甚至可以拿到7万~8万元的分红。

南海的这种发展模式在改革开放后的20世纪90年代初期,对农村经济活力的释放与促进起到不可磨灭的推动作用,使得南海区农村集体经济飞速发展。不过,南海在发展型政府逻辑下也形成了"政经混合"的农村社会治理模式。在这种模式下,基层农村的政治组织与经济组织浑然一体,形成党、政、企"三位一体"。具体来说,就是村党支部书记、村委会主任和经联社长由一人兼任,村党支部成员和村委会、经联社成员之间交叉任职,村党组织既领导党建,又参与公共事务管理,同时兼顾集体经济发展。集体经济组织的收益既用于解决集体成员福利,同时也负担村公共事务和公益事业开支。在这种"政经混合"的管理模式下,党组织、自治组织、集体经济组织相互影响、边界不清,导致村干部很难沉下心来,认真有效地参与到集体经济发展中去,造成多数集体经济组织管理低效,难以形成专业化、科学化的运营模式。经过20多年的发展,南海区"政经混合"体制面临着很多矛盾与困惑,束缚着南海区农村经济的发展。具体来说,主要表现在以下三个方面。

（一）农村利益多元化发展，基层矛盾日益激化

起源于南海区农村的股份制改造在促进农村集体经济大繁荣的同时，也埋下了矛盾的种子。在党组织、自治组织、经济组织"三位一体"的农村治理模式下，谁掌握了村里的行政权，谁就掌握了村集体的经济权，异化了村民自治，弱化了村委会社会服务职能。村干部都忙着跑项目、发展经济，可以说，农村的集体经济组织"绑架"了村党支部和村委会（即村"两委"）。这种局面导致村"两委"的社会管理和社会服务职能弱化，跟不上南海区农村快速发展的需求。

由于村委会主任兼任经联社社长，经济搞不好分红就上不去，村主任难以得到村民们的支持，因此，村主任不得不跑项目、弄票子，这样一来，原本的村民自治主业反而成为次要的事情。正如我们调研访谈中的一位卸任的村支书所言：

你别小看这些村主任、书记，虽然不是官，但手中的权力却很大。实话实说，"一肩挑"时期，我手里有权又有钱，日子过得很悠哉。那时为竞选村支书，我完全是不惜血本。时逢春节前，我一定会请全村人吃顿团年饭。这不是简单意义的吃饭喝酒，而是要给每位客人发红包……越是这样，我就越要掌控集体经济，不然，我在村里就没有任何话语权。当然，只要竞选成功，我所支出的，一定能找补回来。

发红包拉选票，还算文明的做法。还有一些人不惜一切代价，在选举中"大展身手"，或动用宗族势力"绑架"村组织，或竞选者之间大打出手。

（二）农村公共服务供给水平低，覆盖范围窄

南海区"政经混合"的治理格局本身就缺少公共服务的理念，再加上集体经济事务在农村社会治理中的重要性逐渐增加，极大地分散了村干部的工作时间和精力，从而导致南海区农村公共服务供给与高速发展的经济不相适应的局面。主要表现为：一是农村公共服务供给内容单一、水平低。在"政经混合"条件下，村干部的理性选择就是把主要精力首先集中在村民最关心也最容易出政绩的经济工作上，其次才抽出精力管理日常村务，其中真正用于农村公共服务的精力更是非常有限。因此，南海区农村公共服务相当弱化，只是应付上级的某些硬性要求，服务内容单一，服务水平低，远远满足不了居民教育、医疗、环境、就业等方面的现实需求；城市公共服务未能得到有效延伸，

农村基础设施跟不上发展的步伐，形成了南海区城郊所谓的"城不像城、村不像村"的尴尬局面。二是农村公共服务资金支持不足，覆盖范围狭窄。在"政经混合"体制下，农村公共服务没有相关政策保障，上级财政拨款往往没有明确用途，导致的结果就是很少被用于农村公共服务，村委会参与农村地区公共事务的人员、经费等难以配套。来自村集体经济的公共资金即使是用于农村公共服务，也多是把受惠对象锁定在原住村民或者股东的范围之内，而把非股民和数量庞大的外来农民工排除在外。

在南海，长期形成的城乡二元结构体制短期内难以消除，政府公共服务职能尚未完全延伸到农村社区，不少政策存在城乡二元差别，加上外来人口集聚在社区且与本地人口倒挂，形成新的"三元"结构社会。南海本地户籍人口不过110万，其中居住在农村参与分红的人口76万多，但南海的常住人口有280万。外地人口超过本地人口，其中本地人口大部分"有分红"、少部分"没分红"，这是南海社会管理中普遍面临的复杂局面。现在的问题是因为这76万有分红的人，影响了其他200多万人的公共管理服务。调研中，被访的外地打工者牢骚满腹：

村里人靠分红和出租（房屋），一个月随便都一两千的收入，我们累死累活也才这么多，村里的活动室也是村里人在用，挺不公平……（外来工 A）

我是湖南人，来南海打工十几年了，不打算回老家了，我的孩子也在南海工作。可以说，我已经把自己完全看成当地人了，但是因为没有本地户口，很多分利益的事情没有我的份，看着本地人不用工作，靠分红过日子，好羡慕，而我还要每天辛苦干活……（外来工 B）

（三）集体经济发展能力不足，专业化水平低

目前，南海区拥有相当数量的各级各类经济组织经联社和经济社。1992年，南海市进行集体经济股份制改造，农村成立两级集体经济组织，一为村级经联社，一为村小组级经济社。经联社的资产主要来自村集体资产；经济社以土地为主要经营资产，农民以承包的土地入股，交付经济社使用，参与分红，经济组织的决策和管理能力对集体经济的发展起着关键性作用。但在"政经混合"体制下，南海区集体经济组织普遍存在专业化水平低、管理能力不高、集体经济资本运作程度低等问题，在相当程度上限制了南海区集体经济的进一步发展。一是专业化水平低。在"政经混合"体制下，村干部要兼顾集体经济发展、村民自治和党务工作，难以成为集体经济的专业管理者，因而多数集

体经济组织管理低效,难以形成专业化、科学化的运营模式。二是集体经济的资本化运作能力不足。集体土地衍生出的集体经济"大蛋糕",除用于治安、市政环卫等必要公共开支外,其余主要用于村民分红,缺乏有效的资本运营和管理。

二、南海区农村"政经分离"改革实践

(一)南海区农村"政经分离"改革的路径选择

南海区"政经分离"改革的主要路径有:一是明晰基层组织的组织关系。农村基层社会治理主体应由"单一的权力主体"向"多元化的主体"转变,使自治组织回归农村公共服务和社会管理,经济组织回归集体资产经营管理。二是确立政府的核心和权威地位。初步形成以党组织为核心、自治组织为主体、集体经济组织为支撑,多方力量参与的农村社会治理新机制,尝试建立包含社区党组织、集体经济组织、村委会和社区服务中心等四个机构在内的"村改居"社区管理体制(见图1)。三是健全基层民主选举制度。对村民而言,村委会的决策往往最能牵涉其最直接的利益,因此村民的选举权就是其维护利益的一个重要工具。四是畅通协商治理渠道。建构多元治理主体间的制度性合作关系,是实现农村社区善治的制度方向。

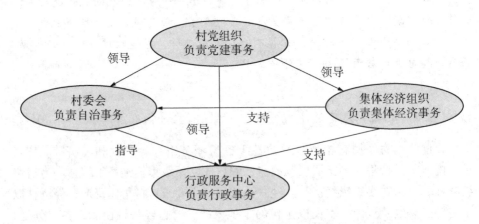

图1 "政经分离"条件下"四位一体"的社区治理模式

(二)南海区农村"政经分离"的改革实践

南海区"政经分离"改革的时间不长,农村社区建设在全国也不是最早

的，但是，从改革目标、改革思路、制度设计、实践走向以及改革方式来看，南海区"政经分离"改革有其鲜明的特点，在诸多方面进行了创新和突破。南海区为实施"政经分离"改革提供了坚实、充分的组织保障。2010年12月，南海区制定并实施了《关于深化农村体制综合改革的若干意见》等文件，同时，成立了村（居）集体经济管理办公室等相应的机构。

1. 明确农村基层治理多元主体的边界

"政"与"经"长期混合运行，形成了很强的制度依赖，要想彻底分离，在试点的基础上，必须在制度设计上大胆改革，才能破解一直以来的体制瓶颈。2011年，南海区各镇（街道）全面铺开"政经分离"工作，深入推进选民资格、组织功能、干部管理、账目资产和议事决策"五分离"，形成党组织、自治组织和集体经济组织各归其位、职责明晰的农村基层治理格局。根据中共佛山市南海区委和南海区人民政府2011年1月20日公布的《关于深化农村体制综合改革的若干意见》，"五分离"主要涵盖以下内容：一是选民资格分离。村（居）党组织领导成员由所在党组织的全体党员选举产生；村（居）委会领导成员由具有选民资格的村（居）民选举产生；集体经济组织领导成员由具有选举资格的社员股民选举产生。二是组织功能分离。党组织的职责范围包括党务、政务、服务和监督；自治组织的职责是围绕"治以自治、助以自助"的目标，回归社会事务管理；经济组织的职责是在党组织监督下，独立开展集体经营管理活动。为了规避各组织同时选举造成的诸多问题，南海区在2011年全面铺开集体组织单独选举工作，并把集体经济组织领导成员的任期延长至5年。三是干部管理分离。村（居）党支部书记不能兼任经济组织领导成员；村（居）委会领导成员不能与经联社领导交叉任职。四是账目资产分离。非经营性资产使用权确权登记在自治组织名下，村（居）集体土地的所有权确权登记在村（居）集体经济组织名下。五是议事决策分离。厘清党组织、自治组织、集体经济组织的职责任务，按照各自议事主体、范围、权限、流程进行议事决策。此外，为了保证集体经济活动的规范化和透明度，南海区还建立了两个平台：集体资产交易平台和财务监管平台。相关的集体财务收支，亦需全部在集体经济财务监管平台上操作，镇里和村里对财务监管平台进行24小时监管。

2. 确立党组织的核心和权威地位

（1）创新基层党建格局。南海区"政经分离"为实现基层党建的精细化奠定了制度基础。一是创新基层党组织设置方式。针对农村党员占全区党员70%的特点，南海区将全区224个村（居）党支部全部升格为社区党总支；在全区2255个集体经济组织中设立党支部，强化党组织对集体经济活动的监督;积极把党的神经末梢延伸至最基层。着力提高党组织、自治组织和社区服务中心的人员任职交叉率,建立健全党组织、自治组织与集体经济组织联席会议制度以及党组织领导下的村(居)民主生活会、民主评议等制度。二是明确基层党组织的职责。明确党组织的主责是"三务一监督"(党务、政务、服务和监督);扩大党组织覆盖率和工作网络,抓好村(居)干部教育培训,落实责任追究制度,夯实党务;由村(居)党总支(党委)书记兼任社区服务中心主任,拓展行政服务窗口功能,执行上级政策,落实政务;通过"党员社工"模式,强化党员服务理念和能力,创新服务;健全体制机制,强化对村(居)综合事务和集体经济事务的监管,强化监督。三是创新党组织服务社群机制。建立"本土化选拔、专业化培养、规范化管理、多元化流动"的大学生村(居)官育人用人机制。已经有将近400名大学生培育成为村(居)"两委"干部。建立75个党员(党代表)工作室,广泛收集群众意见建议,协调有关部门落实解决。组建了100多支党员志愿服务队,开展党员志愿服务。建立党员干部"民情日记",鼓励党员干部进家入户,帮助群众解决困难。培养一批党员社工,为社区群众提供专业、多元的服务。从实践来看,南海区实行"政经分离",党组织的领导核心地位反而得到了有效加强。

(2)完善政府治理框架和治理机制。通过建立社区服务中心,将政府社会治理权限向农村基层社区延伸,释放村委会的行政负担,完善行政服务体系建设。南海区在改革中认识到,对于一些必须由政府负责提供的公共服务,也不必然要由政府亲自生产或者提供,完全可以通过公共服务供给的复合模型,即在公共服务的供给参与方之间进行初次分工和二次分工,发挥行政机制、市场机制和社会机制的各自优势,整合各种社会资源,从而在满足公民的异质性公共服务需求的基础上提高服务供给的效率。南海区在"政经分离"后的农村管理体制中增设了社区服务中心,办公费用由财政列支,宗旨就是公共资源的公共使用。为了有效保障社区服务中心的经费供给,南海区财政每年给予每个社区服务中心10万元的办公和服务经费补贴,镇(街道)财政也安排相应的配套资金,以保证社区服务中心的日常运作。

3. 以"村改居"为实施"政经分离"破题

社区建设是社会治理创新的"重中之重",也是构建现代农村治理体制的基础性工程。伴随经济社会的发展,旧的"村民自治"模式已不适应发达地区日趋城市化的农村区域人群的需要,亟须创新农村社区的治理形式。2011年1月,南海区K村66位村民代表选出了南海区启动农村综合改革第一个"村改居"居委会班子,成为南海区首个顺利"村改居"的社区。之后,南海区按照"六个不变"(管辖范围不变、"两委"班子职数不变、集体资产权属不变、集体资产权益不变、村民福利不变、计划生育政策不变）的原则，对城市规划区内的"城中村"全面实施"村改居"。"村改居"设立的社区居委会办公经费，由区财政给予每年 35 万元的资金补贴；对村改居后的社区"两委"成员，区财政按每人每年 6 万元的标准给予工资补贴，以确保社区"两委"干部收入。南海区通过新社区的重建，构建新的社会治理和服务平台，通过向外来人口提供公共服务，赋予外来人口参与的权力，将外来人口纳入社区管理，实现了对社区居民治理的全覆盖。应该说，"村改居"在形式上做到了农村基层组织构架和城市基层组织构架并轨，将政府管理延伸到农村最基层，稳固了政府在农村基层社会治理中的主导地位。

4. 完善多元主体的协商合议制度

基层民主建设并非只是一个投票问题。事实上，面对农村社区日益多元化的利益诉求，仅仅依靠投票这种参与形式是无法协调的。例如，外来人口不能参加村委会的选举，非股民的村民不能参与集体经济组织的选举。针对实行"政经分离"以后，部分农村社区在短期内因为治理架构重组引发的各种矛盾，以及自治秩序混乱的问题，南海区尝试建立了村民议事制度。这种制度的最大特点，就是在决策之前，要求人们参与讨论并鼓励人们畅所欲言；协商过程中不同的参与者被要求在相互尊重的基础上交换意见；参与者有充分的时间参与讨论。事实证明，这种恳谈是积极和成功的，为基层民主管理村务提供了一定的制度保障。

5. 积极引入社会力量，完善农村基层的多元治理格局

社会治理创新要求政府建立健全各类制度化的沟通渠道和参与平台，支持各类社会组织参与到自主治理、公共服务和社会管理中去。这也是政府向社会组织放权，构建社会协同治理机制需要解决的重要问题。南海区通过大力引入和培育社工，建立覆盖城乡的社工服务网络，构建"社工带动义工开展志愿服务"的社会服务体系；通过大力培植社会组织，引入专业化、多样化服务，完善社区服务内涵。目前，全区 244 个社区服务中心都设有社工站，并配备 1 名以上的社工，有民办专业社工机构 5 间，并专门成立了南海区社会工作者协会，共有 646 个社会组织分布在各村（居）社区，涉及弱势群体求助、社区志愿服务、社区全民服务、兴趣团体等领域。

三、讨论与结论

"政经分离"改革不仅是南海区基层治理模式的重构，也是我国城乡统筹、社区建设、治理创新和政府转型的探索、创新和发展，为新时期我国农村

社会治理创新提供了新思路和新模式。① "政经分离"之前，南海区农村公共管理服务费用主要来自集体经济组织，即社员股东。由于群体自利倾向，社员股东希望集体资产更多用于分红，而非社员股东村民及外来人口希望更多地将集体资源投入到公共服务上。这两种完全不同的诉求，在"三位一体"管理架构下难以平衡，在选举或招商开发过程中，很容易引发群体对立和纷争。实施"政经分离"，有效减少了群体对立和纷争。南海区"政经分离"改革把村委会的职能确定为社区自治和社区公共事务，使其从管理土地等集体资产的职能中剥离出来，不仅对经济发展有现实意义，对农村社会治理也有重要意义（郑杭生，2013）。实行"政经分离"能够在一定程度上加强和创新农村基层党组织建设的党建难题。同时，通过合并村居改革，设立村级行政服务站，将公共服务延伸至村居，在一定程度上达到了逐渐缩小城乡差别，促进城乡融合发展，加强社区服务均等化的目标（郑永年、翁翠芬，2012）。"政经分离"要求集体经济事务由集体经济组织自行处理，这在相当程度上促进了集体资产管理运作的专业化和规范化。可以说，"政经分离"有效缓和了农村基层矛盾（邓伟根、向德平，2013）。

南海区"政经分离"改革实践的成功，可以说是对改革开放初期形成的"地方法团主义"的超越。众所周知，在改革开放初期，推动中国经济增长的主力是乡镇集体企业。在这个过程中，地方政府表现出了"公司化"的特征，基层公务员（包括乡镇公务员）扮演了"企业家"的角色，深深卷入具体的经济事务运行过程之中。这种做法在理论上被归纳为"地方法团主义"（Oi，1998）。如今，随着改革开放的推进，特别是随着产权改革的深化和社会矛盾的激增，作为农村正式权威组织的党组织和乡镇政府（包括村委会）不应再扮演直接参与企业经营管理的"企业家"的角色。南海的"政经分离"正是顺应了这一社会经济变迁的大势，超越了"地方法团主义"。

在"超越地方法团主义"的视阈下，可以发现，农村基层社会治理应包括以下几个要点：首先要凸现农村正式权威组织（党和政府）在利益协调中的主导作用。其次，明晰基层组织的组织关系，使自治组织回归农村公共服务和社会管理，经济组织回归集体资产经营管理。再次，培育多方参与的公共领域，通过基层民主选举活动、协商性会议、大众传媒等公共论坛实现多元利益的均衡和社会公平正义。农村各利益主体有各种渠道来充分表达其利益诉求，并在农村正式权威组织的主导下，拥有对等的话语权来参与公共领域的协商，

---

① 南海区"政经分离"被首都科学决策研究会和《领导决策信息》周刊联合推荐为"2013年度中国城市管理进步奖推荐案例"。

不仅能达成各方利益的均衡,也能维护社会整体的公平正义,实现和谐社会的理想。

尽管南海区的"政经分离"改革对"地方法团主义"理论的超越,取得了不少成效,但是围绕"政经分离"的制度设计及其成效并非没有争议。归纳起来,大致有以下三方面的问题。

问题之一:制度设计上,"政经"能够真正实现分离吗?

首先,从制度设计上看,农村党组织、自治组织和集体经济组织三大治理主体需要实现功能上的独立,但由于村级事务是不可能完全分离的整体,三大组织之间很难实现真正意义上的"政经分离",准确地说只是实现了自治组织和集体经济组织的分离。而且,由于农村党组织的联结纽带功能,自治组织和集体经济组织必须团结在党组织周围,因此,它们两者之间也难以彻底分离。其次,从实际运行来看,路径依赖会影响"政经分离"的效果。对于习惯了"一肩挑"的村干部和村民来说,多少有点难以适应"政经分离"。一方面,既得利益群体不愿改变利益分配格局,会通过各种方式阻碍"政经分离"制度推行或者消极执行"政经分离"制度;另一方面,新的"政经分离"制度要突破既有发展路径或打破原有平衡,需要付出高昂的创新成本。

问题之二:制度供给上,农村基层社会组织的法律地位瓶颈何时突破?

周其仁(2013)曾经指出:"体制出问题,真正难受的是实践中的人,总要想办法,关键是实践中产生的办法,政治上承认不承认,给不给法律地位,这是改革的一个关键问题。"同样,由于国家相关顶层设计不足,加上区级政府又缺乏立法权,因此,南海区"政经分离"的实践中也面临类似的问题,造成改革缺乏法规和政策支撑。这个问题集中体现在集体经济组织的法律地位上。在以往的基层治理经验中,村委会是村集体经济的默认管理者,但它却没有合法的组织法人地位。"政经分离"之后,将村委会负责的经济职能进行了剥离,交由新成立的经联社,但是经联社在法律上仍然不具备公司的法人地位,完全依照《公司法》有关规定进行运作缺乏可操作性,亟待相应制度供给。

问题之三:制度运行上,弱化集体经济支持,农村公共服务如何维持?

"政经分离"的制度设计是集体经济组织独立运作。因此,地方财政需要承担党组织、自治组织管理人员的工作补贴、运作经费和公共事业管理经费。按照制度设计,"政经分离"后,村委员会领导成员不能与集体经济组织成员交叉任职。这样一来,村一级三套人马总人数必然会大幅度增加,人员经费也必然上升。同时,村居公共服务不仅不能削弱,还要加强。这些变化在相当程度上必然加重地方财政负担。据内部统计资料,2012年南海区在这方面的区镇两级财政支出超过 10 亿元，其中 5.5 亿元是"政经分离"后新增的财政支出。在以往制度惯性的作用下，短期内，村集体经济还可以为公共服务提供一定的经费支持，但从"政经分离"制度设计的长效运行来看，集体经济组织的角色将逐渐淡化，将村居社区公共服务纳入公共财政预算是必然的趋势，这对于地方政府财政来说是一个挑战，也存在一定的制度风险。

参考文献

[1] 邓伟根，向德平. 捍卫基层——南海"政经分离"体制下的村居自治［M］. 武汉：华中科技大学出版社，2013.

[2] 卢福营. 派系竞争：嵌入乡村治理的重要变量——基于浙江省四个村的调查与分析［J］. 社会科学，2011（8）.

[3] 项继权，李增元. 经社分开、城乡一体与社区融合——温州的社区重建与社会管理创新［J］. 华中师范大学学报（人文社会科学版），2012（6）.

[4] 郑永年，翁翠芬. 为什么中国的改革动力来自地方？［J］. 文化纵横，2012（2）.

[5] 郑杭生. 多元利益诉求统筹兼顾与社会管理创新［M］. 武汉：华中科技大学出版社，2013.

[6] 周其仁. 改革开放三十年"中国做对了什么"［EB/OL］. http://finance.ifeng.com/news/special/zhouqiren/20120406/5880969.shtml.

[7] Oi J C. The Evolution of Local State Corporatism［M］//Walder A. Zouping in Transition：The Process of Reform in Rural North China. Cambridge Mass：Harvard University Press，1998.

珠海"双层社区建设"：创新与局限

岳经纶　钟　嫦*

一、引言

（一）问题的提出

市场经济体制的改革给中国带来巨大的变化，"单位制"模式的功能逐步弱化，整体社会结构发生了剧烈的变动。在这种时代背景下，如何在城市基层建立良好的治理秩序，是国家面临的一项紧迫任务。20世纪90年代以来，"小政府、大社会"的构想以"社区建设"的方式在中国的一些大中城市开始实践，国家对城市基层实行管理的重心开始由单位移向社区，启动了新一轮国家政权建设。"各方共同参与"的社区建设口号促使原有的城市街道—居委会管理体制改革，以推动社区民主建设，多方位多角度地积极探索社区管理的新体制——居民参与的社区自治。

许多城市采用不同方式进行社区管理体制改革，在这一场场的改革运动中，社区居委会一直都是主角，也是故事的主要着眼点。例如，为了还原居委会自治的属性，将居委会去行政化，沈阳市沈河区、武汉市江汉区、北京市石景山区等地在这方面做了不少体制创新，形成诸如"沈阳模式""江汉模式""上海模式""温州模式"等各具特色的探索形式。又如，在明晰居委会职能的探索中，通过设立专门的组织来为居委会减负的创新，北京市西城区2002年设立社区工作站的组织体制，北京市东城区和平里街道兴化社区2004年成立社区公共服务社，深圳市盐田区2005年开创"居站分离"模式以及广州市2005年实行"一委两中心"模式，深圳市罗湖区2006年践行"一站多居"体制，等等。这些改革的目的都是减轻居委会行政负担，帮助居委会去行政化，还原居委会自治的本色。但总体上看，取得的效果仍相对有限，居委会的行政

---

* 岳经纶，中山大学中国公共管理研究中心、政治与公共事务管理学院教授；钟嫦，中山大学政治与公共事务管理学院硕士。

化色彩并没有实质的改观。即使"新的制度安排、组织形式要素(例如社区代表大会、社区服务站等)已经产生",但居委会组织变革实质指向的"组织性质和实际运作机制却没有根本改变",产生了居委会组织变革"内卷化"现象(何艳玲,2007)。

在中央政府和广东省政府的要求和规划下,珠海市近年来也开始进行社区建设的试点改革,以康明街道①为试点的改革可以归纳为"多阶多元民主自治"的珠海模式。其制度结构包括:多元主体,即社区党政组织、社区自治组织、社区自治辅助组织、社区服务组织、社区倡导组织、驻地单位等;多阶结构,即"家庭—楼栋—小区—社区"以及街道层面发挥的作用。但与其他模式一味地强调"居委会去行政化"或"减轻居委会行政负担"不同的是,宁和社区"发展'准居委会'、建设'双层社区'"的构思与实践是一种居委会"强化行政依赖"前提下的"创新自治"。居委会协助组建业主委员会,并指导其逐步成为对内能够协调配合、对外具有管理能力的"准居委会",具有类似居委会的管理和服务能力,目的是进一步完善小区管理和简化社区工作,帮助居委会分担小区自治性事务。政府、新闻媒体对这一模式都给予了很大的肯定,认为这一模式是极大的创新。

在实际调查中,笔者发现,这一创新模式明显体现了居委会的策略性——居委会在不丧失自己在社区民主自治的领导地位的前提下,培养业委会成为自己的帮手,过滤社区事务。这一过程也体现了居委会的强化行政性、主动行政化的倾向。在"双层社区"建设的过程中,居委会"指导与协助"业主委员会的行动逻辑贯穿始终,隐藏于"社区建设"一词之后的概念其实具有高度的国家特征(Read,2003a)。居委会作为社区运动的主要推动者,它的行动逻辑不可避免地影响了社区建设的实际效果。居委会参与制度创新的背景是什么?围绕目标,居委会有怎么样的行动逻辑?居委会与其他主体互动的结果如何?解决这些问题取决于对社区建设进行观察的深度和描述的真实度。因此,本研究将通过透视珠海宁和居委会"双层社区"的建设过程,探讨居委会的运作逻辑以及它对社区建设的影响。

(二)已有研究述评

随着单位体制的瓦解、社区制的建立、居民对社区服务需求的不断增长,20世纪90年代中后期开始,城市社区的研究开始进入研究者的视角。尽管这些研究在主题、研究方法等方面都存在很大的区别,但基本都有"国家—社

---

① 基于学术伦理,此街道名称已经过匿名处理。

会"范式的影子，这个范式是研究中国当代基层社会的一个主流分析模式。

对中国城市基层社会的研究探讨是以单位制的建立和解体为起点的（路风，1989、1993；于显洋，1991；李汉林，1993；李路路，1993；曹锦清、陈中亚，1997；等等），紧接其后就过渡到城市社区的重构和建设上。张静将"国家—社会"的分析框架分为三个研究方向："公民社会"说、"国家中心"说以及"社会中的国家"说（张静，1998b）。

1. 从国家—社会范式到行动者分析框架

国家—社会的研究框架本质上是基于西方实际情况提出的。它侧重于国家和社会之间的关系，强调在国家建设过程中与公民社会形成这两者之间的关系，对民主进程的经济发展有积极的影响。自1978年以来，中国的经济改革和政治转型同国家—社会范式的主题高度契合。因此西方学者和国内学者都倾向用国家—社会的视角来分析中国政治转型的特征及结果，国家机器与社会之间的互动尤其受关注。用国家—社会视角来解释中国的情况在一定程度上有着突出的优点，因为改革的过程本质就是国家与社会关系的重塑。

但是由于被纳入分析框架的主体——国家和社会是整体的而不是分化的，它只强调二元关系，多元的范畴被排除在外，因此一旦被研究的主体并不如其所假定的那样具有整体性，此时国家—社会范式的局限性也就突显出来。也因此随着改革的深化以及利益的多元化，"国家"就被多元行动者解构了（马卫红等，2008）。社会也不是一个可感知的完整、明确实体，它是通过不同的、具体的事件，以及不同的社会行动者反映出来的。在社区邻里层面国家与社会的界限也是模糊不清的，更清晰可见的是各种有着不同利益与目标的行动者（马卫红等，2008；何海兵，2006）。

一些研究者认为国家—社会范式并不适合中国国情，主要存在着三个方面的局限。第一，无论是国家中心理论还是公民社会理论，都是依据西方学术的概念来判断中国社会的情况，这些从宏观制度着眼的判断，缺少微观层面的描述。第二，许多研究对于中国国家与基层社会的关系都构建了良好的愿景，即国家与社会之间的"良性互动和合作"，剔除统治、管理和治理之间的政治色彩区分，去除了意识形态偏见。之所以说这种观点带着理想色彩，是因为"中国社会领域原本就没有一个真正属于自身的常规领域和相关组织"，强国家弱社会模式一直存在，因此谈论"打破界限"，"构建"平等、合作的"互动关系"，也就不现实了（刘伟，2006）。很多研究者往往止步于理性的思辨，但是缺乏现实经验的具体观察（何艳玲，2004）。第三，不少研究者把国家与社会的分野作为理所当然的预设前提，但是，其实在实践过程中要明确划分国家与社会的分界是非常困难的。整体上说，"国家与社会理论只能看作一种有限度的解释模式"（朱健刚，1999）。因此国家与社会框架在对转型中国解释的同时，就是将"国家"与"社会"作"整体化"和"实体化"的处理，从而导致"国家"与"社会"内部的差异、分歧、冲突与互动被掩盖了。在很多情况下，国家与社会的界限是模糊的，并不存在一个铁板一块的、单纯的国家行动者，或是一个单纯的社会行动者（桂勇，2005a）。

国家和社会是碎片化的，它被各种利益诉求的多元行动者分解。行动者之间的互动构成了中国社会转型的总体特征。粗糙的国家—社会的两分框架不能为中国的变迁提供更细化详尽的解释。因此，从追求自身利益的多个行动者的视角出发，也许能更好地理解发生于城市草根的政治社会变迁。多元的行动者之间建立了交错复杂的关系，对立、合作、冲突、妥协同时并存（何海兵，2006）。因此，引入策略行动者假设是必要的，通过"过程—事件"分析，回到问题本身解读社会现象，在实践中把握国家与社会的关系本质。

相比国家—社会范式的三个局限，行动者分析框架有三个优势。第一，行动者分析框架把各行动之间的关系看作共生的、合作的、有冲突的、存在妥协的，而不是对立的、二分的、控制的、服从的。第二，国家和社会这两个研究对象被看作碎片化的，它不把整体性的国家和社会作为前提，主张通过考察各具利益诉求的行动者来解读分析城市基层社会的变迁。第三，它假定行动者追逐自身的利益。行动者根据实际情况，运用合适的策略来争取重要资源。行动者为导向的分析框架认为政治集团是追求小群体利益的行动者群体，社会也是多元分化的。我们不妨视城市基层为各种行动者，有自己的思考能力，根据不同的逻辑规则，以行使决策参与者的行为。这意味着要通过不同参与者之间的互动，来了解城市基层社会生活（马卫红等，2008）。

桂勇（2005a）从行动者视角提出了一个新的分析框架，他认为应该把国家与社会视为"由各种不同取值的参数所构成的一个连续系统"。这些行动者集团之间的关系是对立与合作、冲突与妥协同时并存，错综复杂。整个社会政治生活以及变迁就是在这些具有不同利益诉求、处于不同环境中的行动者集团的互动中产生的。桂勇将邻里的"空间"视为一个行动者互动的外部条件的集合体，它由社会结构、制度安排、运作机制等组成。行动者总是在某个具体集合体范围内展开其行动，这个空间是一个具有"政治—社会"性质的复合体。而行动者指的是组织化的行动者而不是单个个体。

行动者分析框架的优点是能够更好地解析嵌入于一个特定的社会空间，不同利益诉求的行动者及其行动策略。它假设参与者是追求自身利益的，在宏观和微观环境系统中往往采取适当的战略，以追求自己的目标，强调策略运用。其中首要的问题是如何界定行动者，以及如何区分不同的利益、目标、资源的主体（马卫红等，2008）。

2. 行动者分析框架下的社区居委会

目前已有一些研究者从行动者框架分析居委会的行动逻辑及在社区生活中与其他组织的互动。

于显洋（2002）系统分析了城市社区出现的居民委员会、社区服务中心、家属委员会、业主委员会等群众自治组织，研究认为这些组织之间存在功能重叠的现象，组织之间会面临矛盾与冲突，并且随着住房制度改革的深化导致矛盾日趋激烈。李友梅（2002）通过对上海康健社区居委会、业委会、物业公司这"三驾马车"的组织行为特征、组织介入社区生活具体方式、三者之间的关系形态等的考察，提出基层社区组织是追求自身利益最大化的行动者，并对存在于"社会场域"中的权力竞争、合作以及空间运作规则等问题从互动的角度进行了深入分析。汤艳文（2004）在个案调查的基础上，对售后公房小区"不完全契约形态"下的社区治理进行了分析，描述物业公司、业委会及居委会三者之间的互动关系，认为三者之间处于一种互相斗争、互相监督又互相合作的复杂关系。朱健刚（1999）从权力关系的角度对社区中的行动者进行分析，他认为街区权力结构是一种"割裂状态下的三叠权力网络"状态，其中第一叠是党组织网络，第二叠为行政权力网络，第三叠是地方性权力网络，由街道办牵头，各种非行政的社会组织构成。同时，三叠权力网络之外还存在大量非网络化状态的组织，如邻里互助组织等。这些网络化组织形态和非网络化组织形态共同构成整个社会基层的公共空间。他详细描述了这些不同的行动者、行动策略及其互动关系，以真实经验的方式勾勒出城市基层微妙复杂的政治社会变迁。最近几年的研究中，有不少研究者把街区看作一个不同行动者在其中进行角力的场所。国家力量以及各种社会力量在社区空间中展开博弈，社区的权力结构就此形成。

总之，只是根据国家和社会关系的理论来解释治理变迁有一定的局限性，仅仅是把居委会看作被动的工具角色。而把居委会看作一个自治组织，不符合居委会的现实情况和历史。居委会作为双重代理人是合理的，但是当它的这两个角色发生冲突时，应该如何解释居委会的具体表现？

从现实逻辑出发，从行动者分析框架为起点，我们会发现一个重要问题被忽视了：居委会不仅仅是被动的"适应者"，也是具有自我利益诉求的"行动者"。国家与社会的分析框架不能重现社区中具体的、相对微观的互动情景，也遮掩了互动中再生产出来的新的社会结构以及对管理体制变革实践所带来的影响。目前，在城市社区空间中存在很多新颖的问题有待研究者去解答。本研究试图用行动者的视角分析居委会在社区建设中的行动策略以及这种行动策略给社区生活带来怎样的影响。

(三) 研究问题

现有的讨论和研究对于本研究的意义在于：提供逻辑架构上的便利和简洁的归纳工具。概括而言，本研究的问题指向是：从行动者的角度观察居委会的行动策略对社区建设运动的影响。

近十几年来，政府所倡导的社区管理体制改革，在制度文本上一直遵循理性化的轨迹进行，这个从政府部门发布的各项规章制度上得到了验证。但是，理性的制度文本是否一定带来符合制度实质的实施结果呢？在宁和社区的"双层社区"建设中，居委会作为社区建设运动的主导，也是这一模式的发起者，有怎么样的目标追求？什么背景导致它有这个目标？在目标驱动下的行动者运作逻辑是什么？产生了怎么样的制度效果？本研究将通过透视城市社区建设运动中居委会的行动策略，以探讨居委会参与制度创新的背景、目标及实际作用，促使业委会成为"准居委会"的治理模式创新，给社区带来哪些具体的影响。

本文采用个案研究的方法，以珠海市内进行"社区建设"改革的试点社区宁和社区为研究对象。本文选取宁和社区"双层社区建设"的个案进行研究，分析社区建设新模式中居委会的行动逻辑及创新带来的实际制度效果。在2010年12月以及2011年9月，笔者在社区中生活了一个多月，进行田野观察，其间与居委会、业委会工作人员一起工作，并接触许多小区居民，获得了他们的信任，也获得了许多珍贵的一手材料。笔者至今依然关注他们的社区建设进程，与他们保持着联系，获取相关资料。在整个调查过程中，笔者尽量保持中立的态度，与居委会、居民主动接触，倾听来自不同方面的述说。

康明街道宁和社区，是珠海市民主自治先行先试的试点社区，位于珠海市主城区，在珠海板障山东北麓，是珠海经济特区成立以来较早发展起来的城市社区之一。1.65平方公里的辖区范围，聚集着五个住宅小区、3500多户、1.5万人。① 宁和社区下辖五个小区，其中主要的三个为凝香花园北区、凝香花园南区、山水居小区。

总体来说，宁和社区是一个建筑密度与人口密度都超过珠海市城区平均水平的社区，同时由于原珠海市国营机电和机件集团公司（以下简称"两机集团"）企业改制遗留的历史问题较多，宁和社区曾经是珠海市典型的"老大难"社区之一。目前社区有退休人员886人，低保75户，残疾人141人，困

---

① 2010年宁和社区居委会的数据。

难家庭 300 多户,存在着人口多、困难户多、党员多、义工多的"四多"特点。

本文选择宁和社区作为研究对象,主要是因为宁和社区近几年的媒体曝光率较高,因其在社区建设中取得的成绩曾多次接待中央、省、市、区各级领导和中外宾客的视察、参观,获得多项先进社区的奖励及荣誉。在政府报告、新闻媒体的描述与评估中,宁和社区是成功的。但现实情况是否如此呢?实地考察,宁和社区建设运动本身并没有产生主观期望的结果,社区建设运动原本应该实现的目标并没有彻底实现,无论是政府部门所希望建立的社会转型期新的管理模式,还是知识分子所期待的基层共同体,都没有随着社区建设运动的推进而完全成型。其中,居委会作为行动者采取的策略影响着社区建设的结果。

二、治理困境中的宁和居委会

(一)宏观背景:社区建设兴起

随着计划经济体制过渡到市场经济体制,中国城市的基层社会也经历着深层次的结构转型(李友梅,2006)。原来由单位制、户籍制构成的城市生活管理制度结构开始松动(李友梅,2002),城市管理结构的重心由以居住关系为纽带的空间单位逐渐代替了原来以工作关系为纽带的职业单位(蔡禾,2003),政府基层社会管理的压力不断加大。

正是在这种背景下,民政部于 1987 年提出"社区服务"概念。1991 年,民政部部长崔乃夫在听取基层政权建设司汇报工作时,指出基层组织建设应着重抓好"社区建设",首次在我国明确提出了"社区建设"概念。"大力加强城市社区建设,充分发挥街道办事处、居委会的作用"(江泽民,1996),社区建设作为民政部门的一项重要工作被纳入议事议程。1999 年初,民政部在全国建立了 26 个"城市社区建设实验区"。2000 年,中央两办转发的《民政部关于在全国推进城市社区建设的意见》(中办发〔2000〕23 号文件)指出,"大力推进社区建设,是我国城市经济和社会发展到一定阶段的必然要求,是面向新世纪我国城市现代化建设的重要途径"。2001 年 3 月,社区建设列入国家"十五"计划发展纲要。2002 年 11 月,社区建设写入党的十六大报告,报告明确提出要"完善城市居民自治,建设管理有序、文明祥和的新型社区"。而近几年,各地也将社区建设作为一项重要工作,进行了不同程度的改革,青岛模式、江汉模式、沈阳模式、上海模式等都是政府报告、媒体报道、学术研究津津乐道的特色模式。

2008年4月23—24日，广东省委书记汪洋在珠海进行专题调研时提出，珠海要围绕贯彻科学发展观，率先探索建设生态文明的发展道路，争当科学发展的示范市。2008年底，国务院颁布的《珠江三角洲地区改革发展规划纲要(2008—2020)》和广东省委省政府《关于经济特区和沿海开放城市继续深化改革开放率先实现科学发展的决定》，都明确要求珠海市开展社会管理综合改革试点工作，推动社会管理体制改革先行先试，在破除制约科学发展的体制机制上先行一步，为开创科学发展新局面发挥更大的作用。珠海市积极利用这一有利契机，制定了社区发展的具体政策。根据《珠海市委市政府关于增创体制机制新优势继续当好改革开放排头兵的实施意见》（珠字〔2009〕6号）、《珠海市委市政府关于推进社会管理体制改革先行先试的意见》（珠字〔2009〕8号）和《2010年珠海市社会管理体制改革先试先行工作要点》等政策，珠海市设计了社区管理体制改革的总体框架，其目标是：推动城市社区民主自治纵深发展，构建覆盖范围更加广泛的社区管理服务体系。该框架可分为四大部分：加强城市社区民主自治制度建设，深化城市社区民主自治试点工作，加大社区中社会组织的培育力度，加强社区中社会工作人才队伍建设。根据总体设计，在推进城市社区民主自治建设中，珠海市的具体思路是致力于"社区自治"体制的创新。

从社区建设的发展过程中，我们可以发现国家依靠基层行政力量来巩固政权、构建稳定社会秩序的意图。政府对于社区的强调，其实希望借助社区建设重新渗透到城市基层，将由单位制转移出的"单位人"重新纳入新的组织，通过把边缘化与非政治化的要素整合到一起，培育了联系国家与社会的新纽带（朱健刚，1997；Liu，2005）。

（二）微观表现：居委会行政化

尽管在制度文本中，居委会是一个自治性的群众组织，但实际上它并不适合一种公民组织的表达形式，因为它缺乏相对于国家的独立性（Read，2002）。考察中国居委会的建立过程，其建立主要是基于两点：一方面，新中国成立之初的大量政治性任务和行政性事务需要通过组织贯彻到基层民众之中；另一方面，组织群众进行自我管理，以体现人民群众在新社会当家做主的主人翁地位，体现人民民主（郭圣莉，2006）。居委会是配合这双重需要而建立的，因此与生俱来地具有双重性：它既是居民自治组织，又是城市管理体系的最末梢；它既带有一定的志愿性，又具有一定的行政性质（桂勇，2008）。

居委会的双重性决定了居委会具有双重功能，具有"双重代理人"身份：一是承担政府大量政治性和行政性的工作，向居民传递国家意志；二是为群众性自治组织办理居民的一些福利事务，代表居民向国家表达意见。

而在社区建设中，基层政府对居委会具有强有力的控制，并且这一趋势越来越强，因此，居委会也越来越行政化（徐珂，1998；桂勇、崔之余，2000；李友梅，2002；Liu，2005）。笔者调查发现，宁和居委会显示了强烈的行政色彩，而且从长期变动趋势看，它也没有朝着城市基层民主与自治的方向发展的明显迹象，反而有主动行政化的倾向。同时，随着社会的发展，社区管理体制改革的开展，行政基层管理工作越来越繁重，而居委会"自治性"的工作也越来越繁重。

（三）治理困境：双重资源稀缺

资源依赖理论认为，组织生存的关键是获取和维持资源的能力（菲弗、萨兰基克，2006）。作为一个组织，经济资源是最基本的资源，包括活动经费、场地和设施、组织成员的工资、奖金、福利等资源。从上文分析可知，在社区建设中，居委会的经济资源基本依赖政府提供。而政府之所以愿意为居委会提供这些资源，则是由于居委会所能发挥的政治功能（政治动员与组织群众）和管理功能（传达和推行政令）。同时作为一个基层民主自治的组织，居委会的生存和运转又必须有社会资源，包括居民的认同、支持、参与等资源。居委会获得这些资源的前提是能够为居民的一些公共福利事项提供服务与协调（吴永红，2009）。

为了获取组织运转的资源，据统计，居委会必须处理来自政府与社区的大量行政性、事务性工作。据统计，居委会承担的工作有社会保障、社会发展、创建示范、综合治理、人口计生、公共卫生等六大类150多项。其特点为：一是政府部门下派任务多；二是形式化考核评比多；三是代行物业管理、纠纷多。由于历史原因，宁和社区的纠纷比较多，居委会的调解任务繁重。

如果繁重的工作后面有足够的组织资源支撑，那么组织运转是可以正常有序的。但是从目前社区情况看，资源的紧缺导致居委会陷入治理困境。

1. 经济资源稀缺的困境

第一，居委会的工作人员工资低。据宁和居委会工作人员反映，居委会的主任，所有的工资、社保加在一起大概才3000元，而办事员只能拿到1600元，其中扣去400元作为季度绩效考核的奖金（假如考核不合格，这400元也没有）。黄×说：

> 这样的工资水平在珠海也只够本地人糊口，就是说我们有房有社保的人，外地人是根本活不下去的。（访谈——居委会副主任黄×）

第二，政府每年下拨的活动经费非常有限。街道每年给居委会每人2000元的活动经费，其中主任2500元，而民政局半年一共给了1900元的补贴。钱大部分要花在水电费、通讯费上，再除去一些办公经费、义工的补贴，几乎剩不了多少来办活动。因此，许多资金都是靠社区及其中的知名人士从外面找到的赞助。一位居委会工作人员说：

加班几乎不断，我们到最后都懒得算加班，几乎没有钱发补贴，而且总共就8个人，补休之后就没人干活了。像为了一些小事来居委吵架、发泄的情况太常见了，一两个人根本应付不过来！（访谈——居委会工作人员小李）

第三，居委会人手有限。行政事务层层加码，最后累积到居委会的工作任务非常繁重，同时，自下而上的社区自治工作比较烦琐，来自居民的工作压力比较大。社区居委会在人力、物力和财力上都十分有限，可谓不堪重负。宁和社区要管理1.65平方公里上的五个小区，而目前只有8名工作人员。他们必须完成来自上级的各种任务并应对考评，同时还要腾出大部分精力应付来自居民的压力。例如人口普查工作，大家疲惫不堪，即使有大批义工的支持，但他们还是不分昼夜地忙了一个多月；为了迎接上级的各种任务要求，他们要腾出时间精力准备各种汇报材料和文件，有些时候为了达到各种指标，他们不得不费尽心思组织和活动，再冠以冠冕堂皇的各种名目以展示自己的特色和业绩。

第四，社区建设的款项拨付程序烦琐杂乱。宁和被选作社区管理体制改革的试点后有100多万元的经费支持，但是这笔钱不是直接发给社区，而是拨到街道财政中。每次搞活动，社区必须先到街道去申请资金，而街道答复说办了活动有单据才能报账申请资金，因此社区得先垫付。但是办了活动后街道又会挑毛病，如办活动不预先申请报备。虽然最后资金会给社区，但是整个过程社区就失去了自主性，完全得跟着街道的脚步走。社区管财务的工作人员说：

非常打击人的积极性，和要饭似的，卖命地为社区干活，到最后还名不正言不顺。（访谈——居委会工作人员小陈）

2. 社会资源缺乏的困境

居委会的运作，尤其是居委会主导的社区建设，必须要居民的参与。在单位制时期，邻里空间是一个为数众多的公共事务容器，邻里公共生活对居委会这类组织有非常大的需求（桂勇，2008）。随着计划经济的改革、社区制的到来，居民与家庭之外的事务处理脱离了社区邻里这个单元，人们对社区建设这一运动开始发出疑问："我为什么一定要参与社区的事务？为什么要听居委会的指挥？这能给我带来什么好处？"

在计划经济时期，我们可以发现资源稀缺与垄断是国家动员的制度性背景，是动员成功的根本原因（杨敏，2005）。参与行为能带来切实利益无疑是群众参与的直接原因，利益刺激始终是行为的主要动机之一。恰恰由于"讲实际"的动机驱动，居民眼中以及他们所关心的社区公共事务和国家话语给定的社区公共事务并不是一个完全等同的概念。国家考虑的是在从社区获得社会支持和政治认同的同时维持基层社会的稳定，巩固国家在城市的统治基础，并保证国家在城市的各项任务得以完成；而居民关注的是自家或个体利益的实现和维护，关心的是日常往来中的情感联系和人际关系网的构建。因此，居民关心的事情往往不在国家的视野之内。

在一些社区事务中，居民不仅不配合，甚至会质疑居委会办事的合理性，引起纠纷和吵闹。在调查期间，笔者就碰上了"计划生育政策奖励办法不公"的风波。2010年11月，珠海《城镇独生子女父母计划生育奖励办法实施细则》出台，细则规定：自2009年1月1日起，男性年满60周岁、女性年满55周岁的珠海市户籍城镇居民独生子女父母可以享受每人每月150元的奖励金，而按照以往政策已经享受一次性奖励或补助的人员则不在新政策奖励对象范围之内。宁和居委会刚将奖励办法的公告张贴到告知栏，社区就炸开了锅。那些不符合条件或前来咨询的大爷大妈一大早便将居委会围个水泄不通，满腹怨气，群情激昂，要求居委会给个说法：

这个60岁怎么算啊？凭什么我们就不能拿？
你居委会算什么，有这么执行政策的吗？
……

政策刚颁布的那几天，整个居委会的工作人员既要负责给符合条件的居民进行登记，又要反复解释、应对居民的质问、抱怨甚者叫骂，小小的办公室里水泄不通、人声鼎沸，居委会几乎处于瘫痪状态，无法进行其他工作。居委会工作人员表示，类似这种情况不少。

（四）行动逻辑：强化行政依赖，保持自治工作领导地位

居委会的运转依赖双重资源，但对于居委会来说，这两种资源却并不是同等重要的。在非对称性资源依赖结构下，居委会成员更多地向上而不是向下求

得自身的认同与价值,并在主观上有意无意地将自己视为政府人员并竭力融入正式的政府行政体系架构中(郭圣莉,2006)。

首先,居委会成员的理性约束。按照理性选择理论,组织中的个人在特定制度环境中会根据自身的情况作出有利于自己的选择。作为社区工作者,虽然领取的是"皇粮",但他们并不是正式体制内的公务员,无论是工资收入、福利待遇,都与公务员有一段很大的差距,而在珠海,这个差距更为悬殊。但从工作性质、工作内容、工作压力看,居委会工作人员与街道办正式编制的行政人员几乎没有区别,甚者强度更大。因此居委会成员常常会有不满,认为现在的待遇不公平。从另一层面看,居委会成员候选人基本上由街道党工委考察和选定,出于提高待遇和工作稳定性方面的考虑,他们希望能得到晋升的机会,正式成为这个体制内的一员。因此,居委会工作人员首选会"服侍"好"上司"。

其次,来自街道办的权力约束。居委会虽然是自治组织,但是也有义务承担上级政府的政治性和行政性工作。在实际运作中,有关政府部门,尤其是街道办需要居委会分担他们的行政性工作。而居委会也需要来自上级政府的资源。在访谈中,街道办陈书记说:

> 片面强调居委会去行政化,是存在很大问题,虽然这是法律规定的居委会本应该有的性质。居委会去行政化,首当其冲的不就是街道吗?街道编制本来就小,随着社会的发展,管理事务不断增多,居委会不帮我们,谁来解决呢?(访谈——街道办陈书记)

居委会干部的这种主动行政化倾向,是与其和环境之间的非对称性资源依赖不可分的。而在社区管理体制改革的背景下,基层政府按照民主自治的意识形态指导,要求社区逐步朝民主自治的方向靠近。为了响应这一行政要求,同时也是强化行政性的表现,居委会不能放弃社区民主自治事务的领导地位,而这能为居委会保持对社会资源的攫取,同时还能为居委会获得更多的经济资源。因此,居委会必须在"行政性"与"自治性"之间做到平衡——以民主自治的工作换得更多的行政认可,获取更多的经济资源。

然而,结构为行动者提供了行动的边界和规则,但行动者在行动中所生成的能动性又会在某种程度上调整甚至重构结构。"行动者通过他们有目的的行动,织造了关系和意义(结构)的网络,这网络又进一步帮助或限制他们做出某些行动:这是一个永无止境的过程。"(萧凤霞,2001)居委会面临的宏观制度背景以及社区运动中的资源、人事等微观限制,会采取怎么样的行动策略去抵消困境的消极影响?他们的行动策略又如何改变着社区空间?这些都是接下来的篇章试图研究的问题。

三、困境中的策略——建设"双层社区"

上文分析了居委会面临的治理困境,即组织面临的环境压力。资源依赖理论认为,组织的战略选择主要强调组织对环境制约的回应,关注组织的主动性。尽管组织由于"外部控制"而在很大程度上依赖外部环境,但这种依赖的程度可以通过组织的积极行动得到调整。面对环境的制约,组织也在积极主动地对环境进行管理和控制。组织可以采用各种战略来改变自己、选择环境并适应环境,通过对相互依赖关系的管理,包括减少对外部环境的依赖和来自外部环境的制约,积极寻求资源依赖的稳定性和确定性。

作为行动主体的居委会,在应付各种行政摊派、形象工程、民心之举的事务中,也企图采取更符合自己预期的行动方式、组织结构来为自己减负,即采取行动策略为自己"解困"。以"民主自治"为目标的社区建设,全国不同的地区有不同的形式,如上海模式、江汉模式等,其中促使业主委员会向"准居委会"的方向发展,建构"双层社区"的构思与实践是宁和社区建设的制度目标,而这一构想正是宁和社区居委会为自己减负解困采取的行动策略。

(一)破解治理困境的创新

1. 制度创新的契机——以房产权利为核心的组织体系兴起

20世纪90年代开始,中国城市的房产资源配置方式由原先的国家分配转变为市场交易。在新式商品房小区出现后,影响城市基层生活的因素发生了一些变化。以物业房产为核心的财产权利更新了城市居民的观念,以房产权利为核心的业委会及物业管理机构蓬勃兴起。业委会的迅速发展带来社区组织体系的重构。

凝香花园北区是宁和社区90年代开发的商品房小区,2001年10月便成立北区业主委员会,是宁和社区最早成立业委会的小区。第一届北区业委会成立后,社区生活发生了一些变化,私有产权的发育为社会提供了新的空间。在这个空间中,行动者的逻辑与制约行动的规则都与过去国家所控制的社区空间完全不同。可以说,第一届北区业委会与居委会之间存在不少冲突与矛盾,居委会试图控制业委会,但业委会不接受居委会的正常指导与监督。

由于第一届业委会委员为了自身利益的获取,财务管理不明朗,严重侵害了业主的利益,2004年换届时,业主强烈要求按规定重新选举。但原业委委员希望连任,与物业公司勾结,千方百计地阻挠业委会的换届选举活动。居委会得知这一情况后,经过多次协调未果,局面僵持不下。

2006年6月,在街道办的支持下,新换届的居委会强行介入,依法指导凝香花园北区的业主进行换届选举。在征得多数业主的同意下,居委会成员(非小区业主)担任换届筹备组组长,经过半年多的筹备与选举,2007年3月北区顺利产生了新一届业委会委员。

然而新旧业委会交接时,业委会的账户仅有12元,上一届业委会留下来的几乎是一个空壳。其中,小区的两间公共商铺出租的租金9万多元被上一届业委会主任据为己有。由于法律对业委会作为"法人代表"的一些规定仍不甚明朗,新一任业委会的法律维权之路走得非常艰辛。居委会在这个过程中又发挥了巨大的作用。2008年,在居委会的帮助下,新业委会通过法律程序追回4万多元。因此,由于这些契机,居委会掌握了对新任北区业委会的主导权。

2. 居委会的战略选择——双层社区

资源依赖理论认为组织改变环境来消除影响的策略主要是:改变组织与环境的相互依赖、建立组织与环境沟通的桥梁和创造环境。宁和社区凝香花园北区业委会的建立以及它和居委会的互动,使得居委会认为可以将这种合作进一步深化——居委会指导业委会发展壮大,在此基础上,探索建立具有现实意义和可操作性的"双层社区"民主自治模式是宁和社区建设性的构想与实践。

所谓"双层社区",第一层指的是行政区划意义上的大社区,下辖由居委会为主导的若干小区;第二层是以共同的物业利益为纽带形成的小区,在业委会能够发育成熟与完善,逐步向"准居委会"转变后,就是第二层"小社区"。

(1)以居委会为核心的大"行政社区"。"双层社区"中的居委会作为基层社会管理的神经末梢,不可避免地要担负很多行政任务,很难褪去行政色彩专注于社区自治工作;而从维护社会安定团结和政治统治和谐的角度看,社区居委会从事必要的行政工作能够避免一味强调"自治"而被"边缘化"的危险。因此将社区居委会定位为承担一定政务工作、提供必要的公共服务和重点统筹社区的自治规划、协调各方联动治理的角色,形成以居委会为核心的大"行政社区",其任务是确保社区管理的正确政治方向,同时引导推进自治工作开展。

(2)以业委会(即"准居委会")为核心的小"自然社区"。之所以称之为"准居委会",首先,业委会是一个法定的民间自治平台,在小区层面行使自我管理、自我发展公共事务的功能。这与居委会法定的自治性质、工作内容是一致的。其次，业委会的资金直接或间接来自全体业主，业委会成员工作不受薪，工作也不是坐班制，是纯粹的自治组织。

建设"准居委会"的思路就是希望使业委会成熟与完善起来，具有类似居委会的管理和服务能力。业委会逐步成长为对内能够协调配合、对外具有管理能力的社区自治组织，这将有利于完善小区管理和简化社区工作，更为关键的是，业委会能够承接社区指导的各项自治工作，甚至是自己进行管理，使民意表达渠道更为畅通，有利于维护居民合法权益和提供优质公共服务。因此，业委会有必要，也有可能成为承担起社区自治工作、进行自我管理的组织，形成以业委会为核心的小"自然社区"。

3. "双层社区"对困境的消解

从制度创新的初衷看，我们可以发现，发展"双层社区"模式其实是居委会消除环境影响、破除困境的战略选择。

第一，帮助居委会"过滤"小区的自治事务。居委会双重资源依赖使得居委会承担大量行政性、事务性的工作。居委会培育业委会，在一定程度上就是给自己培育"副手"。

第二，有利于居委会在"三驾马车"博弈关系中固化主导的地位，保证居委会对社会资源的获得。街道办、居委会及一些研究者常常用"三驾马车"来描述社区的三个主要力量相互合作及斗争的关系——居委会、业委会、物业管理公司（于显洋、王红英，2000；李友梅，2003；汤艳文，2003；张乐天、杨雪晶，2003；国云丹，2004）。

第三，符合基层政府制度创新的需求，为宁和社区带来了更多的经济政治资源。制度创新必须获得"上面"和"下面"的支持才能成功，反过来它也改变了权力配置的规则，并在其基础上造就新的社会关系（张静，2006）。宁和社区建构"准居委会"，发展"双层社区"的构思得到了街道办的大力支持。对于宁和社区"双层小区"的构思，街道办陈书记表示非常满意，不仅给予极大的支持，而且后来推荐宁和作为试点社区，为宁和带来更多的经济和政治资源：

这个构思是有主题的，是有中心工作的，既创新，又可行。现在社区最头疼的问题是什么？就是物业管理嘛，如果我们能把社区服务做好了，那居民的政治需求、文化需求就可以进一步得到满足。而且发展业委会一直是政府回避的问题，但我们不能采取"鸵鸟政策"，不能怕出乱，要维稳，就不去动这一块。我们引导他们发展壮大，绝对比禁止的效果要来得好。"理想国"有难度，我们就从"理想社区"入手，把业委会的治理变成全国最先进的东西。

宁和的这个构思非常好,所以当时构思刚成型的时候我就大力支持。2009年要成立试点社区的时候,本来宁和是不在名单范围的,但在我大力坚持下,宁和也就加进去了。

第四,主动行政化,符合基层政府改革的利益偏好。在社区运动中,街道办对居委会的态度一直是暧昧的:居委会应该成为政府的一个基层,还是应该作为一个真正的自治组织?一方面,街道办需要在基层有一个组织网络以支持其行政管理与社会控制任务;另一方面,社区建设运动的部分目标及居委会的法律地位又要求这一组织网络摆脱街道办的控制。但是在政府职能没有根本转变的情况下,街道办和其他政府部门需要居委会在城市基层中分担他们的工作。

(二) 发展"准居委会"非正式权力操作

从制度文本上看,"双层社区"模式是合理可行的,而在具体操作中,面对复杂的情况,需要居委会运用多种手段去应付,才有可能使现实朝制度文本的方向发展。那么居委会是采取怎样的行动策略去发展"准居委会",培育自己的副手的呢?

许多研究指出,在传统上,国家对城市基层的动员一直依赖于基层工作者与居民的直接接触,依赖于他们对居民的劝说以及人情因素,而这种以劝说、人情等因素为基础的直接接触与正式化的、制度化的权力运作没有关系,与国家的法律、暴力机制等也没有关系(桂勇,2008;孙立平、郭于华,2000;熊易寒,2008)。社区中居委会的非正式权力操作相对于暴力、惩罚、制度约束的形式,常以居委会成员与居民在平时交往与互动中形成的人情、面子为依托,以居委会成员对居民的劝说或诱导为基础。这种权力关系以私人化的、具有社会交往特征的人情面目出现,而不是组织化、制度化、正规化的限制与被限制机制(桂勇,2008)。这种本土性文化因素的非正式权力操作能够渗透进邻里实际的权力运作机制中,主要是因为制度性资源和经济性资源的缺乏。

从2006年开始,宁和社区居委会便在指导监督业委会的成立及发展工作上进行了探索,并得到街道办的支持,在2009年正式将这一模式作为宁和社区管理体制改革的主要目标。总结宁和居委会发展"准居委会"工作的经验,居委会借助人情、面子等非正式的权力操作,构造人情关系网络,在对"双层社区"中的"准居委会"的掌控中起到了关键作用。

1. 重视宣传动员工作

山水居是宁和社区较为高档的小区。分期建成的山水居新旧环境悬殊，属于谁开发建设谁管理物业的小区，一直没有能够成立业主委员会。个别业主对物业管理的反对意见很大。2008年，业主成立业委会的诉求越来越急切，而业主与物管公司的关系也越来越恶劣，纠纷不断、抱怨不断。宁和社区居委会意识到问题的严重性，如果问题一直不解决，不仅会影响社区的稳定，而且光是调解纠纷就会带来不少的工作量。

2009年初，宁和社区党总支、居委会决定把成立山水居业主委员会的工作提上日程。社区居委会直接参与、组织、指导、监督该小区成立业主委员会，他们主动协助、合法监督、积极配合，发动社区党员、义工、业主代表以及管理处人员共60多人次从事各项准备工作。通过各种途径向广大业主宣传业委会选举的重要意义，通过在小区宣传栏和楼栋入口处张贴通告、在居民信箱中分发传单和在社区网上发布信息等途径广泛动员居民参加业委会的选举工作，使大家在思想观念上加以重视、认真对待，并积极参与。在这个过程中，党员、义工、楼长等关心社区公共事务的人员又一次发挥了重大的作用，向广大业主宣传选举业委会的事宜。

经过一年多的筹备，居委会严格按照有关规定，于2009年3月，组织36人，经过20多天上门派发宣传资料、送选票、收选票，统计共有870户居民参加了投票，占业主总数的72.62%，最后当选的业主委员会委员的票数均超过总户数的50%，符合"双过半"当选的要求，13名候选人顺利当选成为首届业委会委员。业主深知居委会在其中的功劳，业委会也表示将会全力支持居委会的工作。

2. 精心挑选组织成员

人员的合理安排，是一个组织高效运转的关键，而一个组织控制了另一个组织的人事权，则拥有了绝对的领导权。因此，居委会对业委会的人员安排，非常谨慎认真。

凝香花园北区属于商品房小区，2001年10月便成立了北区业主委员会。然而第一届业委会不接受居委会的正常指导与监督，财务管理也出现了相当大的问题，并且在任期满时不肯卸任。居委会多次协调未果。2006年6月，居委会决定强行介入，依法指导。在多数业主的请求下，居委会成员担任了换届筹备组组长，于2007年3月顺利产生了新一届业委会委员。新成立的北区业主委员会委员共8人，都经过了居委会的认真挑选。

3. 协助指导业委会的日常运作

第一，制定管理规约和议事规则。业委会成立后，居委会专职人员立即着手组织业委会委员商讨建立各项规章制度，特别是管理规约和议事规则，前者是针对业委会拥有管理权限的各项活动的约束和要求，后者是对事务商谈程序的规定。

第二，指导业委会运作。业委会组建起来之后，其日常运作也是居委会一直兼顾的重要内容，新的组织需要指导，以促使其顺利地实现从"被组织"向"自组织"阶段的过渡。山水居业委会成立之初，因为是小区的第一届业委会，因此居委会投入了大量的精力促进该组织的正常运作。在这个高档住宅小区中，许多业主拥有宝贵的资源，而业委会委员更是社会的精英，有律师、电视台台长、公务员等。强势的为人、果敢的作风、性格的迥异，使得他们的意见经常会有冲突，一个小问题也可以争执半天，最后不欢而散。因此，每次业委会例会，居委会工作人员都会参与，在其中充当"和事佬"，化解矛盾，促成业主相互理解与合作。一段时间后，再强势的委员也愿意听取居委会的意见，整个业委会对居委会的工作也全力支持。

4. 捋顺"业""物"关系

居委会在帮助组建业委会以后，目标是扭转现阶段业委会和物管公司之间"主仆"颠倒的关系，形成两者相互制衡的良性互动局面。

出于利益考虑，物管公司并不希望小区成立业委会，可能对新组建的业委会存在或明或暗的抵触情绪和行为。因此，居委会在协助业委会成立后，初期阶段三方会议的顺利召开，对居委会表明自己的指导、协助角色定位，帮助业委会和物管公司明确工作目标、交往方式等内容非常重要。在明确业委会和物管公司在小区管理工作中的分工与合作内容及方式后，居委会负责指导业委会具体开展工作，促使其在监督和参与物业管理的工作中发挥应有的作用。

山水居小区的物业一直由珠海市住宅管理物业有限公司负责。个别业主对物业管理工作十分不满，强烈希望重新换"管家"。但居委会在其中主动做工作，努力协调双方关系，一再强调二者应该为了小区的发展和谐共进、共同努力。在居委会的协调之下，引导业委会于2010年5月与物管公司签订了服务合同。经过艰苦谈判最终达成合同，规定物业服务企业从前期管理公共收益中拿出几十万元，对小区大门、楼道、单车棚、监控系统等进行翻新建设，实行封闭式管理；并从公共收益中每月提出部分资金给业委会，用于全体业主公共设施维修和业委会日常工作的支出。另外，业委会在内部协调方面还存在一些困难，几乎每次开会时，居委会都会派人参加，逐步确立议事程序和方式，促进这个新的团队在实现内部沟通顺畅之后能够良好配合，严格按照合同监督物管公司工作，参与管理，服务业主。

（三）"指导与协助"的可能

由于在非正式权力操作模式中，非制度化、非正式化的因素充斥整个具体过程。并且，这更多的是一种以私人对私人的模式与居民进行的人际互动，起到了消解性的动员功能（桂勇，2008）。笔者发现，宁和居委会在这个过程中，紧紧围绕"指导与协助"，确保自己在这个过程中的主导地位和控制局面的能力，将业委会培养成自己的帮手。为什么业委会愿意接受这种"指导与协助"？即居委会的主导地位为什么有实现的可能？除了正式制度与正式组织方式的运作机制，非正式权力运作机制也起到了重要的作用。

1. 正式权力运作

首先，法律法规给予的主导地位。《物业管理条例》规定："业主委员会应当与居民委员会相互协作，共同做好维护物业管理区域内的社会治安等工作；配合其履行自治管理职责，支持其开展工作，并接受指导和监督；及时告知自己的决定，认真听取建议。"建设部制定的《业主大会规程》也包含了类似的内容。相应的，珠海香洲区对此也有相关规定，居委会"对社区内物业管理公司进行监管和指导，牵头组织指导成立业主委员会，并对业主委员会实施指导、协调和监督"。

其次，宁和社区的业主组织需要外部力量的扶持。宁和社区原来没有业主组织，而物管公司的权力不断膨胀，小区业主普遍希望能有和物管公司对抗制衡的势力，因此，成立发展业委会是业主强烈的诉求。在权力不均衡的条件下，业委会能否顺利成立并发挥其应有的功能，需要居委会的群众资源及政治资源与物管公司相抗衡，于是，业委会就在一定程度上形成对居委会的依赖，居委会的"指导与协助"正是业委会所需要的。居委会便相应地获得了主导权，并在社区组织的博弈中不断固化这种地位。

2. 非正式权力运作

在制度性资源与经济资源比较缺乏时，本土性文化因素很自然地渗透进邻里实际的权力运作机制中。在缺乏相应的物质资源、人力资源与法律行政资源的条件下，为了低成本地维持国家控制动员体系，不得不充分利用人情、面子等本土化资源（桂勇，2008）。在这种本土化的非正式权力操作模式中，双方之间的私人性认同远比制度化的公共角色与身份认同和信任重要。居委会工作人员与居民非正式的互动为城市基层社会的权力运用者提供了利用面子、人情等本土性文化资源的机会。在具有国家代理人色彩的居委会与居民互动中，利用人情、面子等本土性文化资源的非正式权力操作模式最为频繁（桂勇，2008）。

首先，宁和居委会拥有不错的群众基础。据笔者观察，居委会的人情网络在这个过程中起到了重要的作用。人情是一种社会规范，但是这个规范不仅具有伦理道德的扩及，还包含交换的概念，即利益的交换，它也是上文提及的非正式权力操作的一种。在社区建设中，除了各种评优、考核，宁和居委会平时也确实开展了许多满足居民需要的活动，为居民提供了不少服务。宁和社区居委会的工作人员通常会主动帮助居民做一些事情，如申请救济、解决纠纷等，于是居民会觉得欠一份人情，因此遇到居委会搞活动、需要人手的时候，他们就会主动帮忙。曾经有个义工告诉我说，她是小区的贫困户，因为丈夫下岗在家、身体不好需要照顾，因此不能出去工作，而窘困的家庭根本无力支付昂贵的医药费和日渐高昂的生活成本。居委会了解情况后便想尽办法帮她申请生活补助，为此工作人员也是奔波不止。后来经过介绍，她在社区卫生服务站找了份护士的工作，家庭生活也渐渐有了好转。因此她只要有空就主动到居委会来帮忙，对居委会的号召也积极响应。

其次，宁和居委会主任有杰出的领袖才能。在组织中，关键的行动者在引导组织发展方面通常起到核心作用。宁和社区居委会的李主任原先是一位企业家，就任居委会主任后将管理企业的方法运用到社区管理中，熟练运用各种工作技巧，不断激活社区人与物的效能。在李主任接任之前，凝香花园南区是一个"上访"、闹事等纠纷不断的"麻烦"小区。小区困难户多、残疾人多、下岗失业人员多，扶贫济困和管理服务工作开展难度大。然而经过几年的努力，李主任成功地将小区的历史变成小区的财富，并把几个经常带头闹事的居民变成社区事务的积极分子。互惠性交换、对社会交往的心理需求以及社区人情面子约束，都是社区积极分子积极性的动力来源，而李主任深深懂得这个道理，不断地使社区居民中有威望的精英成为社区事务的积极分子，而他作为居委会的得力助手，在居民中也起到重要的宣传动员作用。在业委会选举中，居委会把这些积极分子安插到业委会中，一定程度上是用人脉网络覆盖行政管理的空白点。

四、"双层社区"构建成果的检视

在社区建设运动中，社区治理制度的变迁，在制度规范的层面一直遵循着理性化的轨迹进行，这一点可以从近几年来以民政部门为主导的有关政府部门发布的各项规章制度中得到验证（何艳玲，2007）。但是理性的制度文本是否一定会换来符合制度实质的实施结果呢？"双层社区"的构建取得了怎么样的结果？居委会的"指导与协助"将给社区空间带来怎样的变化？

（一）收获："典型群众"的固化及扩大

基于日常生活中的"积极分子"，类似于中西学术界"积极群体""积极的少数""关键群体"等指称，以及结合西方学界关于"积极群体""积极的少数""关键群体"的既有研究成果和事实判断，有些学者提出了"典型群众"的概念。

李辉（2008）认为，同时满足"对社区事务的高度参与性、稳定性与非体制性"三个条件，才能成为城市社区的"典型群众"，并且从阶层角度来讲，"典型群众"包括社区志愿者、离退休人员以及领取低保金的社会弱势群体；就参与动机而言，"典型群众"参与社区事务不仅为经济报酬所吸引，而且更多的是追求一种"社会报酬"，其中包括荣誉、政治关心、社会交往与小群体活动、权威感、社会互助感等；从群体稳定性来说，"典型群众"对于国家的动员有着积极的响应，并且一经产生就具有相对的稳定性；从参与程度而言，他们可能并非社区精英群体（桂勇，2005b），但是他们保持着对社区事务极高的参与热情，很大程度上，他们才是真正的连接国家与个人之间的"神经末梢"。

1. 党员义工——典型群众的强化

凝香花园南区是原两机集团退休职工居住地，两机集团20世纪80年代从四川迁来珠海，在国企改制的大潮下，除了一部分职工被调入现在的格力集团（在当时还处于起步阶段），许多职工被迫下岗，政府的买断性补偿使得许多职工在退休年龄没有退休工资和基本的养老医疗保障。这些工人大多数是党员，并当过兵，突然从为党和国家奉献了一生的伟大光荣的无产阶级工人变成一无所有的社会弱势群体，太多的抱怨和愤懑使他们的反抗心理和情绪特别强烈。

2003年，新任居委会李主任到来时也遇到了很多困难。然而经过几年的努力，通过李主任等居委会工作人员优秀的领导能力和交际手段，成功地将这些退休的党员工人转化成了小区的优秀义工。

2. 社区精英——典型群众的固化

社区精英主要是指社区中因职业而拥有一定社会资源的居民，如社区中有高校的校长、有珠海某电视台的台长，还有一些律师、公务员等。这些精英一般掌握更多专业知识、公共管理和沟通交流等能力，而他们拥有的社会资源也让他们在社区中有一定的威望。如果将这部分人吸引到社区治理中，将是一笔重要的资源。但由于这些精英一般工作比较繁忙，虽然偶尔会当社区的义工，但他们对社区的事务参与度并不是很高。所以，固化这些典型群众非常重要。

3. 弱势群体——典型群众的扩大

由于凝香花园南区的历史背景，住户多为贫困户，并且小区的基础设施也比较陈旧，物管公司在凝香花园南区几乎没有盈利空间，因此，凝香花园南区换了好几个物管公司，不是物管公司单方解约，就是物管公司无法提供良好的服务。为彻底解决小区管理问题和为业主提供更好的服务，2010年3月，由社区居委会牵头，以业委会的名义，向区民政局申请成立了"凝香花园南区物业服务社"，负责小区的物业管理。服务社不以营利为目的，除日常开支外，将剩余资金全部作为小区的公共维修基金，由居委会负责监督。为了给社区增加就业岗位，居委会决定将服务社的保安员、保洁员、绿化员、电工等职位都留给本小区的下岗、失业或退休人员，由居委会考核任职的最佳人选。这样一来，小区中的贫困居民获得了一份糊口的工作，都非常感激居委会。出于感恩报答的心态，他们会积极响应居委会的号召，帮助居委会完成具体的活动。目前，整个服务社已有18名员工，这种人际联系又在反复的互动与互惠中不断加强，这群困难户成为居委会的"典型群众"。

(二) 问题："法理空间"的畸形

不可否认，居委会建造"双层社区"的努力为社区带来了新气象，业委会以及新成立的物业服务社在社区治理中发挥了重要作用，但居委会"指导协助"背后的人情操作也给物业的运作带来不小的影响，逐渐暴露了不少问题。居委会在"协助与指导"业委会成立与发展时，基本上是以私人对私人的模式进行人际互动，而不是组织对组织，在这种"本土化的非正式权力操作模式"中（桂勇，2008），制度化的公共角色和身份认同和信任已经被双方之间私人性的认同和信任所超越。业委会运作本应是"法理政治"（刘威，2009），它实践的核心在于利益、权力、规则等因素。作为商品住宅区内的权力主体，业主是在市场经济条件下，根据自由契约和交换原则，通过购买私有物业，而取得了主体地位的个体权利，其内在的基本精神是独立性和自主性（孟伟，2006）。居委会的人情操作使得业委会这个"法理空间"出现了畸形。

首先，过于依赖居委会的指导，业委会至今仍缺乏明细翔实的章程。虽然在街道办与居委会制定的《宁和社区自治章程》中有对业委会及物业服务社权力的相关规定，但是章程只是大范围地重述了一些法律法规，未能从细节上落实业委会、物业服务社的权利和责任。没有严格的规章制度作为标准，成员之间的关系协调就缺乏依据，组织本身的运作也不能常态化。

其次，业委会的候选人完全由居委会甄选，仅仅靠居委会平时对社区居民的了解，以及对小区具体情况的掌握。在这个过程中，不能确保居委会完全中立客观的立场，候选人不一定是最适合的人，但可能是与居委会平素交情较好的人。

凝香花园南区的负责人主要是三位德高望重的老人，他们运用自身的社区资源为小区作出了不小的贡献，但是他们年事已高，精力和身体健康每况愈下，对于繁杂的小区管理工作无法做到面面俱到。

再次，居委会指导乏力，业委会力量仍然薄弱。按照"双层社区"的构想，为了保证业委会的运作"不会偏离正确的政治路线并且能够依靠组织的力量及时有效地发动群众开展各项工作"，由社区居委会下派一名小区书记，特别参与并对业委会的各项工作进行总体的政治、思想和组织领导，这样就能够与社区层面居委会，甚至是街道层面党的指导与协调很好地对接。目前这一措施暂未实行，但是业委会每次开会，几乎都需要 1~2 名居委会工作人员参与。而居委会的工作繁重，无法抽出人员负责业委会的指导工作，另外也缺乏专业的人才。此外，居委会工作人员的受教育程度普遍不是很高，在如何指导业委会运作方面缺乏专业知识、实践经验。居委会内部结构问题导致居委会指导业委会发展乏力。

最后，业委会委员几乎以退休人员为主，南区业委会 8 名委员中有 7 位是高龄退休老人。

调查显示，大部分业主对小区的关注仅限于卫生和治安，对所谓"民心工程"毫无兴趣，甚至觉得业委会的选举也并不见得有意义，即使自己选出来的人也不见得会维护自己的利益。南区的情况还比较乐观，相比之下，北区、山水居小区的参与情况更低，大多数业主表示，他们不关注社区事务，一方面是觉得麻烦，另一方面感觉表达了也起不到作用，因此，不到忍无可忍的地步，一般也不会去找物管公司反映问题。

（三）难题："双重社区"中的国家动员

宁和社区"双层社区"建设是由"主动行政化"的居委会主导的，呈现出由上到下的力量驱动的现象。虽然"准居委会"已经具备雏形，"双层社区"初具规模，但是这是否意味着居委会或者国家对城市基层社会的控制动员能力已经增强了呢？

桂勇（2008）认为国家作为一种外部力量，要在社区推进自己目标的时候，只有两种情况才可能存在：一是"国家目标在基层的真正执行中已经被彻底地改头换面"，如居委会干部的直接选举事件。在这一事件中，政府高层所力图达到的目标是民主、广泛的居民参与率以及对民主（选举）良好的政府控制。但是居民对这种形象工程没有兴趣，因此，政府的意图最后被居委会改造为利用人情因素要求居民去参加投票的"去民主化"操作。二是"国家与基层社会的目标相当一致"。如2003年非典型性肺炎流行时期政府对社区的控制，各方的利益一致，政府对社区人口的有效控制就真正实现了。在宁和社区，笔者看到类似的情况，在建造"双层社区"模式之前，居委会对社区的动员面临困境，因为大多数事务并非基于社区居民的内生需求。而在"双层社区"的社区建设运动中，成立业委会并朝"准居委会"发展的事实似乎同样没有改变这一难题。

"净畅宁美"是2011年珠海市政府高层领导提出的"开展环境大整治、提升城市管理水平"的一项重大举措，是"珠海创建文明城市的重要抓手，也是建设幸福珠海的需要"。因此在全市上下迅速掀起实施"净畅宁美"行动、创建全国文明城市的热潮，轰轰烈烈、全面推进，坚决打好"清污、治乱、疏堵、消烟、除尘、降噪、纠违、增绿、添彩"硬仗，使珠海的知名度更高、美誉度更强、吸引力更大，加快建设珠江口西岸核心城市（宋显晖，2011；陈惠贤等，2011）。[①]

作为城市基本单元的社区，当然必须是这一运动的积极响应者。珠海市组成了市—区县—街道—居委会四级网络，重担最终落在居委会肩上。宁和社区的居委会利用"双层社区"的优势成立了"净畅宁美工作小组"，由居委会主任担任大组长，其下就是以每个小区业委会为主导的各小区小组，由业委会主任担任小组长，在物管公司的协助下实施"净畅宁美"的工程。

由于宁和社区是1990年开始建成的老旧区，特别是凝香花园南区和北区，基础设施老化、破损，出租率高达60%，因此小区居民平时最关心、反映最多的就是环境卫生脏乱差、噪音、治安等问题，而这正是"净畅宁美"要解决的问题。因此，运动开始的时候，工作进行得非常顺利，宁和社区先后举办了3次"净畅宁美"群众论坛，又召开居民代表大会，业委会议事会议，居委会、业委会、物管公司联席会议，查找社区在"净畅宁美"方面存在的问题。活动最开始，社区居民反应非常热烈，"汇聚民意、寻求治策"，呈现出基层民主自治的"繁荣景象"（陈惠贤等，2011）。在居委会的领导、业委会的监督、积极分子的带动下，宁和社区的"净畅宁美"运动持续了两个星期后，社区的整个环境便大有改进。

街道办为了将"净畅宁美"运动继续深入推进，成为区的模范街道，提出每个社区将路段进行大修整，一些"门面"路段还要更换新瓷砖。街道办补贴一部分资金，其余社区自筹。当居委会要求业委会传达动员这个"工作

---

① 详见珠海新闻网报道：http://www.zhnews.net/html/20110331/095113,286730.html。

重点"时,这个提议却并没有得到积极回应,甚至遭到抨击,许多业主表示没有这个必要:

道路干净、安全、能走就行,弄彩砖不是糟蹋东西吗?说到底,还不是政府的形象工程。那为什么政府不全包,让我们出钱又出力呢?而且修个路也很麻烦,修路期间又是乌烟瘴气的。(访谈——小区居民甲)

同时不少业主对无休止的会议、调查、检查工作已经产生了抗拒排斥的情绪:

把小区弄干净点,美化环境,我们是相当支持的,可是这事怎么看起来没完没了,今天说阳台不能用三合板围住,明天说门口不能摆放鞋子,天天来检查、发放调查问卷、宣传环保知识,觉得非常厌烦。(访谈——小区居民乙)

围绕这一争执,业委会召开了多次业主会议,但都没有达成协议。最后,居委会只能将路段修整的标准提高,减少需要修整的路段面积,重点打造"示范路段",以此减少成本。同时,居委会依靠自身在社区中营建的人情网动员社区辖属的企业单位进行捐款,最后解决了资金问题,打造了宁和社区的示范路段。而在"净畅宁美"运动得到居民积极参与的短短两周"蜜月期"后,后续的工作也越来越难开展。这不禁使人质疑,以"一月初见成效,半年明显改善,年底根本好转"的"三步走"规划为目标的"净畅宁美"行动,究竟能走多远。

从这个案例我们也可以发现,居委会的"情理政治"(刘威,2009)似乎在以房产权利为基点的业主这个群体中走不通,即居委会希望业委会把来自上级的指令、政策转化为基层社会可以接受、可以理解的话语与表达形式,从而完成上级交代的任务。一边是居委会熟悉的人情策略、非正规操作,面对"压力型"体制(荣敬本,1998)下达的国家任务,居委会更多是依靠社会资源,运用人情策略,培育典型群众网络,建构一套以感情、人情、互惠和信任为基础的地方性互动网络,以此来获取居民的支持,从而得到上级部门的认同;另一边则是本应该由业委会发起、业主推动的法理空间,在现代都市生活的各种因素影响下,业主更多的只是要确保现有的生活不受干扰,无所谓邻里的互动和社区活动的参与,关起门来过自己清静的居家生活(刘威,2009)。

(四) 反思：社区建设的尴尬

宁和社区各小区业委会中都存在的问题以及社区活动的参与困境，追究其原因，绝不仅仅是因为居委会"协助指导"的行动策略的影响，而恰恰是社区建设的困境、基层治理的难题。

1. 基层组织结构致使改革"内卷化"

"双层社区"的制度创新出发点是破除居委会的治理困境，在社区建设过程中，新的治理创新要素已经产生——业委会的建立及发展，但是居委会"双重代理人"的性质始终没有发生改变，反而得到了加强。

由前文的分析可以看出，作为"双重代理人"性质的居委会，基于自身的利益诉求，强化行政依赖是其主要的行动逻辑，但由于基层组织结构，使得居委会不能放弃自治工作的领导地位。因此即使"准居委会"得以最终成熟，它既无法也不能承担起居委会原有的自治工作。

从居委会的治理困境看，要破解居委会的难题，最根本的方法应该是完全行政或者完全自治。但居委会如果完全成为行政组织，则失去了在社区中的参与资源；而如果居委会完全自治，经费困境无法解决。行政和自治这两个属性看起来都是居委会这一组织形式重要的存在意义。

表面上，在经济手段缺乏、法律手段不完善、社会自我组织功能较弱的条件下，行政力量与政治控制深入到城市基层是离不开居委会组织的。城市管理重心向社区转移，迫使街道和居委会承担越来越多的行政职能，在这种情况下，街道对居委会有强烈的行政化冲动。而社区管理体制的改革，使得居委会越来越依赖政府以获取经济资源，因此居委会也表现出强烈的被行政化的意愿（吴永红，2009）。一个具有政府色彩的居委会一定程度上可以弥补城市生活中法律体系的不足，当发育不够成熟的法律体系无法承担城市基层大量的行为规范与调节职能，而社会的自我组织又显得不足时，居委会这种带有一定行政色彩而又渗透到整个城市基层的组织就具有一定意义。

2. 非正规化权力操作使得"能人政治"成为主导

从单位制过渡到社区制，基层社会空间发生了极大的改变，资源控制、资源控制手段以及动员能力的差异使得社区不可能替代单位在旧有政治社会结构中的位置。社区拥有的资源相对较少，因而缺乏对表现出服从、配合的成员提供奖励的能力；所拥有的惩罚手段相对较少，因而缺乏对不服从的成员予以惩罚的能力。与单位制时期不同，居委会干部无法像单位中的领导一样，利用严格的惩罚措施来强行要求社区成员做出符合规范的事情（桂勇，2008）。因此，社区的居委会作为国家代理人，在与居民面对面地创造某种权力关系时，这种关系是以私人化的、具有社会交往特征的人情面目出现的,而不是组织化、制度化与正规化的限制与被限制的机制。这种权力操作模式,既是国家能够低成本地在基层社会推动自己目标实现的原因所在,也是国家社会动员体系的局限所在。人情化的、私人化的非正式操作策略对居民并不具有太大的强制性,而且有极为浓烈的互惠性质,这就导致了制约的缺失。居委会以这种非正规的操作方式"指导与协助"业委会的成立与发展,"人情操作"使得业委会这种"法理空间"出现了畸形。

由于"人情操作"是重要的行动逻辑,则社区能人在社区权力运作过程中就发挥着重要的主导作用。除了组织地位给能人带来的社会资本,个人较为突出的能力是成为社区能人的必要条件,道德、成绩都是令社区能人产生更高声望的重要因素。在宁和社区中,居委会李主任的能人政治发挥得淋漓尽致,他充分运用自身的社交能力,连接社区的其他精英,在一定程度上实现了联合,加强了社区权力运作过程中的主导作用。

能人政治一定程度上消解了社区的权力运作所遇到的摩擦,但也为社区治理带来不稳定的因素。过分依赖个人因素而不是制度因素,没有将能人政治更好地转换为制度规则的治理,使得我们不禁产生疑问:这样的治理能持续多长的时间?是否会随着治理者的变更而消失?

3. 国家权力控制与民主自治空间

对于政府来说,社区建设被提上议事日程,非常重要的原因是在市场化和单位制衰落的背景下,国家希望重新找到一种控制城市基层社会的方式。在我们的语境中,"运动"常常是巩固既定权力格局的重要方式,社区建设运动也意味着国家希望通过社区制对城市基层的既定权力格局进行巩固和调整。

社区建设运动类似于一个"增量"改革,它不是在一种必然损及一方的刚性框架内进行的,而是通过投入新的资源,使参与主体基本得益而无人受到损失的框架下进行的(桂勇,2008)。因此,在资源比较丰富的地区,社区建设运动可以搞得有声有色。但是,这种改革在实际操作中,社会转型对城市管理与控制方面所提出的要求却不得不借助于居委会这样一个理论上的自治组织来实现。从既有研究以及现实观察看,居委会在这场改革中越来越接近于一个准行政化组织。居委会的尴尬地位,其实反映出国家能力在城市基层社会的尴尬。一方面,国家试图将意志渗透到基层社会;另一方面,在我国这样一个超大国家,财力与人力的制约又使行政体系难以覆盖到基层,于是社区中的行政体系只能通过居委会这样一种成本较低的组织形式来完成政府的监控职能。

无论从全国范围看,还是从珠海市的实际调研看,作为基层共同体最重要的特征之一的居民的社区参与水平较低是一个事实。无论采取何种手段,居民总是不愿意参与到作为一个共同体的邻里公共生活中来。即使在政府部门的正式文件中，也常常会承认这一点。例如，珠海市社会管理体制改革意见中谈到社区建设中存在的矛盾与问题时，其中一个问题是："社会参与度低，还未培育起中介性的组织者、管理者，社区的各类单位、组织和居民群众还未广泛参与，社区资源缺乏有效利用，居民的社区意识和认同感不强。"政府对自治组织的态度是暧昧的，既希望社区组织蓬勃发展，但同时也希望一切都在掌控中。在这个个案中，以房产权利为核心的业主组织也由居委会带着进入了"准居委会"的进程，如果按照构想，政府对业委会将加强控制（由居委会派驻小区书记到业委会），那么这类自治组织的成长空间究竟有多大？

在本文研究的业委会民主自治改革中，可以在一定程度上动员小区居民参与，如小区修建大门等治安、卫生事务，因为这与自己利益相关，当涉及每个人的切身利益，涉及每个人的财产权问题时，许多人都会表示出极大的关心。但"双层社区"制度文本中所寄望的培育社区的社会资本，希望借由业委会动员小区成员参与公共事务、参与社区活动等目标，在实际社区生活中是令人失望的，我们没有看到强烈的社区归属感、社区参与意识以及居民间密切的人际互动，这不得不令人深思：除了现代都市生活导致城市邻里关系趋于淡漠，我们还可以追问，制度文本中的自治是不是居民的内生性要求？居民自身需求是不是一定得通过社区来得到满足？从笔者的调查看，居民更多地处于"不愿被打扰"的状态，尤其是业主这一有自主性和独立性的主体。之所以称为"运动"，因为它是自上而下的过程，并不是自下而上的自发改革。

但无论如何，宁和居委会的"双层社区"建设所产生的变化还是为社区带来了新的气象。平静、独来独往的社区还是喧闹起来了。至少，社区的居民事务，或者说业主事务，是由业主组织处理的。尽管这种变化缓慢而且不确定，但是它确实开始用市场的力量建立一种基于契约的权力义务对等关系。这是一项社会权力配置、转移的过程，它改变权力配置的规则，并在其基础上造就着新的社会关系（张静，2006）。变化的速度取决于政府在多大程度上可以真正割舍对街区的管理情结，取决于社区中的"社会"在多大程度上可以进一步滋生出与国家权力对话的力量。

参考文献

[1] ［英］安东尼·吉登斯. 社会的构成 [M]. 李康，李猛，译. 北京：生活·读书·新知三联书店，1998.

[2] 蔡禾. 社区建设：目标选择与行动绩效 [J]. 广西民族学院学报（哲学社会科学版），2003（4）.

［3］曹锦清，陈中亚. 走出"理想"城堡——中国"单位"现象研究［M］. 深圳：海天出版社，1997.

［4］陈惠贤，蔡芳，张冰梓. 轰轰烈烈全面推进净畅宁美行动［N］. 珠海特区报，2011-03-22.

［5］陈云松. 从"行政社区"到"公民社区"——由中西比较分析看中国城市社区建设的走向［J］. 城市发展研究，2004（4）.

［6］顾骏. "行政社区"的困境及其突破［J］. 北京行政学院学报，2001（1）.

［7］桂勇. 政治现代化：国家力量的增长与强化［J］. 战略与管理，1997（3）.

［8］桂勇，崔之余. 行政化进程中的城市居委会体制变迁——对上海市的个案研究［J］. 华中理工大学学报（社会科学版），2000（3）.

［9］桂勇. 城市"社区"是否可能？——关于农村邻里空间与城市邻里空间的比较分析［J］. 贵州师范大学学报（社会科学版），2005（6）.

［10］桂勇. 邻里空间：城市基层的行动、组织与互动［M］. 上海：上海世纪出版集团，2008.

［11］郭圣莉. 居民委员会的创建与变革［M］. 北京：中国社会出版社，2006.

［12］郭小聪. 社区建设：整合城市基层民主路径的新思路［J］. 大连理工大学学报：社科版，1999（9）.

［13］国云丹. 国家嵌入与治理结构内部的摩擦——一个浦东国际社区的社区治理［D］. 上海：复旦大学，2004.

［14］何海兵. "国家—社会"范式框架下的中国城市社区研究［J］. 上海行政学院学报，2006（7）.

［15］何艳玲. 西方话语与本土关怀——基层社会变迁过程中"国家与社会"研究综述［J］. 江西行政学院学报，2004（1）.

［16］何艳玲，蔡禾. 中国城市基层自治组织的"内卷化"及其成因［J］. 中山大学学报（社会科学版），2005（5）.

［17］何艳玲. 都市街区中的国家与社会：乐街调查［M］. 北京：社会科学文献出版社，2007.

［18］侯伊莎. 透视盐田模式：社区从管理到治理体制［M］. 重庆：重庆出版社，2006.

［19］［美］杰弗里·菲佛，杰勒尔德·R. 萨兰基克. 组织的外部控制：对组织资源依赖的分析［M］. 上海：东方出版社，2006.

［20］路风. 单位：一种特殊的社会组织形式［J］. 中国社会科学，1989（1）.

［21］路风. 中国单位体制的起源和形成［J］. 中国社会科学季刊（香港），1993（冬季号）.

［22］李汉林. 中国单位现象与街区的整合机制［J］. 社会学研究，1993（3）.

［23］李景鹏. 城市社区建设中的目标选择与"行政推动"［J］. 北京行政学院学报，2001（1）.

［24］李路路. 中国的单位现象与体制改革［J］. 中国社会科学季刊，1993（5）.

[25] 李友梅. 基层社区组织的实际生活方式——对上海康健社区实地调查的初步认识[J]. 社会学研究, 2002 (4).

[26] 李辉. 社会报酬与中国城市社区积极分子——上海市S社区楼组长群体的个案研究[J]. 社会, 2008 (1).

[27] 李友梅. 城市基层社会的深层权力秩序[J]. 江苏社会科学, 2003 (6).

[28] 李友梅. 基层社区研究提问法及其变化[M]//李友梅, 孙立平, 沈原. 当代中国社会分层: 理论与实证. 北京: 社会科学文献出版社, 2006.

[29] 林尚立. 社区民主与治理: 案例研究[M]. 北京: 社会科学文献出版社, 2003.

[30] 刘继同. 从居民委员会到社区委员会: 内源性革命与民间社会的兴起[J]. 社会科学辑刊, 2003 (4).

[31] 刘威. "制造典型": 邻里政治实践的日常生活逻辑[D]. 长春: 吉林大学, 2009.

[32] 刘伟. 后全能主义与中国社会的自组织状况[C]. "和谐: 中国的价值" 全国高校政治科学类学术研讨会论文集, 上海, 2006.

[33] 马卫红, 桂勇, 骆天钰. 城市社区研究中的国家社会视角: 局限、经验与发展可能[J]. 学术研究, 2008 (11).

[34] 孟伟. 日常生活的政治逻辑——以1998—2005年间城市业主维权行动为例[D]. 武汉: 华中师范大学, 2006.

[35] [法] 米歇尔·克罗齐耶, 埃哈尔·费埃德伯格. 行动者与系统: 集体行动的政治学[M]. 李友梅, 张月, 等译. 上海: 上海人民出版社, 2007.

[36] 荣敬本. 从压力型体制向民主合作体制的转变[M]. 北京: 中央编译出版社, 1998.

[37] 宋显晖. 攻坚共治共享幸福社区[N]. 珠海特区报, 2011-03-20.

[38] 孙立平, 郭于华. "软硬兼施": 正式权力非正式运作的过程分析[M]//清华大学社会学系. 清华社会学评论 (特辑). 厦门: 鹭江出版社, 2000.

[39] 汤艳文. 不完全契约形态: 转型社会的社区治理结构[J]. 上海行政学院学报, 2004 (2).

[40] 汤艳文. 利益平衡: 契约形态与治理过程[M]//林尚立. 社区民主与治理: 案例研究. 北京: 社会科学文献出版社, 2003.

[41] 童世骏. 文明社区的时代特征[J]. 社会, 1997 (9).

[42] [美] W. 理查德·斯格特. 组织理论[M]. 黄洋, 等译. 北京: 华夏出版社, 2002.

[43] 王敬尧. 参与式治理: 中国社区建设实证研究[M]. 北京: 中国社会科学出版社, 2006.

[44] 吴飞. 中国农村社会的宗教精英——华北某县农村天主教活动考察[J]. 战略与管理, 1997 (4).

[45] 吴永红. 非对称性依赖结构下的居委会及其行动策略[D]. 上海: 上海大学, 2009.

[46] 项飚, 宋秀卿. 社区建设和我国城市社区的重构[J]. 战略与管理, 1997 (6).

[47] 徐道稳. 城市社区建设: 市民社会的实践[J]. 学术论坛, 2003 (2).

[48] 萧凤霞. 二十载华南研究之旅[M]//清华大学社会学系. 清华社会学评论 (总第3

期). 北京: 中国友谊出版公司, 2001.

[49] 熊易寒. 社区选举: 在政治冷漠与高投票之间 [J]. 社会, 2008 (3).

[50] 徐珂. 居委会能成为社区居民自治组织吗? [J]. 社会, 1998 (10).

[51] 徐晓军. 城市社区自治: 权力矛盾及其协调 [J]. 广东社会科学, 2005 (1).

[52] 杨敏. 公民参与、群众参与与社区参与 [J]. 社会, 2005 (5).

[53] 于显洋. 单位意识的社会学分析 [J]. 社会学研究, 1991 (5).

[54] 于显洋, 王红英. "业主委员会"引发的社会学思考——社区基层组织研究 (之一) [J]. 中国民政, 2000 (10).

[55] 于显洋. 城市社区管理与自治组织的发展 [J]. 新华文摘, 2002 (9).

[56] 张静. 政治社会学及其主要研究方向 [J]. 社会学研究, 1998 (3).

[57] 张静. 国家与社会 [M]. 杭州: 浙江人民出版社, 1998.

[58] 张静. 社区建设中政府、市场与社会的领域划分及其制度保证 [J]. 天津社会科学, 2004 (5).

[59] 张静. 培育城市公共空间的社会基础——以一起上海社区纠纷案为例 [J]. 法治论丛: 上海政法学院学报, 2006 (2).

[60] 张乐天, 杨雪晶. "友情"操作: 某国际化社区居委会的治理策略 [J]. 上海市城市管理职业技术学院学报, 2003 (12).

[61] 张兆曙. 非常规行动及其后果: 一种社会变迁理论的新视域 [M]. 北京: 中国人民大学出版社, 2009.

[62] 朱健刚. 城市街区的权力变迁: 强国家与强社会模式——对一个街区权力结构的分析 [J]. 战略与管理, 1997 (4).

[63] 朱健刚. 国家、权力与街区空间: 当代中国街区权力研究导论 [J]. 中国社会科学季刊, 1999 (26、27).

[64] 朱健刚. 国与家之间: 上海邻里的市民团体和社区运动的民族志 [D]. 香港: 香港中文大学, 2002.

[65] Brinton M C, Nee V (ed). The New Institutionalism in Sociology [M]. Stanford, Calif.: Stanford Universtiy Press, 2001.

[66] Ingram P, Clay K. The Choice – Within – Constraints New Institutionalism and Implications for Sociology [J]. Annual Review of Sociology, 2000 (26).

[67] Kooiman J (ed.). Modern Governance: New Government – Society Interactions [M]. London: Sage, 1994.

[68] Liu C. The Emerging Community Regime: A Case Study of Neighborhood Governance Formation in Shanghai (1996 – 2003) [D]. City University of Hong Kong. Ph. D. dissertation. Department of Applied Social Studies, 2005.

[69] Pan T S. Neighborhood Shanghai: Community Building in Bay Bridge [D]. Harvard University Department of Anthropology, Ph. D. dissertation, 2002.

[70] Peng B. Democracy, Governance and Party Legitimacy: A Study of the Neighborhood in

Shanghai [D]. Nordic Association for China Studies, 2002.
[71] Read B L. State, SocialNetworks and Citizens in China's Urban Neighborhoods [D]. Harvard University Department of Government, 2003.
[72] Read B L. Democratizing in Neighborhood? New Private Housing and Homeowner Self-Organization in Urban China [J]. The China Jorunal, Issue, 2003 (49).
[73] Rhodes R. The New Governance: Governing Without Government [J]. Political Studies, 1996 (44).

中山和谐社区建设：城乡一体化的先行者

邓智平*

改革开放以来，中山市走出了一条独特的工业化、城镇化道路，即在乡村就地工业化、城镇化，从而大大促进了城乡一体化进程。早在1987年，中山提出"在城乡建设的布局上，要按照城乡一体化的要求，推进城乡建设"。2000年，提出"加快小城镇建设，推进城乡一体化进程"。2001年，中山正式启动了"村改居"工作，截至2014年3月底，中山市共有114个村委会实行了"村改居"，火炬区、石岐区、东区、西区、南区、小榄镇、南头镇7个镇（街道）已全面完成"村改居"工作。2013年末，中山市常住人口317.39万人，其中户籍人口154.09万人，城镇化水平88.0%，城镇居民人均可支配收入34274元，农村居民人均纯收入21727元，城乡收入比为1.58∶1，城乡收入差距为广东全省最小。

一、社区的基本状况

目前，中山全市共有村（居）277个，其中，村民委员会150个、社区居委会127个。从村（居）管理架构的设置和运作机制来看，大体可分为城乡两个大类、四种小类。

（一）纯城镇社区型

纯城镇社区型主要指主城区居委会及镇（区）政府所在地社区居委会，共34个，占村（居）总数的12.3%。包括石岐区大部分社区，东区的花苑、竹苑、夏洋社区，西区的西苑、烟洲、彩虹社区，各镇（区）政府所在地的社区，等等。这类社区城市化改造彻底，没有集体经济组织，实行在党组织领导下的社区居委会治理；基本公共产品与公共服务经费纳入镇（区）财政预算，由镇（区）财政统一拨付。纯城镇社区型社区的主要优点为：有利于扩

---

* 邓智平，广东省社会科学院现代化发展战略研究所所长、研究员。

大社区服务的覆盖面,将辖区内所有居民,包括户籍居民和非户籍居民,一视同仁地纳入社区管理与服务。其不足在于:"两委"干部容易产生身份错位,居民自治的权利被虚化,等等。

(二)政经分离的"村改居"城镇社区型

政经分离的"村改居"城镇社区型主要是指在中心城区城镇化过程中部分已实施"村改居",但仍保留集体经济组织的社区居委会,共29个,占村(居)总数的10.5%。包括开发区、东区的大部分社区,石岐区的部分社区。这类社区的基层组织以党组织为领导核心,经联社与社区居委会分离,经联社独立经营集体资产,其经营收益归股民所有,不承担社区公共产品与公共服务等社会职能。政经分离型社区的主要优点在于:一是有利于理顺基层治理关系,维护社会稳定。党组织、自治组织、经济组织三者分离,有效隔离各领域矛盾,大大降低了各类矛盾叠加放大的可能。二是有利于推动集体经济发展和壮大。经联社独立后,使有条件的集体经济组织逐步建立与市场经济相适应的法人治理结构成为可能,促进了集体资产管理运作效率的提高。三是有利于促进公共服务均等化。既确保股东的利益不受非股东侵犯,又保证非股东的基本公共权益和村(居)公共决策不被股东利益所"绑架",为包括非户籍人口在内的全体居民共享公务服务提供了重要机制平台。其不足在于:村(居)"两委"不直接掌管集体经济,党组织的领导地位削弱,自治组织的作用和威信有所下降。

(三)尚未政经分离的"村改居"城镇社区型

尚未政经分离的"村改居"城镇社区型主要是指在快速城镇化过程中,部分镇区的行政村虽通过"村改居"变成了社区居委会,但停留在改名称、转身份阶段,仍然沿袭原行政村运行机制的村(居),共64个,占村(居)总数的23.1%,占社区居委会总数的50%。主要包括小榄、东升、港口、南头等镇的大部分社区。这类社区基层组织以党组织、居委会、经联社为主体,经联社置于社区管理框架内,由社区村(居)"两委"对其行使经营管理权。经联社承担社区公共产品与公共服务经费,履行相应的社会职能。村改居城镇型社区的主要优点在于:有利于减轻镇(区)财政负担。其不足为:一是村(居)干部常一人兼任多个职务,缺乏有效监督,容易产生贪腐行为;二是村(居)"两委"主要精力用于发展壮大集体经济和集体资产的保值增值,容易弱化社会管理和社会服务职能;三是村(居)公共服务均等化程度不高。由于集体经济组织的封闭性,社区服务项目对非户籍居民投入不多,公共服务均等化程度与期望差距较大。

（四）农村社区型

农村社区型主要是指尚未实行"村改居"的 150 个行政村，占村（居）总数的 54.2%。这些村（居）大多在经济欠发达镇区，其基层组织主体为党组织、村委会、集体经济组织、社区服务中心。党组织是领导核心，村委会是村务政务工作主体，集体经济组织承担村党组织和村委会运作经费，社区服务中心以政府购买服务的形式提供村（居）公共服务。农村社区型社区的主要优点是：有利于吸引经济能人回村任职，有利于壮大和发展村集体经济，提高农民收入。其不足之处是：村级党组织、村（居）委会、社区服务中心、集体经济组织四者之间关系重叠，分工不明确，村委会担负了自治职能（含村务管理）、行政协管职能和经济职能，由于发展经济的任务相对较重，在一定程度上影响其基本公共服务供给的效率与质量。

二、和谐社区建设的创新做法与主要成就

近年来，中山市以包容增长理念为引领，扎实有效地破除城市人与农村人、本地人与外地人双重二元结构的制度性障碍，逐步实现了全民共享经济发展成果、全民共享基本公共服务、全民共享平等发展机遇。

（一）扎实推进城乡一体化

中山市在推进城镇化进程中，采取切实措施着力推进城乡规划建设、产业布局、公共服务、社会保障和社会管理"五个一体化"，率先在广东全省形成城乡一体化的经济社会发展机制和管理体制。

1. 推进城乡规划建设一体化

一是统一城乡土地利用规划。将全市 1800 平方公里土地全部纳入整体规划，实行统一调控和开发利用。二是统一城乡发展规划。实施"一区一圈四组团"发展战略，"一区"是火炬高技术产业开发区，"一圈"是以中心城区为核心"半小时经济圈"，"四组团"是将全市划分为西北部、东部、南部和中部四个组团发展，引导城乡发展空间有序融合。三是统一城乡基础设施建设。全市所有行政村实现了通公路、通电、通邮、通宽带、通电话、通广播电视、通自来水和垃圾集中处理、道路硬底化。全市所有镇通过全国环境优美乡镇省级验收，中山也成为全国首个生态市。

2. 推进城乡产业布局一体化

一是特色产业集群覆盖城乡。全市已建成 28 个国家级产业基地和 15 个省级专业镇、6 个现代农业示范园区和 19 个农业标准化示范区，基本形成了横跨全市和带动城乡共同发展的产业集群。二是生产要素覆盖城乡。中山着力引导城市资金、技术、人才、管理等生产要素向农村扩散，近年来引入 10 多家国内外金融机构进驻中山，新成立 3 家村镇银行和 10 多家小额贷款公司，有力推动了城乡经济的互动发展。三是财富收入覆盖城乡。目前，全市超过 80% 的农村从业人员从事第二、第三产业，农村居民收入 78% 以上来源于非农产业，实现所有行政村集体经济年收入超过 100 万元。

3. 推进城乡公共服务一体化

一是公共财政城乡共享。近年市财政六成、新增财力七成投入城乡基本公共服务和公共产品，基础设施建设和社会事业经费实现了向农村倾斜。二是教育文化服务城乡共享。成功创建省教育强市，全市所有镇区成为省教育强镇，高等教育毛入学率 55.5%，达到发达国家标准。镇镇建有图书馆和健身广场，村村建有农家书屋和健身园，成为广东省唯一全部镇区文化站达到省特级以上标准的城市。三是公共卫生服务城乡共享。建立起市镇村三级公共卫生服务网络，全部镇区成为国家或省级卫生镇，村村建有卫生站，基本实现"小病在家门、大病住医院、康复回社区"。

4. 推进城乡社会保障一体化

一是城乡居民社会保险逐步并轨。目前城乡居民养老保险实现所有自愿参保人员全覆盖；住院保险和门诊保险基本实现全覆盖，农民住院报销最高可达 17 万元。二是城乡社会救助实现并轨。"五保"供养标准和城乡低保水平不断提高，全市城乡低保统一为 480 元/月。三是城乡劳动培训就业制度实现并轨。建立市镇村三级就业服务网络，把就业向城乡延伸，实现每个城乡居民都有一份养老保险、一份医疗保险、一个就业创业机会，中山成为全国十大"最具幸福感城市"之一。

5. 推进城乡服务管理一体化

一是农村管理体制实现新突破。全市已基本完成农村股份合作制改革，超过 80% 的村（居）实行村级统一核算，127 个行政村实现"村改居"。二是农村居住模式实现新突破。大力推进农村新型居住小区建设，规范社区物业管理。目前，全市已建成 20 个农村居民集中居住小区。三是治安防控模式实现新突破。基本建成覆盖城乡的社会治安管理体系和治安视频监控系统，城乡社会治安统一管理，市民安全满意率连年超过 91%，成为广东省唯一一个连续三次获得社会管理综合治理最高奖项"长安杯"的城市。

（二）加快促进本地人和外地人的融合

1. 探索积分制管理办法，畅通新中山人身份进城的渠道

2010年，中山市率先探索实施异地务工人员积分管理制度，建立了异地务工人员有序融入城市的制度性通道。探索社区治理新机制，畅通新中山人参与社区建设的渠道。2012年，中山市出台《关于深化农村综合改革促进社会融合的意见》（中委〔2012〕18号），要求在异地务工人员较多的村设立特别委员，由异地务工人员担任，代表异地务工人员参加村委会重大事务讨论；设立社区建设协调委员会，将本村异地务工人员纳入协调委员会，发挥异地务工人员在社区建设中的作用。

2. 探索基本公共服务均等化供给机制，畅通新老中山人共享发展成果的渠道

2013年，中山市出台《关于拓展异地务工人员享受公共服务广度和深度的意见》（中委〔2013〕7号），稳步推进全市常住人口基本公共服务均等化，以更加宽容、开放的姿态，在自身可承受能力范围之内，为异地务工人员提供服务。2014年出台了《中山市2014—2016年公共服务均等化方案》，有序完善公共服务体系，稳步推进教育、卫生、住房、就业等更多的公共服务向异地务工人员覆盖，进一步缩小城乡差别，逐步实现全市社会福利公平公正分配。

3. 探索开展全民修身行动，畅通新中山人心理融合、文化融合的渠道

中山市在推进社区治理过程中，不仅重视社区硬件建设，也非常重视社区软件建设，重视社区精神文明建设。依托社区搭建新老中山人文化交往和融合平台，涌现出三乡打工者艺术团、舞蹈《流动娃》等基层文化典型和精品，提升新老中山人的社会认同感和归属感。2011年，中山还首创性地开展全民修身行动，其中针对异地务工人员开展了新老中山人融合行动，作为十大行动计划之一。近三年，全市开展异地务工人员综合素质教育培训近180万人次。

（三）努力构建现代社区治理体系

1. 树立全民参与、全民覆盖社区治理理念

近年来，中山市以建设幸福和美中山共同事业感召人、动员人、鼓舞人、激励人，最大限度地调动和发挥每个中山人的积极性、主动性和创造性，最大限度地团结和凝聚社会各个层面的智慧力量。在社会治理和社区建设中注重全民参与、全民覆盖，打造"全民牌"，团结一切积极力量，调动一切有利因素，汇聚一切社会资源，努力形成全市上下心往一处想、劲往一处使的生动局面。从全民修身、全民创文、全民绿化、全民治安到全民禁毒，从慈善万人行到创建无"医闹"、娱乐场所无"三害"城市等行动，都冠以"全民"，努力让全体市民齐心参与、共同努力。这是创新社会治理的题中应有之义，也是社区治理的基石和根本。

2. 建立健全"一核多元"社区治理结构

中山市以推进农村综合改革为突破口，以优化农村基层组织机构设置为重点，搭建以社区党组织为核心，社区建设协调委员会为社区议事机构、社区居委会为社区事务执行机构，社区集体经济组织、社区事务监督委员会、社区服务中心、社区辖区企事业单位、社区其他社会团体等多元主体共建共治的社区治理结构（图1），努力构建"党建引领、村民自治、协同共治、强化监督、提升效能"的社区治理新格局。

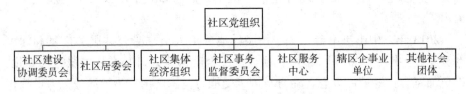

图1 "一核多元"社区治理结构

3. 形成"一加强、三分、三化"治理路径

"一加强"，即加强基层党组织统揽全局的能力。创新党的基层组织设置形式，将村（居）党支部升格为村（居）党总支，符合条件的可升格为党委。在村（居）委会、社区服务中心、集体经济组织、村（居）民小组、辖区内企业、行业协会、异地务工人员社团等社会组织中设立党支部，把党组织延伸至所有基层组织，党员管理延伸到户籍党员和非户籍党员，实现基层党组织和党员管理服务全覆盖。创新农村党组织生活方式，探索建立农村网络党支部，利用互联网等现代化手段，加强农村党员的教育管理。异地务工人员集中的村（居）党总支，根据工作需要，安排1名异地务工人员的党员担任党总支委员。

"三分"，即政经分离、政社分离、议行分设。一是积极探索政经分离，将社区集体经济组织发展与社区服务管理相分离。2004年以来，中山市东区、火炬开发区等镇区积极探索推进"政经分离"改革，通过适度调整农村组织机构设置，理顺基层党组织、村（居）民委员会和农村集体经济组织三个组织关系，推动农村自治组织与经济组织分离，着力探索农村体制从政经结合型向突出核心、政经分离型转变，使得村干部回归社会管理和服务、经济组织回归市场。2012年，中山市出台《中山市深化农村综合改革工作方案》（中委办

〔2012〕41号），积极推进以"政经分离"为重点的农村综合改革，逐步把基层自治职能和社会管理服务职能与经济管理职能分离，实现选民资格、组织功能、干部管理、账目资产、议事决策"五分离"。二是努力推进政社分离，将社区政务服务与社区自治服务相分离。中山市把解决居委会"行政化"倾向与拓宽社区服务管理对象相结合，规范村改居社区行政事务配置，促进社区服务减负增效，逐步探索出社区建设"2+8+N"模式["2"是指社区服务中心和社区建设协调委员会；"8"是指社区服务中心内设环卫监督、农技服务、文体活动、治安警务、计生卫生、法律服务、志愿服务、公益服务8个站（室）；"N"是指社区根据自身需要发展，自主发展的曲艺社等社区团体]。主要做法包括：清理社区社会行政管理事务，清理组织机构40多个，压缩到8个左右；清理承接职能70多项，精简到50项左右；按照统一服务标识、统一项目设置、统一运行流程、统一服务规范的要求，实体化推进社区服务中心标准化建设；逐步实现社区服务中心工作人员按照辖区常住人口和工作量定编，服务中心工作人员面向常住人口公开招聘，打造承接政府下放职能、覆盖实有人口的扁平化服务平台。2011年，中山市被民政部命名为"全国农村社会建设实验全覆盖示范单位"。三是不断加快议行分设，实现社区治理议事机构与社区自治服务机构分开设置。以社区建设协调委员会为社区公共议事平台，社区建设协调委员会成员包括村居"两委"成员、党代表、人大代表、政协委员、辖区企事业单位、本地村（居）民，优秀异地务工人员等不同阶层、不同群体的代表。探索建立村（居）重大事务由全体居民协商、参与、监督的制度，完善议事规则、会议制度等，对村（居）重大事项进行参谋议事，引导全体居民共同参与村（居）服务管理。社区建设协调委员会由村（居）民代表选举产生，委员每届任期三年，主任一般由社区党组织书记兼任。社区居民委员会在党组织的领导下，按照自我管理、自我教育、自我服务、自我监督的原则管理社区内的公共事务。同时，探索社区特别委员制度。特别委员由村（居）代表或辖区异地务工人员推荐，经村（居）民代表大会选举产生。探索建立了"驻、访、议、督"四位一体工作法。"驻"，即驻室接见，根据工作需要，各村（居）为特别委员提供工作室，接待来访群众，接受电话咨询和情况反映；"访"，即走访调查，定期深入异地务工人员集中的企业、居住区，将异地务工群体最关心、最迫切的利益诉求向"两委"反映；"议"，即参与议事，村（居）委会讨论异地务工人员相关议题时，必须邀请特别委员参加，特别委员将收集的热点问题提交村（居）委会讨论；"督"，即督查落实，特别委员对村（居）民代表大会、村（居）委会有关异地务工人员服务管理事项，有权进行跟踪督查。2013年，全市200多名特别

委员参加村（居）委会议400多次，参与涉及异地务工人员权益事项讨论500多项。特别委员制度实施以来，引起社会广泛关注，入选2013年广东省社会建设十大亮点。

"三化"，即社区治理法治化、社区服务社会化、社区建设信息化。其中，社区治理法治化是指建立行政管理事项社区准入制度，不断完善村（居）民主选举制度、民主决策制度、民主管理以及民主监督制度，确保社区治理有法必依、有章可循；社区服务社会化是指以政府购买服务为引导，动员社会力量参与社区服务，为社区居民提供有偿和无偿等多种服务，满足社区居民多层次社会需求；社区建设信息化是指以现代信息技术为手段，以个人网页、企业网页、政务网页为基础，促进社区服务标准化、便捷化、公众化、透明化。

三、存在的问题与不足

虽然中山在社区基层治理创新方面进行了诸多卓有成效的探索，但与党的国家治理体系和治理能力现代化的要求相比，与广东"三个定位、两个率先"的总目标相比，仍然存在较大差距。调研中，广大领导干部和群众反映突出的问题主要有以下五点。

（一）政经事务分离有待深化

中山市在城镇化过程中，部分镇区的行政村通过"村改居"变为社区居委会，但仍沿袭原行政村的运行机制。基层组织以社区党组织、居委会和经联社为主体，经联社处于社区管理框架之内，由社区党总支（或支部）委员会、居委会"两委"对其行使经营管理权。此类社区"两委"干部一人兼任多个职务，缺乏有效的监督，容易产生腐败行为。且"两委"仍然沿袭乡村社区的做法，将主要精力用于发展壮大集体经济和集体资产的增值保值，有悖于城镇社区中"两委"的职能定位，容易弱化社会管理和社会服务的职能。

（二）公共财政社区覆盖不足

长期以来，我国实行城乡公共服务二元投入体制，城市公共服务由财政负担，农村公共服务则依靠农村集体经济投入。近年来这一局面虽有所改善，但政府公共财政向农村覆盖仍然不足。集体经济要承担大量的行政管理和公共服务支出。例如，2013年中山市平均每个村（居）集体承担管理费用284万元，比2012年同期增长20.33%。一些经济实力不强的村被迫负债。2013年中山全市村级集体负债总额104.63亿元，比上年增加29.61亿元，增长39.47%，

240 个村级集体经济组织平均负债 4359 万元。此类社区若长期得不到政府公共财政的支持，集体经济发展水平将难以支付社区治理所需开支，居委会将难以承受社区公共服务的压力，社区内集体经济组织成员与非成员之间的矛盾也会日益加深。

（三）住宅基地分配存在分歧

伴随着土地价值的不断攀涨，社区中由宅基地分配引发出矛盾。相当部分农村缺乏统一的规划，村民建房随意性大，"有新屋无新村、有新村无新貌"现象较普遍，违规建房查处难度大，农民则因宅基地不符合规划导致办证难；有的地方暂停或长期不审批宅基地，导致村民分不到宅基地；多数农民建新房后不愿拆除旧房，宅基地闲置、超面积标准和一户多宅现象普遍；宅基地流转逐年增多，有的甚至私下流转给城镇居民。

（四）就业参与程度有待提升

城镇化和现代化过程中，如何保障"村改居"居民的就业和经济收入来源是确保"村改居"后长治久安的关键。由于长期以来农村教育培训水平相对落后，使得"村改居"居民的技能素质普遍偏低。尤其是年纪较大的居民，往往只能从事农业生产和简单的体力劳动。"村改居"后，居民大都无法继续从事农业生产，又缺乏有效的技能适应新的城市工作，是一个值得引起高度重视的根本性问题。

（五）居民心理城镇融入缓慢

在实施"村改居"之前，部分村民对"村改居"缺乏必要的认识，认为"村改居"是政府和少数村干部的主动行为，改与不改意义不大。在实施"村改居"之后，新居民（即原村民）大都不愿放弃原来享有的各种优惠政策，当按政策规定需要终止对他们的相关优惠政策时，必然引发他们强烈的反弹，这就会使他们对"村改居"产生一定的排斥和质疑。此外，有些社区在实施"村改居"之后，只是身份发生了变化，居民在生活方式和思想意识上仍然停留在原来的基础上，真正的城市居民意识比较淡薄。更为令人忧虑的是，由于"村改居"的社区居民可以得到数量可观的集体经济收入分红和房屋出租收入，许多居民参与城市就业的积极性不高，存在在家等、靠、要的现象。

四、相关对策建议

社区治理是国家治理的重要内容。要紧紧围绕推进国家治理体系和治理能力现代化与"三个定位、两个率先"的总目标，按照"党委领导、政府负责、社会协同、公众参与、法治保障"的要求创新治理体制，按照"系统治理、依法治理、综合治理、源头治理"的要求改进治理方式，通过抓人才、抓经济、抓阵地、抓机制、抓文化等"五个抓"，把基层治理作为党政领导一把手工程，强化顶层设计，狠抓部门联动，重构基层组织体系，突出考核激励，加大对基层政策倾斜力度，加大人财物的投入，强化基层党的领导和驾驭全局的能力，发展基层民主，激活社会自治功能，促进群众依法自我管理、自我服务、自我教育、自我监督，实现政府行政管理和社会自我调节、居民自治管理良性互动，确保基层有人干事、有钱办事、有人管事，实现基层长治久安。结合中山实际，要着重从以下五个方面下功夫。

（一）深化集体经济产权制度改革

1. 逐步赋予股民个人完备产权

农村社区型股份合作制是农村传统集体经济产权制度的一项创新，但是社区型股份合作的产权制度一般都规定个人对分配的股份只拥有名义上的所有权，只能据此参与分红和有限的管理（一人一票），没有处置权，不能转让、买卖、抵押，甚至不能继承。按照产权理论，完备的产权应是一束权利的集合，至少包含使用权、收益权和处置权。产权是否完备，除了要看权利束的结构，还要看所有者是否能够充分地行使产权（傅晨，2003）。也就是说，现有社区型股份合作制个人的分配股权，显然是不完备的，或者说是严重残缺的。这种不完备的产权制度安排不仅给掌握集体经济实际经营权和控制权的村干部腐败寻租的空间，而且阻碍了"村改居"社区居民的彻底城市化。未来的改革方向应该在坚持股份固化（生不增、死不减）的基础上，逐步让股民个人对集体经济享有完备产权，建立对集体资产股份的占有、收益、有偿退出机制，开展集体资产股份抵押、担保、继承改革试点，逐步实现社区型股份合作制转向企业型股份合作制。对于留有集体股的"村改居"社区，要逐步缩小集体股所占比重直至取消，让农民获得对全部集体财产的股份。要在产权完备清晰的基础上，建立健全股权有序流转机制。对于"村改居"社区集体经济组织享受的税收等政策优惠，应从省级层面乃至国家层面立法，设立过渡期，过渡期结束按照市场经济组织（公司）的要求照章纳税。此外，要探索建立集体经济结业解体的方式途径，逐步使"村改居"后的农民摆脱土地束缚，尽快融入城市生活。借鉴石岐区办事处南下社区的做法和经验，集体经济组织在解体前安排专款为全体股民购买养老、医疗、失业等社会保险，确保村民在"村改居"后的公益保障。要加强对集体经济组织的监管，制定出台集体经济组织负责人选举、罢免的指导性规范，开展任期经济责任审计。

2. 建立健全股权有序流转机制

可流转是完备产权的根本标志之一。长期以来，农村社区集体经济产权不流动不仅带来地缘的封闭性和社区福利主义，而且使产权不可行使，因此，社区集体财产以股份形式（有偿或无偿）量化固化给个人后的流转势在必行。要在产权完备清晰的基础上，探索建立农村产权流转交易市场，构建农村产权流转交易信息网络平台和数据库系统，实现信息发布、业务管理、网络竞价交易等核心功能，推动农村产权流转交易公开、高效、规范化、信息化运行。要规范股权继承、转让和赠与等流转原则和办理程序，完善有偿购股、项目入股等有序流转方式。要拓宽入股渠道，发行募集股，因地制宜地化解、疏导新增人员的股权诉求，妥善解决集体经济组织利益分配问题。要探索股权向社区外其他成员转让流动机制，进一步激发集体经济活力。要合理制定外部人持股的比例，区别内部成员和外部成员持有股份的权利，从制度上保证社区成员的主体地位。一般来说，在持股比例上，外部人持股的比例应以不能控制合作社为限。在股权权利上，内部成员的持股为普通股，具有选举权和被选举权，参与决策管理，利率不固定，利益共享，风险共担；外部成员的股份为优先股，股息率固定，优先分红，在企业清算时具有优先索偿的权利，但不具有选举权和被选举权，不参与管理。

（二）深化公共服务供给体制改革

1. 实现公共服务供给城乡一体

市、镇两级政府要逐步将社区公共服务的供给纳入公共财政的覆盖范围。特别是要把"村改居"社区范围内的市政设施建设、环境卫生管理、治安保卫、义务教育、基层医疗卫生机构纳入城市统一管理，由相关部门按城市现行的管理要求和收费标准执行。要实行"村改居"社区居民的电费、水费、电视收视费与城市居民实行同网同价。要进一步完善城乡一体的社会保障体系，研究解决社保缴费标准提高后集体经济负担过重的问题，集体经济不应承担股民个人缴费部分，集体经济解体前要预留社保缴费基金。集体经济组织与自治组织分离后，"村改居"社区"两委"办公经费和成员薪酬也应纳入公共财政预算开支。要加强社区服务中心等综合服务管理平台建设，为社区居民提供一站式的便捷政务和公共服务。

2. 增强社区公共服务供给能力

考虑到中山"重心向下"的特殊的经济发展模式，村（居）集体经济一般具备较雄厚的经济实力，过去基层的社会事业和公共设施等领域也主要由村（居）负责，短期内由镇财政全部接管"村改居"社区的公共服务供给并不现实。因此，建议采取分步走、逐步过渡的方案实施。如设立一定的过渡期，在过渡期内，公共服务和公共产品供给的费用按照两个"一点"（即镇财政拿一点，"村改居"社区出一点）的政策执行。但是，政府财政承担的比例应该逐年提高，逐步将由原来的以集体经济投资为主转变为以政府投资为主。针对调研中许多镇街反映镇街财力有限，难以承担"村改居"社区公共开支的情况，要结合深化简政强镇事权等改革，加大简政放权力度，及时调整中央、省、市、镇财政分配体制，提高镇（街）税收分成比例，增强基层政府社会管理和公共服务能力。

（三）破解二元用地模式发展困局

1. 深化土地管理制度改革

土地问题一头联农村，一头联城市，是推进城镇化绕不过的"深水区"。可以说，城镇化进程乃至经济社会发展中出现的许多重大问题都跟"城市土地国有，农村土地集体所有"的二元土地制度密不可分。现有"二元用地"模式降低了土地利用效率，扭曲了经济结构和城市功能，阻滞了城镇化进程。可见，破解用地二元的制度瓶颈，是提升"村改居"社区治理水平和城镇化质量的重大战略路径选择。根据"村改居"社区的不同类型和实际情况，建议采取两种办法促进土地非农化向土地城镇化转变。一是加速"村改居"社区集体土地国有化。农村集体土地国有化是城市化的必然要求。调研发现，越是土地征用较多的"村改居"社区，向城市社区的转变越是彻底，如东区的齐富湾社区和石岐的南下社区；而小榄、东升等地的"村改居"社区由于土地没有征用，"村改居"基本流于形式。只有斩断与土地的联系，农民才能彻底城市化。但是，征地是需要成本的。因此，可以优先征用市或镇中心城区附近的集体土地，在财力许可的情况下，建议趁早将较多的集体土地转为国有土地。要完善征用土地的返还标准，超标的要收回，不足的要补够。对于土地基本征收完毕的"村改居"社区，要在集体经济组织解体之前，把剩余的道路用地、宅基地、社区公共设施用地全部转为国有，防止集体经济组织解体后找不到征收主体的情况。当然，宅基地上的住宅如上市交易，要补缴土地出让金。二是大力推进集体建设用地使用权流转工作。对于暂时不能转化成国有的集体土地，应以"淡化所有权，强化使用权"为方向，借鉴南海等地"集体用地直接入市"、成都集体建设用地"准国有土地交易"的做法，以集体土地和国有土地"同地同权同价"为发展方向，以缩小二元土地制度性差价为切入点，大胆探索集体生产性建设用地直接入市交易和参与城镇建设的新模式，也为下一步土地市场一元化建设奠定基础。这方面的探索需重点攻克三大难点：①确定集体建设用地的使用权益；②创设集体土地的金融物权属性，如抵押、继承等；③明晰集体建设用地的主体权利与治理结构，对集体建设用地的市场运作主体、股权结构、收益分成等作出明细规定，这些是集体土地走向市场化的重要环节。

2. 提升土地资源利用效率

要以提高农村土地集约节约利用为目标，编制农村土地整治专项规划，开展集体土地综合整治。要大力发展现代农业，扶持壮大农业龙头企业、专业经营大户和农民专业合作组织，促进农用地适度规模经营。要抓好农村集体土地房产确权办证工作，针对村（居）民或集体经济组织办理房地产登记业务增设绿色通道，并按照规定调整相关收费。对土地上已建的违法建筑，要划定某个时间点，在该时间点之后建的坚决拆除；如果实在不能拆，要加大处罚力度。借鉴苏州经验，出台《宅基地换房土地内部流转管理办法》，修建农（居）民公寓，实行宅基地换楼房（一套甚至更多），引导有待"村改居"的农民或已经"村改居"的居民由单家独院走向集中居住。要取消"村改居"社区新的宅基地分配制度，有条件的地方可以分配或低价出售楼房给有需要的居民。同时要开展村庄整理和旧村改造，用好城乡建设用地增减挂钩政策，优化使用集中居住腾挪出来的农村建设用地。建议省有关部门认真研究制定宅基地换房的土地内部流转管理办法，逐步理顺宅基地换房后的土地流转和权属关系，同时分类计征农村居民集中建房中的税费，合理界定宅基地换房产的关系，属国家征收的税费按优惠税率计征，属于地方征收的税费尽量减收或免收。

（四）增强居民参与城市分工能力

1. 加快居民就业方式变革

居民和农民最大的差别就是就业方式。调研发现，"村改居"居民基本上不从事农业劳动，不以农业收入作为主要来源，多数靠集体分红和房屋出租，少数靠自己打工或经商经营所得（如小榄的个体工商户数与户籍人口基本持平，几乎人人创业）。中山"村改居"社区实际上已经没有农民，都已经是城市居民。但是，总体上"村改居"居民参与现代市场分工的能力仍然不强，一些人既不从事农业生产，又没有或者不愿意从事现代工业和服务业等职业，处于一种既不像工、也不像农的"两不像"状态。因此，必须在加快集体经济市场化改革的同时，积极引导"村改居"居民改变就业观念，增强就业意愿，积极参与城市职业分工。要加强宣传和舆论动员，弘扬就业创业精神，树立一批就业创业典型，营造崇尚就业光荣、创业伟大的良好氛围，重点引导"村改居"农民二代参与城市就业的意愿和能力。

2. 完善居民就业服务体系

一是要加强职业技能培训。要通过政府扶持引导，整合企业和商会资源，围绕地方优势产业集群，投资建设职业技术培训学校，开展"村改居"居民职业技术培训。要加强职业技术培训学校与行业企业的联系和交流，深化产教融合、校企合作，通过联合办学、实习基地等多种形式，把本地居民培育成为与产业转型升级相适应的劳动者和专业技术人才。改变职业技能培训补贴方式，既要补贴和奖励培训过程，更要补贴和奖励培训结果，加大对培训后获得职业资格证书和成功就业的"村改居"居民的奖励力度。特别是要鼓励本地大学毕业生就业，对进入企业就业的本地大学毕业生进行奖励或社保缴费补贴。二是要营造良好的创业营商环境。要积极引导和鼓励创业行为，形成政府激励创业、社会支持创业、劳动者勇于创业的新机制。加快出台《中山市全民创业实施意见》，健全创业服务体系，建立创业孵化基地，为创业者提供项目信息、政策咨询、开业指导、融资服务、人力资源服务、跟踪扶持等服务。要完善并落实鼓励劳动者创业的税收优惠、小额担保贷款、财政贴息、资金补贴等扶持政策，简化审批手续，严格规范收费行为，改善创业环境。三是要完善失业保障体系。要逐步将"村改居"居民纳入城镇失业保障体系，实行失业登记、领取失业保险、就业援助等与城镇居民同等待遇。

（五）促进本地外来居民融合共进

1. 推进常住人口基本公共服务均等化

要充分发挥积分制管理的引导作用，引导外来居民有序均衡地融入中山。要完善积分入户政策，逐步增加入户名额，实行全年不设受理期限的常态化工作模式，将受理申请服务窗口下移到一线企业工厂和社区；进一步放宽各类人才、投资置业和具有突出贡献人员的入户条件，建立人才入户"绿色通道"，取消高校毕业生落户限制。要健全积分享受基本公共服务制度，切实解决外来居民最关心、最直接、最现实的子女教育、住房保障、社会保险等方面的问题。积极探索积分分级优惠政策，对达到不同积分标准的人员给予不同级别的基本公共服务包。要深入开展公办学校挖潜，通过新建、改建、扩建等方式不断增加公办学校学位数量，不断提高外来居民随迁子女在流入地就读义务教育公办学校比例；对于未能在公办学校就学的，可采取政府向民办学校购买学位的方式，保障外来居民随迁子女接受义务教育的权利。要探索建立积分享有住房保障的工作模式，采取廉租住房、公共租赁住房、租赁补贴等多种方式改善外来居民居住条件。要在外来居民集中的开发区和工业园区建设单元型或宿舍型公共租赁住房，鼓励用工数量较多的企业在符合规定标准的用地范围内建设外来居民集体宿舍。可探索由农村集体经济组织利用农村集体建设用地建设公共租赁住房。要加强劳动监察和社会保险稽核，强化基金征缴，不断扩大参保缴费覆盖面，逐步提高财政对参保缴费的补贴标准，鼓励外来居民积极参保、连续参保。要创新社会救助管理体制和工作机制，促进社会救助适度延伸至外来居民。

2. 实现外来居民社区治理范式科学化

要积极构建以社区为依托的外来居民服务管理平台，逐步将外来居民和出租屋的日常管理与主要服务业务下放到社区。要探索从出租屋主、企业人事主管、物业管理人员中，聘请外来居民为出租屋服务管理兼职联络员，协助社区开展工作，全面构建政府规范化、社区服务型与外来居民参与式的新型工作模式。要强化外来居民的社会参与和政治吸纳，进一步发挥社区建设协调委员会和居委会特别委员的作用，逐步扩大直接选举范围，提高非户籍常住人口参选居委会成员和居民代表的比例。要适当增加各级党代会、人大、政协中外来居民代表（委员）的名额和比例。要做好从生产经营一线的外来居民中招考公务员和事业单位人员工作。要鼓励外来居民参加基层工会选举及担任基层工会领导职务。要促使全民修身行动更广泛地向外来居民覆盖，提高外来居民的城市适应能力，促进文化心理融合。

参考文献

[1] 傅晨. 农村社区型股份合作制研究：一个制度分析方法的阐释和运用 [M]. 北京：中国经济出版社，2003.

[2] 2013 年中山市国民经济和社会发展统计公报 [EB/OL]. http://www.zsstats.gov.cn/tj-zl/tjgb/201403/t20140319_140215.html.

广州社区"网格化管理"实践研究

韩清颖[①]

一、引言

改革开放后的中国经济和社会取得了长足进展,社会经历着转型的巨变,社会主体日益多元化,利益诉求日益多样化,由此带来了各种各样的社会矛盾和冲突。这些矛盾和冲突很多都产生和积累在城市基层。这个问题引起了中央和地方的重视。2007 年,党的十七大报告在强调改革和完善社会管理体制的同时,进一步明确指出要"健全基层社会管理体制"。2011 年 2 月 19 日,胡锦涛同志强调"扎扎实实提高社会管理科学化水平,建设中国特色社会主义社会管理体系"这一加强和创新社会管理的动员令。2011 年 3 月,第十二个五年规划提出"健全新型社区管理和服务体制,把社区建设成为管理有序、服务完善、文明祥和的社会生活共同体",又一次指出了社区管理对于加强和创新社会管理的重要性。2012 年,在党的十八大报告中,胡锦涛再次强调加强和创新社会管理要"围绕构建中国特色社会主义管理体系,加快形成党委领导、政府负责、社会协同、公众参与、法治保障的社会管理体制"。由此可以看出,社区作为社会管理中最基层的单位,它的建设牵动着社会管理和创新的神经,因此一直都是中央高度重视的话题。

社会管理体制没有一劳永逸的范本,在任何一个国家,它都在与伴随着社会的不断发展而产生的新问题不断地抗衡和调试。在中国,社区网格化管理就是基层社会管理体制创新的探索,作为一种社会管理的实践,它也经过了实验、试点和推广学习的过程。历经 10 多年的发展,网格化管理在全国很多城市都已经推广开来,毫无疑问,它掀起了城市社区管理的一场革命。

追溯社区网格化管理的历史,北京市东城区于 2004 年 10 月在全国首次启用了网格化管理系统。总面积 20 多平方公里的北京市东城区,在全区 17 个街

[①] 韩清颖,中山大学政治与公共事务管理学院,硕士。

道、205个社区划分社会管理网格588个。东城区网格化管理配备专职城管监督员，借助信息技术监控自己分管的万米单元区域。该模式运行后取得了良好的社会效益和经济效益。比尔·盖茨曾称赞此模式为世界级成功案例。见证了北京东城区社区网格化管理的巨大成功，中央决定把这个模式推广到全国。2005年，建设部选择上海市的长宁、卢湾两区，以及南京市鼓楼区等10个城市（区）先行试点。2006年，建设部将天津河西区、重庆高新区等17个城市（区）定为第二批试点。2007年，建设部确定了第三批试点的23个城市（区）。这些地区在社区管理过程中先行先试，为全国社区网格化管理模式的进一步推广提供了实践经验。在中央政府的高度重视下，地方政府竞相学习开展社区网格化管理，自2009年始，全国范围内掀起了社区网格化管理的热潮。

在以上研究背景下，本文提出了研究问题：社区网格化管理的实质到底是什么？是作为基层管理体制创新的从"管理"到"服务"的深刻转型？还是"换汤不换药"的向传统的单位制的回归——行政权力下沉到社区、行政主导型的社会控制手段？还是作为新的群众工作手段的老的维稳思路？

二、文献述评

从能检索到的文献来看，当前对社区网格化管理的研究主要聚焦在社区网格化管理的"治理"逻辑、社区网格化管理实质的争论、社区网格化管理的应用研究三个方面。

社区作为最微观、最基层的主体，其治理水平的好坏直接反映国家治理的能力，也直接决定国家治理的全局。胡钦森（1999）把社区治理视为治理的灵魂工作，原因在于社区支持和联系了地方与全球。社区网格化管理的实质究竟是什么，目前学界存在三种不同的声音。第一种声音认为网格化管理代表着新时代下基层管理体制的创新，是从"管理"到"服务"的深刻转型（竺乾威，2012）。第二种声音认为网格化管理看似是焕然一新的管理手段，实际上还没有摆脱中国传统社会控制的统治套路，它的本质仍然是政府的行政权力下沉到社区，行政主导型的社会控制手段（朱仁显，2014）。第三种声音认为网格化推行的根本目的和实质是强化基层基础建设，维护基层社会稳定，但它更侧重的角度是维稳而不是行政管理的下沉，仍然与行政主导存在差别（周连根，2014）。在探究了社区网格化的实质之后，就需要弄清楚社区网格化管理在地方政府间的扩散机理和在不同领域的推广现状。朱亚鹏（2010）曾经总结过模式扩散和政策学习的运作过程。在社区网格化管理中，党建工作的嵌入也很值得注意。赵小平（2012）以东城模式、孙肖远（2012）以南京鼓楼区的社区党建网格化为案例进行了详细的阐释,在此基础上指出了它对于社会服务管理的重要意义。而在推广应用方面,网格化管理不仅仅限于社区管理的范畴,它也被广泛应用到政府各职能部门,如安全监管、公共卫生、工商管理、公安、消防、计生等,它还可以应用到企业管理和公众互动中(齐国生,2008;查长江,2010)。

从现有文献来看,国外的学者对社区网格化管理的研究往往偏重学理性,侧重从某个理论的角度解读社区网格化管理,抑或是从应然角度提出自己的理解和展望;而国内的学者对社区网格化管理的研究较为片面,往往是基于一个角度的解读,缺少对社区网格化管理的整个运行逻辑的解释。本文在对广州市越秀区这一具有代表性区位的模范社区进行详细的实地研究的基础上,力图对社区网格化管理的运行逻辑作出尝试性的解释,以期为社区网格化管理提供学理性的指导。

三、分析框架

本文依照政策过程理论中政策执行的核心内容构建出一个统领全文的分析框架,为后文的研究提供一个分析模板。通过对广州市越秀区社区网格化管理各阶段发展状态的梳理,勾勒出其真实状态下完整的运行逻辑。

在经过初步调研之后发现,越秀区是在全市统筹部署下要求实施试点社区网格化管理的,实际上属于政策过程中政策执行的范畴。美国政策学家艾莉森曾指出,在政策目标的实现过程中,政策的制定功能占10%,其余的90%依赖于有效的执行。在政策执行中,自上而下论和自下而上论是长期论争的两个基本阵营:前者的奠基人普雷斯曼与怀尔德夫斯基提出可以分析执行过程的模型,范米特与范霍恩建构执行分析系统,巴达奇研究执行中的博弈控制;后者的创始者利普斯基论及这一方法,杰恩提出了执行结构,巴雷特和富奇探究政策与行动的关系。本文在综合各派学者关于政策执行模型的分析后,结合越秀区社区网格化管理的具体特点,提出了自己对于越秀区社区网格化管理政策执行的划分(图1)。

因此,本文以政策执行为理论框架,应用到社区网格化管理中,就是把政策执行分解为五个阶段:政策目标确定、政策资源配置、政策流程优化、政策监督控制和政策效果评估。在政策目标确定上,社区网格化管理体现为在政策问题清晰界定后政策目标的确认和政策动力的给予上;在政策资源配置上,体现为在政策实施前对自身所拥有的资源和条件进行战略分析,这里主要是对权威、资金、人员和技术系统的分析,以为政策优选提供有效信息;在政策流程

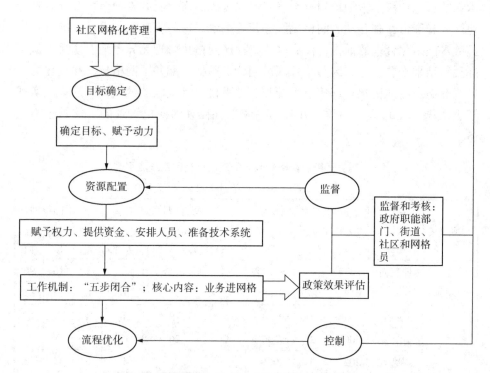

图1 社区网格化管理的"政策执行"分析框架

优化上,就是选定实施方案,设定流程和核心内容;在政策监督控制上,通过对管理和实施人员的监督和对任务完成情况的考核以实现政策目标;最后,在政策效果评估上,通过对社区网格化服务的实质效果包括对传统的行政工作和新的自治和服务工作开展情况进行客观分析,从而比较其实际运行和预期目标之间存在的差距。

四、越秀区社区"网格化管理"建设的成就

经过调查研究发现,广州市越秀区社区网格化管理的成就主要体现在技术系统的完备性和流程优化的高效性、业务进网格的全面性和城市管理工作的突出性,以及监督控制中对人监督的柔性和对事考核的刚性三个方面。

(一)技术系统的完备性和流程优化的高效性

从技术系统建设上来说,在实施网格化管理之前,必然要建立好完备的技

术系统,包括科学精细地划分网格、建立区级网格化服务管理信息系统以及构建区级和街道互联互动的网格化服务管理平台,这些客观的技术系统准备是实施社区网格化管理的前提,没有这些,社区网格化管理无异于纸上谈兵。从实际运行结果来看,越秀区每个社区都划分了网格,配备了网格员,并且建立了区级和街道的网格化管理信息系统和互动平台,且全区的试点社区基本上实现了全入户(表1)。可以说,在技术系统上,社区网格化管理的工作是较为完备的。

表1 越秀区街道网格化服务管理试点社区系统应用情况

(截至2013年7月31日)

街道	试点社区名称	入户统计			民情日志			协同治理		
		应入户人数	未入户人数	入户率	日增量(7.31)	周增量(7.22—26)	实际数(7月)	日增量	周增量	实际数
流花街	桂花岗	7235	2	99.97%	0	22	111	1	16	96
洪桥街	三眼井	9184	14	99.85%	2	17	103	0	15	83
六榕街	盘福	7958	853	89.28%	5	19	164	1	2	11
六榕街	旧南海县	5062	2	99.96%	9	26	350	0	0	9
六榕街	兴隆东	5027	0	100%	1	5	47	3	0	22
六榕街	凉亭坊	6382	0	100%	6	15	60	1	0	7
光塔街	杏花巷	3638	299	91.78%	2	21	120	1	16	82
人民街	靖海门	6247	61	99.02%	8	39	160	3	18	81
北京街	盐运西	4367	1477	66.18%	1	8	155	0	8	62
北京街	都府	5028	146	97.10%	3	15	125	0	0	0
东山街	五羊	13769	29	99.79%	2	18	93	1	14	60
梅花村街	中山一	9206	14	99.85%	5	25	130	2	12	98
农林街	东园新村	5523	47	99.15%	0	14	78	0	3	21
黄花岗街	区庄	5547	2	99.96%	0	125	657	0	1	9
华乐街	华侨新村	3730	3	99.92%	1	21	117	0	4	32
建设街	二马路	10102	18	99.82%	7	20	139	0	0	25
大东街	青龙里	7694	7	99.91%	5	32	183	4	15	90
大塘街	秉政	3880	0	100%	0	8	59	0	4	42
珠光街	爱家园	4097	0	100%	5	26	118	3	20	96
白云街	东湖新村	7825	27	99.65%	0	2	30	0	2	12

续表1

街道	试点社区名称	入户统计			民情日志			协同治理		
		应入户人数	未入户人数	入户率	日增量(7.31)	周增量(7.22—26)	实际数(7月)	日增量	周增量	实际数
矿泉街	沙涌南	5330	6	99.89%	0	21	106	2	16	99
登峰街	金麓	1341	0	100%	9	17	104	2	15	86
合计		138172	3007	97.82%	合计		3209	合计		1123

资料来源：越秀区发改局《网格化工作简讯》2013 年第 9 期。

从网格化管理实施的流程上看，越秀区建立实施了"五步闭合"的工作机制（图2）。以盘福社区处理街道内一个饭馆——越秀渔村拒开发票为例，该事件发生在六榕街盘福居委，登记时间是 2013 年 3 月 6 日，事件内容是有居民称他在越秀渔村消费了 188 元，要求开具发票遭拒。该店称其有一道菜是特价菜，已经优惠了，不能开发票，居民认为不合理。从网格员登记事件上报到调度中心，到中心调度派遣到街道工商所仅仅经过半个工作日的时间（3 月 6 日 16：28 到 3 月 7 日 9：02），紧接着工商所用了三个多小时就处理好了事件，投诉人取得了发票，可见效率之高。4 天后对该事件进行跟踪回访和评价结案，并获得了满意的评价。

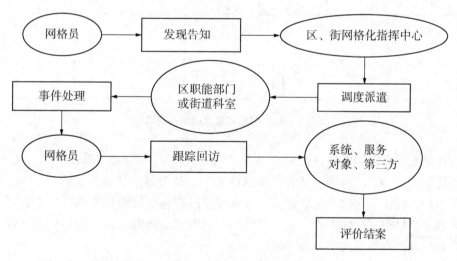

图 2　网格化管理"五步闭合"工作机制

因此，从社区网格化处理工作的流程即"五步闭合"机制上看，从登记事件、调度派遣到处理事件，整个流程前前后后不过是几天的时间，快的一天之内就能解决，这大大提高了工作效率，真正正正地为社区居民解决了问题，提供了便利。而其后对事件的跟踪回访和评价结案能通过反馈的信息对以后的工作进行改进和矫正。这可以说是社区网格化管理的成功之处。

（二）业务下网格的全面性和城市管理工作的突出性

在部门业务纳入网格方面，社区网格化管理以网格化党建、社会服务、城市管理、平安创建、社区居民自治五个方面的工作为主，包括党建、民政、司法、人社、文化、卫生、体育、工会、残联、城管、民宗、环保、园林绿化、建设、食药监、安监、国土、工商、综治、出管、禁毒、居民自治等服务管理事项，凡是能入格的分批纳入网格，实行网格化的精细服务管理（如图3）。

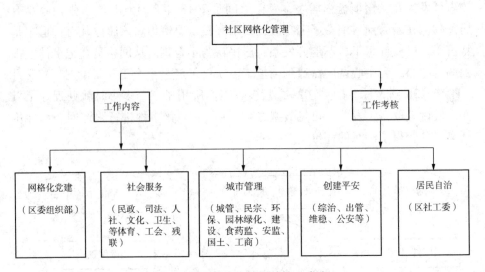

图3 社区网格化管理的核心内容

然而，在实际中，以截至2013年7月31日的第一批入格部门协同治理工作的数据（表2）为例，只有区园林绿化局工作量最大，处理了入格后的14件事项，仅次于它的是区城管局，处理了7件事项，接着是区建设和水务局，处理了5件事项中的3件，而区民政局、区食药监局和区残联都只处理1件，其余的部门都没有入格处理事项。

表2 第一批入格部门业务统计表格

（截至2013年7月31日）

部　门	已处理	待处理	总　数	处理率
区委组织部	0	0	0	暂无数据
区委政法委	0	0	0	暂无数据
区民政局	1	0	1	100.00%
区食药监局	1	0	1	100.00%
区司法局	0	0	0	暂无数据
区人社局	0	0	0	暂无数据
区园林绿化局	14	0	14	100.00%
区建设和水务局	3	2	5	60.00%
区文广新局	0	0	0	暂无数据
区人口和计生局	0	0	0	暂无数据
区城管局	7	0	7	100.00%
区安监局	0	0	0	暂无数据
区公安分局	0	0	0	暂无数据
区国土房管分局	0	0	0	暂无数据
区城管执法分局	0	0	0	暂无数据
区监察局	0	0	0	暂无数据
区总工会	0	0	0	暂无数据
区残联	1	0	1	100.00%
工商分局	0	0	0	暂无数据

资料来源：越秀区发改局《网格化工作简讯》2013年第9期。

从社区网格化管理的核心内容来看，在城市管理工作方面，业务进网格的区属部门最多，达到了4个（园林绿化局、区城管局、建设和水务局、区食药监局），且业务纳入网格的数量最大、程度最高，解决问题的效率也最高；在社会服务工作方面，只有极个别的部门（民政局、残联）将很少量的业务下放到社区网格；而在党建、平安创建和社区居民自治工作方面，都没有部门将业务下放到社区网格。因此可以说，业务职能部门进网格在实践中主要体现在城市管理方面。

(三) 监督控制中对人监督的柔性和对事考核的刚性

在监督机制方面,在"两级调度"的基础上实行"两级监督"模式,对网格上报事件处理进行全流程实时监察。对接近完成时间和超过规定时间仍未完成的事件分别进行预警和公告。经区、街网格化指挥中心督促仍未完成的,区属部门由区监察局负责督察,街道科室由街监察室负责督察;在评价机制方面,建立由系统自评、服务对象点评、第三方评价三个部分有机组成的网格化服务管理综合评价体系,对网格员和单位完成任务情况进行绩效考评。

对区属职能部门的考核评定方式包括系统评定、上级评定、街道评定、群众评价;对街道的考核评定方式包括系统评定、上级评定、部门评定、群众评价;对网格员的考核内容以日常考核为主,重点考核网格化服务管理工作实绩;在对网格员的考核评价中,一般包括三个基本的评价主体:系统自评、服务对象点评和第三方评价,服务对象就是居民,主要侧重于满意度的测量,第三方要体现出评价的独立性和自主性,在盘福社区是家庭综合服务中心。在考核方面,一般来说,考核结果不会与个人工作任免、升迁联系起来,只是影响个人工资、奖金和福利,但绩效工资也没有占总工资的太大比例,因此,网格化管理的推动更多是出于网格员对本社区的深厚感情以及对自己工作的热情和自觉性。总的来说,这种监督和考核机制对社区网格化管理的实际运作起到了激励的作用和效果。

五、越秀区社区"网格化管理"建设的不足

广州市越秀区社区网格化管理的不足主要体现在目标确定中目标的复制性和动力的被动性、资源配置中资源的依赖性和技术的非相宜性,以及效果评估中效率的狭义性和不佳的自治性三个方面。

(一) 目标确定中目标的复制性和动力的被动性

在越秀区社区网格化管理的政策执行中,首先要确定两个重要问题:一是目标设定,二是动力赋予,这关乎社区网格化管理的发展方向。而在现实中,却发现越秀区社区网格化管理的目标是加强和创新社会管理的基层复制,动力具有自上而下的被动性。从越秀区社区网格化管理的目标来看,目标的设定基于上级政府的决策部署而非社区自主创新的需要,目标的内容更是当下中国的紧迫课题——加强和创新社会管理的意旨。可以说,它就是加强和创新社会管理的基层复制。

越秀区网格化管理的目标是由越秀区政府确立的，而区政府也不是根据社区自主创新的要求确立的，而是根据市委、市政府关于全面推进新型城市化发展的决策部署和区委、区政府文件中提出的"探索建立越秀特色的网格化管理体系"的具体要求设定的。

从动力机制上看，盘福社区从组织发展变革的规律和路径来说，没有环境、目标、价值、技术、结构、社会心理和管理动力的影响，从改革原初动力到具体行动与效果的过程和路径来看，盘福社区的网格化管理属于"改革意志转化为改革行动和效果的自上而下的过程"。具体环节体现为：一是政治家——市长提出改革理念和大政方略，下达给越秀区实施网格化管理的重要批示；二是市一级政府将此改革理念和方略具体化为操作目标和具体措施；三是市级政府驱动区级政府相关部门和街道、社区贯彻落实改革措施，并根据效果和客观情况进行调适等。从这里可以看出，社区网格化管理并非基于社区层面自主创新的需要，而是看似自主实则被动接受政治任务的结果。

（二）资源配置中资源的依赖性和技术的非相宜性

资源依赖理论的基本假设是没有组织是自给的，所有组织都在与环境进行交换并由此获得生存。由此，资源的稀缺性和重要性决定了组织对环境的依赖程度，进而使得权力成为显象。在政策资源配置阶段，社区要综合考量自己所拥有的资源和条件，并进行必要的技术准备，以便为政策的优选和实施提供可能。因此，探究社区作为一种"组织"的资源依赖和运作机制就显得尤为重要。然而，经过实际调查发现，从权威、资金和人员来源来看，越秀区社区网格化管理对环境具有很大程度的依赖性；从技术上来看，技术系统虽然完备，但却有一定的超前性。

从权威资源来看，盘福社区的居委会和网格员的权威资源和合法性来自区政府，再往上追溯，可以说最初的来源是市政府。越秀区的社区网格化管理在区级—街道层面都建立了工作领导小组，而街道办，就法律地位而言只是区级政府的派出机关，而不是一级政府。现实生活中的街道办貌似"分身有术"，扮演三重角色：一是一级政府的派出管理角色；二是"二传手"角色；三是社区管理者角色。落实到现实层面中，街道办起到上传下达的重要作用。从资金来源上来说，盘福社区几乎完全依赖街道办和区政府的拨款，并且这类拨款大多数是专项资金，用于网格化管理系统的技术和系统支持，可以说，拨款无论从内容还是用途来看都是单一的"硬件支持"，而盘福社区可以根据自身需要灵活安排用途的专项活动经费几乎没有。在现实中，居民自筹经费的难度较大，且资金的用途仅局限于维持公用设备这一类。从人员来源上说，盘福社区的网格员基本上还是来自居委会和社区的一帮人马，主要身份有两个：一是原有居委会的工作人员；二是街道助老员、出管员、协管员等。这两种身份都是编制内的社区原有人员，并没有引进编制外的专业社工人员。从技术系统的实际运行结果来看，越秀区建立了区级和街道的网格化管理信息系统和互动平台，且全区的试点社区基本上实现了全入户，然而，这种完备超出了现有的社区网格化管理的水平，可以说是陷入了技术至上、技术形而上学的误区。

（三）效果评估中效率的狭义性和不佳的自治性

在传统的行政服务方面，社区网格化管理有效提升了服务管理效能。主要体现为：一方面，通过实施网格化服务管理，社区服务管理工作实现了小事不出格、大事不出区街的目标，社区服务管理逐步实现高效化、协同化、精细化，社区治理水平得到有效提升。另一方面，通过网格化管理系统限时办结功能倒逼和带动街道、部门服务管理理念、流程、手段和方式方法的创新，提高街道与部门之间的联动水平，提升了社区服务管理效能。例如，处理社区道路绿化树枝修剪问题，以前需要社区、街道相关职能部门，通过电话不断沟通联系，才能协调区职能部门进行处理，流程多、耗时长、处理慢。实施网格化管理后，由网格员发现情况，及时登记录入网格化"协同治理"事件，经街、区指挥中心调度到区相关职能部门，职能部门在网格化规定处理期限内，3～5天就能处理完毕，相比网格化实施前减少5～7个工作日，提高了工作效率。

然而，从实质上来说，这些工作仍然是传统的行政服务方面的内容。从对网格员的访谈中不难发现，网格员每天两次开展的网格内巡查，特别是到独居孤寡老人、残疾人等重点服务对象的家中进行探访，宣传政府的政策，解决他们的问题，这些工作从实质上来说仍然是传统的行政服务，是政府工作中行政工作的延伸，行政色彩较强。而由社区居委会协助、网格员开展的对残疾人的需求摸查、对流动育龄人口的摸查，以及通过高拍仪等信息科技手段预约上门服务等，社区居委会和网格员在其中扮演的更多是一个信息收集者的角色，通过把社区内一些基本信息或一些突发事件上传给街道和区职能部门，来实现政府对社区更全面和更快速的控制和管理。社区居委会和网格员往往无力开展体现社区自主管理的工作，区属职能部门下放的业务也仅仅体现在城市管理方面，对于有利于培育社区自治能力的社会服务、党建、平安创建等层面的职能基本上都没有下放。

六、越秀区推进网格化管理的合理路径

越秀区的社区网格化管理在一定程度上存在权力下放不足、社会主体参与的动力不强等问题。实际上,由于传统管理思维和方式的定势,这必然不是越秀区的独有现状,全国其他实行社区网格化管理的城市里都或多或少地存在这样的问题。对此,本文提出以下四点建议。

(一)下放权力,变"行政"为"服务"

增强社会主体参与,合力共建社区。明确目标,技术为管理服务。一是完善法律,明晰权力界限和各类主体责任。配套的法律、法规应明确划清"公权"与"私权"的边界,明确各类区属职能部门、街道和居委会三层相关单位的责任,明确单位中个人的具体责任,明确网格管理员的权利与义务等。二是要明确区政府、街道和居委会的关系,还原基层自治组织的职能。上级政府应当把本应属于社区的自治权力还给社区,缩减行政性事务的层层下派,使居委会和网格员的专注点回归到社区自治和服务上。在社区网格化管理的核心内容——业务下网格中,要推动更多的服务职能入网格。

(二)加强社会主体参与,合力共建社区

一是要联系和发动居民,合力共建社区。要充分把握网格化的内涵,努力形成政府主导、居民自治、机团单位参与的共驻共建共享的局面。网格只是一个地域名称,网格系统只是一个工具,网格化管理不单单只是信息技术管理,更是社会服务软实力的提升。二是建立政府与社会良性互动的协同治理机制。通过引导驻社区机团企事业单位开放内部资源、承接社区建设项目、完善内部建设等方式方法形成共建合力。吸引社会资金投入,形成社会各方共建共享幸福社区的生动格局。三是壮大社区志愿者服务队伍。通过建立起各种"志愿者服务站",把有各种专长的志愿者,特别是青年志愿者引入社区,为居民提供各种社区服务。建立居民自治服务平台,并实现与网格化信息平台的信息对接和共享。

(三)明确目标,技术为管理服务

一是实现信息分享与资源整合。区属各职能部门应将数据库系统完全统一到网格化系统中,社区应利用信息技术将两套文书记录系统进行对接,形成一个统一系统平台,搭建一个共同的网格化社会管理信息平台,网格员文书等信

息可上传至同一信息平台，免除工作的重复性，从而降低社会管理成本，提高社会管理的效率。二是依托网格化系统优化办证流程。分类建立工作台账，推动各类事项全部入"格"，同时要加强管理流程的再造和优化，重点解决办证难等问题，整合"平安钟"、低保等业务数据入格，通过网格化系统实现登记业务"一站式"办理。三是充分利用网格化数据提升公共服务。按照统一的数据标准，搭建全区网格化服务管理综合大平台，将网格内的居民、物业等基本情况以及城市部件数据信息全部录入系统，定期归纳分析，及时改进服务方式，丰富服务内容，提升服务效能。

（四）转变维稳思路，引导社区自治

一是要摒弃维稳的思路，转变政府职能。维护社会秩序、保持社会稳定虽然是政府的职能之一，但不能把它凌驾于其他职能之上。只有转变政府职能，主动适应文明法治的新环境，依法执政、科学执政，才能取信于民，才能引导社区实现真正的自治。二是在考核中要摒弃上级高于下级的不公平思路，要将区属职能部门、街道、社区统一在一个考核机制内。在以往的考核中，职能部门永远是街道的考官、街道永远是居委会的考官、社区居委会永远是考生这一不公局面一直存在。在网格化考核评估中，区属职能部门、街道、社区都应统一在一个考核机制内，且职能部门和街道同责，同样，社区有权对街道和区属职能部门的工作进行监督和评价。三是引进专业社工工作人员进入社区。应结合日常专业社会服务管理的开展，引进高校社会工作专业毕业的高素质人才，着重提高其专业实践能力，强化专业服务队伍建设，整合社会工作专业资源力度，实现专职化管理，从而形成社区网格管理员和社区工作者的优势互补，提高社区自治管理能力。

参考文献

[1] 胡重明. 再组织化与中国社会管理创新——以浙江舟山"网格化管理、组团式服务"为例［J］. 公共管理学报，2013（1）.

[2] 齐国生，李立明，曹杰峰，等. 城市管理的"网格化"——从政务网格到行业网格再到公务网格［J］. 中国行政管理，2008（1）.

[3] 孙建军，汪凌云，丁友良. 从"管制"到"服务"：基层社会管理模式转型——基于舟山市"网格化管理、组团式服务"实践的分析［J］. 中共浙江省委党校学报，2010（1）.

[4] 孙肖远. 社区复合治理与社区党建领导体制创新——以南京市鼓楼区社区治理实践为例［J］. 理论导刊，2012（6）.

[5] 汪习根,钱侃侃.网格化管理背景下的制度创新研究——以全国社会管理创新试点城市宜昌为样本[J].湖北社会科学,2013(3).

[6] 朱仁显,邬文英.从网格管理到合作共治——转型期我国社区治理模式路径演进分析[J].厦门大学学报(哲学社会科学版),2014(1).

[7] 查长江,李冬梅,谭泳梓.深圳市南山区卫生监督综合执法网格化管理的实践研究[J].中国卫生监督杂志,2010(1).

[8] 周连根.网格化管理:我国基层维稳的新探索[J].中州学刊,2013(6).

[9] 赵小平.关于加强社区网格党组织建设的实践与思考[C]//第二届中国社会管理论坛论文集.北京,2012.

[10] 竺乾威.公共服务的流程再造:从"无缝隙政府"到"网格化管理"[J].公共行政评论,2012(2).

[11] 朱亚鹏.政策创新与政策扩散研究评述[J].武汉大学学报(哲学与社会科学版),2010(4).

[12] Kallinikos J. Governing Through Technology:Information Artefacts and Social Practice[M]. London:Palgrave Macmillan, 2011.

云浮和谐社区建设：传统文化的现代转身

陈 勇[*]

一、乡贤文化的概念及国内研究现状

（一）乡贤文化的概念

"乡贤"一词在文献中出现较迟，明代浙江嘉兴人沈德符在《万历野获编》的"果报"类中记有一篇《戮子》的明代新闻："嘉靖末年，新郑故都御史高捷，有子不才，屡戒不悛，因手刃之。中丞殁后，其地公举乡贤。"足见"乡贤"是指乡里有德行有声望的人。"乡贤文化"是地方或区域文化的精华，是先人和前辈遗留下来的宝贵财富，是扎根在故乡人民血脉深处的精神基因。乡贤文化既与地域文化、方志文化、姓氏文化、名人文化、旅游文化等密切相连，但又有其自身的独特研究对象与价值标尺，具有本地域的唯一性、人本性、亲善性和现实性。乡贤乃本乡的贤达，他们有德行、有才能。在漫长的历史年代里，他们以自己的德行和才能，为自己生活的时代作出了贡献，因而受到当时和后世人们的崇仰、爱戴。

（二）乡贤文化的国内研究现状

通过搜集相关资料，了解到国内在乡贤文化的研究方面取得较大成效的有浙江省上虞市乡贤研究会。该研究会于 2001 年成立，在研究发掘和整理积累区域文献资料、抢救当地濒临消失的文化遗产、联络走访乡贤游子上发挥了重要作用，极大地推动了当地经济、文化、社会的发展。成功的乡土社会治理，需要礼乐政刑综合为治，需要从现代公共治理和传统人文精神中找到双重支点。上虞的"乡贤文化"，正是对这两个方面的有机结合。上虞的做法有其地域特色，是地方政府有效探索的成果，但其所体现的方法论，当是中国乡土社会转型和城镇化的必然选择。它以自身的成功再次重申了两个判断：一是中国

---

[*] 陈勇，《南方农村》杂志社副编审。

传统文化能够为现代社会治理提供智慧，二是中国社会必须以自身文化为基点完成现代转型。今天我们所致力于探索的"治理体系与治理能力的现代化"，需要以这两个判断为前提。

二、云浮社区建设的基本情况及取得的成绩

（一）云浮培育和发展自然村乡贤理事会的基本情况

云浮市设立于1994年，管辖63个镇（街），963个村（居）委会，118个社区。总人口286多万人，其中，农业人口182多万人，占总人口的63.6%，分布在9200多条自然村。2010年3月，广东省政府正式批复同意在云浮设立全省农村改革发展试验区（粤发改农经〔2010〕84号）。2011年11月，云浮被农业部批准为全国农村改革试验区（农政发〔2011〕4号）。试验区建设为新形势下云浮加强农村社会建设，创新农村社会管理，打破体制机制束缚，先行先试创造了有利条件。

云浮虽然是一个欠发达的山区农业大市，但随着近年来经济社会的加快发展，加强社会管理的问题也越来越突出。与全国、广东省很多欠发达地区一样，云浮加强社会建设的重心同样在基层，创新社会管理的难点同样在农村。一方面，农村基层社会管理水平普遍不高。作为欠发达山区市，当前农村人才、资金等外流，农村普遍出现"真空"。村民自治出现脱节，村民委员会与其他地方一样行政化，承担大量的行政事务，村民自治没办法着力；村民小组过于单薄和分散，没办法形成合力，自治管理作用有限。另一方面，我国在政策和法律层面对加强和规范自然村建设与管理的要求并不是很多、很具体。自然村在农村社会管理中处于村民委员会和村民之间，自然村作为农村"熟人社会"主要集聚地，始终是村民自治最有集聚力的群体。加上助产兴学、忠孝仁义等传统文化观在农村生活中仍然影响着群众的生产生活，大批农村精英尤其是外出乡贤，多数都怀有叶落归根、反哺家乡的强烈愿望，所以，自然村是建设和管理农村的一支不可忽视的重要力量。

云浮立足全局、着眼市情，认真学习借鉴浙江上虞等全国各地农村基层治理丰富的创新实践做法，以建设全国、全省农村改革试验区为载体，积极探索发挥农村传统宗族力量和群众主体作用，创新农村社会管理，促进协同共治的新路子。2011年6月，云浮市以自然村为单元，在辖下的云安县石城镇留洞村委横洞村等一些自然村启动了培育和发展乡贤理事会试点工作，把经济文化能人、老教师、复退军人、老模范，以及老干部、老党员和热心本地经济社

建设服务的其他乡贤吸纳到理事会，协助党支部和村民委员会开展公益事业建设，协同参与农村社会建设和管理，在加强和创新社会管理方面进行了一些探索和尝试。为此，云浮出台了《关于培育和发展自然村乡贤理事会建设的指导意见》，把自然村乡贤理事会确定为以参与农村公共服务，开展互帮互助服务为宗旨的公益性、服务性、互助性的农村基层社会组织，着力把其培育成为协同农村社会治理的基本力量和活力因子，成为有益补充。截至2014年9月，全市已培育自然村乡贤理事会8203个，基本实现全覆盖；有理事成员73330人，其中外出乡贤和经济能人达36257人，占49.5%；在镇政府（街道办事处）备案登记率达100%。

（二）云浮自然村乡贤理事会协同乡村治理取得的成绩

乡贤理事会充分利用亲缘、人缘、地缘优势，发挥其经验、学识、财富以及文化修养优势，凝聚社会资源，协助镇（街）、村（居）委、自然村（村民小组）开展农村公共服务和公益事业建设，弥补基层政府和自治组织提供公共产品和公共服务的不足，形成有益补充。

1. 协同兴办公益事业，促进美丽乡村建设

理事会以座谈会、进村入户等形式，围绕本村的公益建设项目和民生实事充分研究讨论，凡是牵涉村民切身利益的项目立项、规划设计、路线走向，以及遇到的困难问题等，都坚持广泛听取村民意见建议，发动群众献计献策，集中群众意愿，使项目建设充分体现村民的意志，引导群众从"观望"逐步转向"关注"，继而转向"主动参与"。2013年，协助组织群众研究申报生态文明村建设、"以奖代补""一事一议"奖补项目，召开座谈会7600多场次、入户发动8.9万户次；2011年以来，理事成员协同参与生态文明村建设和"以奖代补""一事一议"财政奖补项目，捐款捐物折算达到3.2亿元，推动完成了垃圾收集点、美化绿化、公共活动场所、村道硬底化、安全饮水管线等一大批设施建设，项目受惠群众达到110多万人；2011—2013年，全市农村群众开展"奖补"项目建设5821个，群众拆除旧房、猪舍、牛棚44.8万平方米，让出土地83.1万平方米，筹资筹劳折算达到5.94亿元；累计成立监督小组2789个、管护小组5067个，村民捐赠公共设施管护经费达到858万元。例如，云安县富林镇大坪村乡贤理事会利用每年年初三开展公益捐款活动，设立老人基金，建立60岁以上守纪老人每月60～110元津贴、贫困户春节慰问1000元和考上大学者奖励3800元的制度，还购置了为老人儿童出村就医服务的专用车。又如，郁南县桂圩镇勿坦村乡贤理事会协助村委会开展创建"信用村""信用户"活动，以信用宣传为手段，以信用教育为载体，营造诚信环境，弘

扬信用文化,结合弘扬优秀传统文化,培育信用文化。组织村民签署"种果不用违禁农药""养猪不用瘦肉精"等诚信承诺,在帮助村民解决贷款难,促发展、促增收的同时,也有效地促进了社会管理。再如,新兴县水台镇石龙岗旧村乡贤理事会通过协助自然村深入发动群众、带头带动家人捐款,全村78户349人不分老少,人人主动捐款,村中没有"老板",却自筹到50多万元,建成文化楼、村内道路等公共服务设施。2013年又将"一事一议"奖励的30多万元奖金投入村文化广场等建设中。

2. 协同化解矛盾纠纷,促进社会稳定发展

(1)协助参与自然村分类评级。对全市自然村按自强村、自助村、基础村实行动态分类管理,引导自然村乡贤理事会组织理事参与到评选过程中。尤其是通过政策文件引导自助村、基础村的自然村乡贤理事会协助村民小组深入发动群众参与考评,增强理事会参与社会管理的方向性、积极性。2012年,理事会成员参加助评自强村、自助村、基础村10万人次。全市9523条自然村中,共评出自强村1458条、自助村5531条、基础村2534条,其中,2011年的自助村、基础村中约有10%的村分别成功晋升为自强村、自助村。

(2)理事会组织群众归纳、提炼、总结在日常生产生活中具有影响力的传统伦理观念,把"和谐、包容"等文化元素和"尊老敬贤、敬宗睦里"等文化传统转化为村规民约,充分发挥文化在引导人们行为、规范社会秩序中的"软约束"作用。

(3)理事会组织开展修撰村史,编写村歌、村民荣誉榜等活动,通过家荣户誉促使村民自律自强,促进了传统道德约束与村民自治的有效结合。全市累计制定村规民约6000多个。2013年,理事会依据村规民约协同化解矛盾纠纷2600多宗,市、县两级信访部门受理来访批数、人次分别平均下降32.53%和14.64%。例如,云安县大坪村乡贤理事会把自古崇尚的"尊老爱幼、关爱弱势、积德行善、和衷共济"的祖训规定为村规民约;新兴县龙山塘村乡贤理事会把"敬祖先、孝父母,睦家族、和邻里"思想写进村规民约;云城区下白村依据历经500多年的陈氏家训制定村规民约,融入了体现社会进步和现代文明的新元素,涵盖村务议事、福利分配、村容村貌管理、治安联防、志愿服务等多个层面。又如,云城区河口街双上村乡贤理事会协助村委会解决了拖了三年的村游泳池建设用地问题,助推了该村"一河两岸"环境的全面整治。

3. 协同发展农村经济,促进农民增收致富

(1)培育龙头企业、农民专业合作社。2013年,在理事会的协同下,全市累计培育省级农业龙头企业22家、农民专业合作社1621个,同比分别增长22%、223%;农村居民人均纯收入达到10283元,同比增长11.5%。2012

年、2013 年建设幸福广东综合评价报告中，云浮的综合指数均排在粤东西北地区的第二位。

（2）创新农业经营模式。理事会在政府承担的全国农村改革试验区"创新现代农业经营体制机制"试验项目中，创新了"公司＋理事会＋农户"经营模式，使自身成为联结公司与农户之间的桥梁和纽带，协助解决了一大批农业龙头企业与农民合作中发生的土地租赁、承包、置换和生产环境整治等问题，推进了农村经济合作社，以及温氏养鸡、稻香园、亚灿米等农业龙头企业的经营发展，农户也在与公司联结中，获得了"租金＋劳务报酬"，增加了收入。例如，以稻香园公司等 9 家公司为主体，联结乡贤理事会 75 个，联结农户 8257 户，解决与农民合作的土地集约、标准化生产、农业生产环境整治等问题，把分散在农户的零散耕地 10 多万亩流转到公司集中经营，规模化、集约化生产。其中，稻香园公司建成 10 万亩绿色稻米标准化生产园区，辐射带动 10 个镇（街）8 万多农户发展 20 多万亩绿色稻米，户均增收 1100 元，实现产值超 1.5 亿元。又如，罗定市海惠生态农业发展有限公司于 2014 年 6 月成立，在理事会协助下，短短 2 个月时间就整合租赁到当地村民 800 多亩土地。再如，温氏带动肉鸡养殖合作户 5.6 万户，2013 年平均收益达到 6.5 万元，同比增加 3900 元。

（3）积极参与建设信用云浮建设。截至 2012 年底，在自然村乡贤理事会的协助下，全市累计建成信用村 593 条，评定信用户 16.37 万户。各金融机构对信用户授信 6.32 亿元，累计为 8229 户信用户发放小额信用贷款 2.44 亿元。

（4）搭建外出乡贤网络，发挥外出乡贤的巨大价值。以自然村乡贤理事会为载体，以"反哺工程"为切入点，培育一批主动服务社群的优秀企业，充分发挥乡贤在公益事业、经济发展、文化引领中的示范作用。2013 年，罗定市乡贤投资的项目就有 54 个，总投资达 82.3 亿元，分别占年度引进项目和投资额的 38.6% 和 52%（黄强，2014）。

三、云浮自然村乡贤理事会协同乡村治理的基本经验

云浮自然村乡贤理事会积极协同乡村治理，解决了村民自治延伸不足、山区农村建设投入难、群众主体性激发难等问题，形成了"村党支部核心、村民委员会主体、乡贤理事会协同、群众积极参与"，共谋共建共管共享美丽幸福家园的农村社会协同治理格局。云浮培育和发展自然村乡贤理事会，极大地激发了农村传统资源和群众的主体作用，使理事会更具生机和活力，对创新农村社会管理、推进协同共治有着积极的意义。

（一）加强和创新农村管理，必须充分利用优秀传统文化资源

农村社会是优秀传统文化保存相对完整的地区，而优秀传统文化至今仍影响着群众的日常生产生活和人生追求，在促进农村社会管理中依然发挥着积极作用。云浮作为欠发达的山区农业大市，通过培育和发展自然村乡贤理事会，充分利用本土优秀传统文化，培育与现代农村社会管理相适应的"自立自强、互信互助、共建共管"精神，使优秀传统文化资源在促进农村社会管理中焕发出了新的生机与活力。

（二）加强和创新农村管理，必须协调好政府主导与群众主体的关系

农村社会治理与建设过程中，政府主导与农民主体是农村的"两条腿"，不可偏废。云浮通过培育和发展自然村乡贤理事会，落实基层民事民办民治，让群众在"共谋、共建、共管、共享"中，成为推动农村社会建设和管理的自觉拥护者、忠实实践者和有力推动者。

（三）加强和创新农村管理，必须加强农村基层社会组织建设

新时期加强和创新农村社会管理，促进基层社会建设，需要我们的思维观念从过去的"撑船"向现在的"掌舵"转变，重视农村基层社会团体建设，提高农民组织化程度，从而在政府向农村社会"放权"的同时，农村社会能够"接得住、管得好"，实现政府与社会的合理分工。云浮通过培育和发展自然村乡贤理事会，在同级党组织、政府、村委的正确领导下，给广大农民提供了参与平台，也增强了农民管理村庄公共事务的能力。

（四）加强和创新农村管理，必须注重发挥乡贤的作用

乡贤大多见过世面，接受过现代化信息的影响，可以帮助家乡提高建设水平、管理水平与农民的思想意识水平。大多数乡贤有广泛的社会基础，有强烈的反哺意识，能够成为家乡落后地区的积极建设力量。云浮通过培育和发展自然村乡贤理事会，在激发群众主体过程中，将游离于体制之外的乡贤整合到村庄建设与管理中，使其成为农村社会多元共治的重要力量。

（五）加强和创新农村管理，必须为民事民治作用发挥提供载体

有载体，民事民治才会有抓手、有方向。结合农村各项工作为民事民治作用发挥提供载体，尤其是与广大群众生产生活学习密切相关的载体，在规范其

走向的同时，也将最大限度地发挥其作用，并推动各方资源聚集。云浮坚持鼓励各地理事会突出自身特色和优势，只要群众受益和支持，能干什么就干什么，赋予其广阔的发展空间。竞争性"以奖代补"项目、村级公益事业建设"一事一议"财政奖补项目、信用村和信用户评定等工作载体，丰富了理事会的业务范围，提供了理事会的履职平台，使其与群众共谋共建，让群众得到实惠，受到群众的广泛认同，进而吸引更多的村民主动参与到农村社会建设和管理中。

四、云浮自然村乡贤理事会协同乡村治理功能发挥的制约因素

近年来，云浮自然村乡贤理事会在坚持国家大政方针的前提下，积极带动农民群众建设社会主义新农村和参与农村基层公共事务治理的热情，推动了农村的社会发展，取得了巨大的成绩，但由于制度、经验、实际情况等原因，影响了自然村乡贤理事会基层治理功能的充分发挥。

（一）自然村乡贤理事会与村"两委"的关系不够明确

自然村乡贤理事会的主要骨干是农村老党员、老干部、老教师、老模范、老军人等"五老"人员及热心村民，而这其中，村"两委"的影子随处可见，无论是在职的村"两委"干部还是已卸任或退休的老干部，对自然村乡贤理事会的运行、决策和监督等方面都有着巨大影响，这就决定了村"两委"对自然村乡贤理事会的直接影响。在农村基层党组织的作用方面，党的领导主要是在政治思想和国家方针、政策、路线等方面，促进自然村乡贤理事会成员最大限度地发挥引领作用和执行作用，从而调动其他农民群众参加新农村建设和农村公共事务治理的积极性，而不是对自然村乡贤理事会进行过度干预和直接行政领导。在社会主义新农村建设和农村公共事务治理上，村党支部与村民委员会和自然村乡贤理事会的关系本应是引导和相互监督的关系，而现实生活中，不少村"两委"与自然村乡贤理事会的关系变成了管理与被管理的关系，这就在很大程度上限制了自然村乡贤理事会功能的发挥，阻碍了自然村乡贤理事会与村"两委"建立相互促进、共同发展的关系。

（二）自然村乡贤理事会在组织形式上存在宗族化、家族化的倾向

农村是一个具有强烈宗族意识和血缘关系的社会，在历史的长河中形成了

独特的传统习俗和宗族凝聚力,在社会经济发展方面也免不了受到农村宗族势力、家族观念的影响。中国目前正处在由传统社会向现代社会转型的过程之中,在这一时期,中国农村社会资本的特点是传统社会资本丰富而现代社会资本不足。在农村日常事务中,传统习俗和宗族力量仍然起着重要的作用。在自然村乡贤理事会产生和发展的过程中,农村传统习俗和宗族力量起到了凝聚力和号召力的作用,同时也强化了村民对农村家族宗族势力的信任和依赖。因此,自然村乡贤理事会在基层公共事务治理中难免存在着宗族化、家族化的倾向,从而使部分宗族、家族的小团体利益凌驾于村民整体利益之上,损害了自然村乡贤理事会组织的运转和功能的发挥。

(三)自然村乡贤理事会的内部运行机制有待进一步健全

自然村乡贤理事会作为新型的民间自治组织,具有明显的民间性,缺乏健全的运行机制。在人事制度方面虽然是农民群众自我推选,但是往往会受到传统习俗、家族宗族势力等因素的影响,与真正的社会主义民主还有一段距离。在规章制度方面,如会议流程、议事制度、决策制度、财务制度、监督机制等方面,缺乏民主科学性和严谨性,很可能存在制度上的漏洞或矛盾。在激励制度上,由于自然村乡贤理事会是民间自治组织,其资金来源往往是农民群众的集资,一般是一事一议一集资,而自然村乡贤理事会的日常运行和工作的资金来源是一个难以解决的问题,尤其是如何通过物质、精神等方面去激励自然村乡贤理事会成员工作的积极性,促进自然村乡贤理事会基层治理功能更好地发挥,是一个棘手的问题。

(四)自然村乡贤理事会在发展方向上缺乏政府的有效引导

自然村乡贤理事会虽然是经过村民选举产生的,但组织结构较为松散,一般都是因事而生,专事专项,并且在法律角度上,自然村乡贤理事会并没有独立的经费,不能独立承担民事责任。同时,自然村乡贤理事会与村"两委"之外的村民代表大会、村务监督委员会、村民议事会、村民经济合作组织等其他组织之间的关系也比较模糊,缺乏必要的引导和明确的职责分工。自然村乡贤理事会虽然有自己的规章制度和运行机制,但也需要各级党委和政府对其加以妥善引导和完善,出台相关指导意见,分清各自职责和权限,明确其与农村其他机构、组织的关系,协调各方,统筹发展。自然村乡贤理事会与村"两委"应相互协调、相互合作和监督,明确农民群众的主人翁地位,使农村社会更好地发展,使乡村治理体制更加顺畅。

五、云浮自然村乡贤理事会协同乡村治理功能的完善策略

云浮农村人口众多，农民整体素质和农民富裕程度差距较大，农村生产生活方式和农民价值观念较为落后，农村基层治理体系不完善和公务人员治理思维较为滞后等原因，决定了新农村建设和农村基层治理是一项复杂的系统工程，具有长期性和艰巨性等特征。为了促使自然村乡贤理事会的基层治理功能更好地发挥，对其需要进一步引导支持，进一步规范完善。

（一）理顺自然村乡贤理事会与村"两委"之间的关系

自然村乡贤理事会成员主要是"五老"人员和党员干部、农民代表、致富能手等。为了促进乡贤理事会的科学发展，亦需注重其组织建设，提升理事会的作用，注重党员发展，提升成员素质，注重成员培养，提升乡贤理事治理水平。按照有利于理事会功能发挥、有利于农民更好地实现自治、有利于"三农"问题的更好解决的原则，在理事会中设立党小组，使自然村乡贤理事会成为以党小组为核心，以党员为骨干，以积极进取的乡贤为核心成员的组织。自然村乡贤理事会党小组在村党支部的领导下开展工作，坚持政府引导，以农民群众为主体，发挥党员的先锋模范作用，加强与村"两委"的互相配合和支持，推动社会主义农村基层民主建设，促进社会主义新农村建设，提升村级公共事务治理绩效。

（二）防止家族宗族势力对自然村乡贤理事会的不当干扰

虽然农村传统习俗、宗族观念会对基层治理具有一定的积极作用，但是不可否认它们仍然有较大的负面影响。在面对宗族化、家族化这一问题时，要加强培养村民的民主意识，宣传国家法律法规。让广大村民明白，公民学法、用法、守法是依法治国的基本要求，利用家族观念、家族组织和家族势力进行或参与非法家族活动构成违法犯罪行为，是要受到有关法律法规的追究和惩罚的，使他们认清封建家法意识的危害，明真理，辨是非，树正气，打击歪风邪气。广大村民也应该通过自然村乡贤理事会、村"两委"等正式组织形式合法地维权和参与基层公共事务治理，防止以小家族宗族利益凌驾于社会整体利益之上，从而正确处理国家、集体、个人三者的利益关系。

(三) 健全自然村乡贤理事会的内部运行机制

作为一个基层自治的正式组织,自然村乡贤理事会必须要有一套完善的规章制度和运行机制。首先,必须要明确自然村乡贤理事会工作的业务指导部门,加强政府对其的引导和监督。同时,对自然村乡贤理事会的职责范围进行界定和明确,规范其运行机制和运作流程,指导乡贤理事会建立各项规章制度,推动乡贤理事会的工作程序化、制度化和规范化。运行规则上,需要建立和完善自然村乡贤理事会章程、述职考评制度、财务管理制度、村务监督规则等议事制度。

在激励制度上,要从物质和精神两个方面切实调动自然村乡贤理事会成员的工作热情和参与积极性,使自然村乡贤理事会的工作更有活力和动力。在监督制度上,村"两委"与自然村乡贤理事会相互支持、相互监督,贯彻村务公开透明原则,发动最广大农民群众真正参与到自我管理、自我决策、自我执行和自我监督当中。

(四) 加强对自然村乡贤理事会的政策引导

自然村乡贤理事会是群众自治组织,某种程度上仍然具有松散性等特征,这就需要政府的有效引导和规制,但政府也不能过多干预导致行政化趋势。政府应及时出台相关政策,健全运行机制和监督制度,引导自然村乡贤理事会科学发展,激励理事会成员鼓足干劲、创先争优,积极参加社会主义新农村建设和农村基层公共事务治理,使理事会成员政治上有地位,待遇上有保障,工作上有干劲。同时,由于自然村乡贤理事会是一种群众自治组织,在社会主义新农村建设和基层公共事务治理中理应具有独立的民事责任能力,应该加强自然村乡贤理事会的管理工作。

农村基层民主建设的完善和乡村治理体系的优化是一项伟大而艰巨的任务,自然村乡贤理事会作为农村基层群众自治的新型组织,在农村基层民主建设过程中出现一些问题是在所难免的。云浮自然村乡贤理事会虽有不足之处,但不能因此否定其存在的必要性及其在农村基层治理中的重要作用。要针对当前中国城乡一体化发展的新情况,分析云浮自然村乡贤理事会存在的问题,对症下药并且进一步完善其基层治理功能,从而加强农村基层民主组织建设和制度建设。

参考文献

[1] 光明日报评论员. 乡村治理现代化的样板村 [N]. 光明日报,2014-07-02.
[2] 黄强. 在文化传承中培育社会主义核心价值观 [J]. 求是,2014 (6).
[3] 王泉根. 中国乡贤文化研究的当代形态与上虞经验 [J]. 中国文化研究,2011 (4).

珠海社区民主治理的探索

岳经纶　方　萍[*]

改革开放以来，依赖于经济体制改革和政府经济职能的转变，我国顺利地构建起社会主义市场经济的基本框架，并保证了经济稳定和高速增长。然而，我国社会体制改革和政府社会管理职能的转变却一直处于滞后的状态。尤其是城市社会福利体系的调整，使原来由政府和企事业单位统包统揽的社会管理和社会服务职能开始从单位流向社会，社区成为最重要的社会组织方式。进入21世纪，探索城市基层社会管理体制从单位制走向社区制的变革成为重头戏。

珠海位于广东省珠江口的西南部，是珠江口西岸的核心城市，环境优美，气候宜人，人居环境一流。作为中国最早实行对外开放政策的四个经济特区之一，珠海也先期遇到了社会深刻变革所带来的种种挑战：经济主体多元，利益诉求多样，社会矛盾增多，管理难度加大。改革传统的政府一元化社会管理模式，改变经济改革与发展"腿长"、社会建设与管理"腿短"的现状，建立一套适应新时期新要求的社会管理体制机制，迫在眉睫，势在必行。凭借相对较少的人口与社会矛盾并不尖锐的城市发展情况，没有历史包袱的重担和"宜居""旅游"城市的定位，加上毗邻港澳的地缘优势，自2009年以来，珠海在社会管理领域进行了大刀阔斧的改革。经过多年努力，珠海已经初步探索出一条珠海特色社会管理新路子，其中，"社区民主自治"正是整个改革的重要突破口。因此，对珠海社区建设经验的总结与分析有着重要意义。

本章将从四个方面对珠海市社区建设进行介绍：一是介绍珠海开展社区建设的背景与总体发展情况，二是呈现珠海社区建设的总体特点，三是对取得突出建设成就的珠海市香洲区社区建设进行介绍，四是分析珠海市社区建设存在的困境与对未来的展望。

---

[*] 岳经纶，中山大学中国公共管理研究中心，政治与公共事务管理学院教授；方萍，中山大学政治与公共事务管理学院博士研究生。

一、珠海社区建设的背景与总体发展情况

（一）珠海社区建设背景

珠海社区建设有着国家大力推动社会管理体制创新、加强社会建设的宏观背景。为应对改革开放带来的众多社会矛盾与问题，进入 21 世纪以来，社会管理体制改革得到了中央决策层的高度重视。2005 年，中共中央在《关于制定国民经济和社会发展的第十一个五年规划的建议》中提出"必须加强社会建设和完善社会管理体系""健全社会协同、公众参与的社会管理格局"；温家宝总理在《关于制定第十一个五年规划建议的说明》中也指出"要不失时机地推进经济体制改革、政治体制改革、文化体制改革、社会管理体制改革"；2007 年，鉴于社区作为社会管理与服务的基本单元对于社会稳定与繁荣发展的重要意义，党的十七大报告在强调改革和完善社会管理体制的同时，进一步明确指出要"健全基层社会管理体制"。国家层面的政策规划为珠海市全面展开社区建设指明了方向。

为了深入贯彻党的十七大精神，落实科学发展观，建设和谐社会，2007 年 12 月 25 日，广东省委书记汪洋在省委十届二次全会第一次全体会议上发表的重要讲话《继续解放思想　坚持改革开放　努力争当实践科学发展观的排头兵》中特别强调了"统筹经济与社会发展，促进人的全面发展"，提出要着力解决民生问题，加强社会管理和公共服务"。2009 年，国务院颁布的《珠江三角洲地区改革发展规划纲要（2008—2020）》（以下简称《纲要》），省委省政府的《关于经济特区和沿海开放城市继续深化改革开放率先实现科学发展的决定》，以及《民政部　广东省人民政府共同推进珠江三角洲地区民政工作改革发展协议》中，都明确要求珠海市开展社会管理综合改革试点工作，推动社会管理体制改革先行先试，在破除制约科学发展的体制机制上先行一步，为开创科学发展新局面发挥更大的作用。

在这股社会建设浪潮的推动下，珠海市积极启动了社会管理创新的改革步伐。2009 年成立了以珠海市委书记、市人大常委会主任为组长的社会管理体制改革"先行先试"工作领导小组，市委政研室、发改局、民政局、财政局等部门作为成员单位，具体负责综合试点工作的展开。在《2010 年珠海市社会管理体制改革先行先试工作要点》中，"推动城乡社区民主自治向纵深发展，构建覆盖范围更加广泛的社区管理服务体系"被列为首要任务，成为珠海正式启动社区建设的开端。2011 年《中共珠海市委、珠海市人民政府关于

创新社会管理加强社会建设的意见》正式发布，它系统地提出了加强社会建设和管理要建立的"三大类九大体系"，以及为此着力打造的"四大基础平台"和"六大保障"措施。"社区民主自治平台"成为与"镇街服务管理平台""社会组织发展平台""网络虚拟社会管理平台"并立的重要平台之一。2014年，《中共珠海市委关于全面深化改革的实施意见》再次强调，创新社会治理体制的工作中，要"大力完善多元化城乡社区治理机制，充分发挥社区居民在社会治理中的主体作用，实现政府治理和社会自我调节、居民自治良性互动"。这些重要文件为珠海大力推动社区建设奠定了基础，明确了方向，提供了强有力的支持。

(二) 珠海社区建设的总体发展情况

秉承"先行先试"的精神，珠海市在经过多方考察、交流与讨论后，将社会管理创新改革的突破口定位于基层社区。单位制解体后，社区管理体制是我国社会管理体制的基石（何增科，2007）。加强社区民主自治，是提高居民生活质量、文化素质，维护城市发展、社会稳定的重要环节。推进社区民主自治，是有效整合基层社会管理资源、健全社会管理格局的一项基础性工程（陈茵，2013）。以城乡社区民主自治为突破口，积极推进社会管理体制改革先行先试，是新时期党中央和广东省赋予珠海的历史使命。因此，成为社区民主治理的探索者是珠海开展社区建设的核心目标。

在"十二五"时期，广东省确立了扎实推进基层社会管理体制改革，推动基层社区从行政化社区向自治社区转型的目标，社区民主自治是指社区居民通过民主选举、民主决策、民主监督和民主管理，实现自我管理、自我教育、自我服务、自我监督和自我发展。这对珠海市的社区建设提出了总体要求：还原社区的社会本位角色。为此，珠海市作出了明确的社区改革总体规划（图1）。这一规划以基层群众自治制度为社区建设的核心。深化基层社会管理体制改革需要建立一个以社区公民为中心，政府与社会双向进入、良性互动的社区公民治理新模式（博克斯，2005）。该模式是以公民为中心的社区治理，它有着以居民代表大会、居民委员会、社区服务站和业主委员会为主体的机构设置，和以"议事、决策、执行、协助、监督"为特色的社区自治体系。此外，社区公共安全管理体制改革也是社会建设的重要组成部分，它体现的是保护社区居民生命和财产安全这一政府最基本的职能。

自2008年5月以来，珠海市以民主自治为核心，全面加强城乡社区建设，着力实践"民主选举、民主决策、民主管理、民主监督"，不断提升社区自我管理和服务功能，加快推进政府行政管理与基层群众自治的有效衔接和良性互

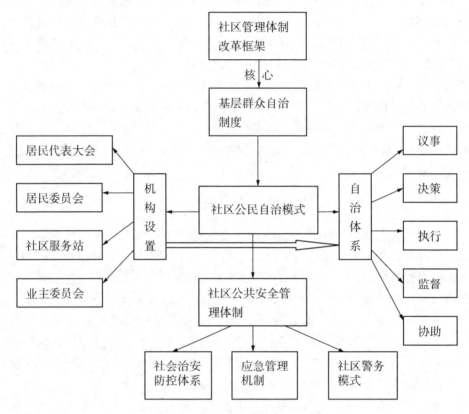

图 1 珠海市社区改革总体规划

动,走"共建美好家园、共创文明社区、共管社区事务、共享各种资源"的路子。经过多年的努力,各社区的民主自治氛围有了明显增强,广大居民群众的民主意识有了较大的提高,社区工作由"为民做主"逐步向"由民做主"转变,逐渐打造出行之有效的社区民主自治模式,初步探索出一条珠海特色社会管理新路径,形成共建共管共享的多元化治理新格局。在 2009 年改革初期,珠海市选择了香洲区翠香街道办和青竹社区居委会作为试点,从体制机制上探索社区民主自治的新形式、新途径和新方法。2012 年开始,社区建设进一步扩展。城市社区民主自治扩大到三个行政区的更多社区以及高新区、高栏港区、万山区等经济功能的有关社区,形成"多点覆盖"的工作局面;同年,珠海市正式启动以农村社区为重点的幸福村居建设工程,涉及全市 209 个村居的农村发展计划。珠海市财政局在 2013 年安排 1.8 亿元幸福村居建设资金的基础上,继续加大投入力度,2014 年追加安排了 0.55 亿元,使创建幸福村居资金达到 2.35 亿元的历史高度。至此,珠海社区建设发展到了一个新阶段。

二、珠海社区建设的总体特点

当前,我国基层社区面临的普遍问题在于,社区居委会的行政化倾向日益严重,居委会实际上由群众自治组织转变为"政府的手",自治能力薄弱,阻碍了社区民主自治的进程。珠海也不例外。如何科学界定居委会的职能,从制度上保障社区民主自治成为珠海探索社区建设的着眼点。根据《珠海市委市政府关于增创体制机制新优势继续当好改革开放排头兵的实施意见》(珠字〔2009〕6号)、《珠海市委市政府关于推进社会管理体制改革先行先试的意见》(珠字〔2009〕8号)和《2010年珠海市社会管理体制改革先试先行工作要点》等文件,珠海市构建了社区建设的总体框架。这一框架以"推动城市社区民主自治纵深发展,构建覆盖范围更加广泛的社区管理服务体系"为重要特征,具体包括:①加强城市社区民主自治制度建设,健全社区民主协商机制,建立社区民主评议制度,实行社区事务公开制度,增强社区居民代表大会的科学性和执行的有效性。②深化城市社区民主自治试点工作,尊重居民在社会管理体制改革中的首创精神,充分发挥居民在社会管理体制改革中的主体作用,在社区中健全行政事务准入制,整合公共信息平台资源,推动形成政府、社会、公民共同参与社区民主治理新局面,实现"网络化管理,组团式服务"。③加大社区中社会组织的培育力度,加强社会组织制度建设,深化社会组织参与社区自治的程度,围绕"自立、自主、自律"的原则培育和发展社会组织。④加强社区中社会工作人才队伍建设,完善民办社工机构与高校的联合机制,实现资源共享;建立健全社会工作人才培养和教育系统,规范和完善社会工作者的职业化水平考试和评价工作,在城市社区、福利救助和优抚安置等领域开展"社工+义工"服务,逐步推进"社工引领义工、义工协助社工"的社会工作服务新模式;此外,通过发展慈善事业,支持社区救助项目的开展,推动社区慈善实体的建设。

由此可见,珠海社区建设的实质是致力于改变计划经济体制下社区共同体的权力被纳入国家权力的困境,以"社区自治"为理念,通过制度保障使社区自治权直接来源于社区共同体的公共权力。社区权力直接运作形成社区的自治权,直接管理社区公共事务,社区所有成员直接对有关社区公共利益的事项作出决议(图2)。

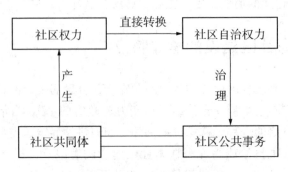

图2 社区自治运行

具体来说,珠海市社区建设的总体特点可以概括为"多阶多元"民主自治的制度结构与运作机制(图3)。它最初源于作为社区管理体制改革试点单位之一的康宁社区,在发展成熟后,受到全面推广。在制度结构上,它包括多元主体,即社区党政组织、社区自治组织、社区自治辅助组织、社区服务组织、社区倡导组织、驻地单位等;在多阶主体上,包括"家庭—楼栋—小区—社区"以及街道层面,多阶多元自治体系的核心是社区服务。运作机制包括党组织的领导与协调机制,居委会指导与协助业委会运作的机制,业委会与物管公司共管共建机制,社区服务组织、群众组织的整合机制,社工义工的组织保障机制,以及"议事—决策—执行—协助—监督"的民主自治运行机制。它的实质是在社区党支部和社区居委会的领导下,建立多元主体商讨制定规则,通过鼓励多元主体参与治理的过程,最终目的在于完善社区公共服务供给体系。同时,通过社区组织提供的平台,让社区居民、志愿者参与到社区事务中并发挥积极影响力,从而维护社区稳定、促进社区和谐。在这一过程中,社区的社会资本得到培育和提升,从而有利于可持续的社区治理和发展。

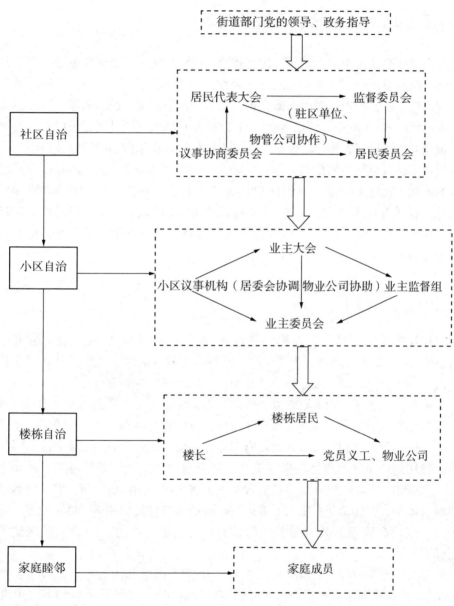

图3 多阶多元社区自治示意

三、珠海社区建设之香洲实践

香洲区是珠海市中心城区，属于政治、经济、文化、交通和金融中心，其社会事业的发展领先一步，也最具代表性。香洲区下辖 8 街 1 镇（拱北街道、吉大街道、翠香街道、狮山街道、香湾街道、梅华街道、前山街道、湾仔街道和南屏镇），共 126 个社区居委会。自 2009 年珠海市开展社区建设以来，香洲区最先开展了以翠香街道的康宁社区、青竹社区，梅华街道的鸿运社区等为社区管理体制改革试点的探索工作，其建设经验成为珠海市全面推动社区建设工作的基础。2011 年开始，香洲区启动了"创特色、创文明"的社区"双创"工程。截至 2014 年 8 月，共有 36 个社区成功打造升级，取得良好成效；有 25 个社区正在申请新一轮"创建特色社区"资格。本节将重点对香洲区特色社区建设情况进行介绍。

（一）以"政务准入"对社区职能进行重新定位，以"三位一体"优化社区运作格局

在我国现实国情下，要搞好社区建设，核心是让社区居委会充分发挥"民主自治"的主体作用。为了解决一直以来把社区居委会当成"什么都能装的筐"的问题，香洲区通过以下措施对社区职能进行重新定位：

第一，构建区、镇街职能分层体系。以大部制改革为契机，突出不同行政层级履行职责的重点。香洲区实行区一级主抓经济社会发展和城市管理，镇街一级主抓社会管理和公共服务的政府职能分层新体系。后者的主要职能从经济工作转移到社会管理和公共服务上来。取消对镇街的经济指标考核，推动事权、财权和人事权在纵向层面的合理配置。将人财物向镇街倾斜，健全完善绩效评价体系，确保镇街有精力、有人员、有载体做好优化环境、维护稳定、改善民生等社会管理和公共服务工作；有能力，也有实力全面投入社区建设工作。

第二，厘清政府与社区责权。根据《中华人民共和国城市居民委员会组织法》，结合香洲区社区管理的实际情况，社区居委会现承担的 130 项工作被重新划分为"社区居委会依法完成"（38 项）、"社区居委会依法协助完成"（23 项）、"镇街、职能部门依法完成"（41 项）和"实行政府购买或委托管理"（28 项）四类。通过依法合理界定政府部门和社区居委会职能分工，明确居委会协管、协办的行政性事务，进一步理顺和规范了政府职能部门、镇街和社区居委会的关系，进一步弱化了社区行政色彩，切实减轻居委会行政负担，

使居委会真正回归到自治组织的角色和功能上来,实现了政府依法行政与社区依法自治的有效衔接和良性互动。

第三,建立"三位一体"社区管理体制。在厘清社区组织工作职责的基础上,整合公共资源,将社区居委会依法协助完成的政府公共服务交由社区公共服务站承担,在此基础上出台了《香洲区镇街社区政府服务中心和社区公共服务站管理制度(试行)》,以进一步细化社区公共服务站工作服务项目和工作职责,规范社区公共服务站的运作。社区公共服务站和社区党组织、社区居委会工作人员交叉任职、合署办公、协调配合,形成了"三位一体"的社区管理体制,社区的管理服务能力得到显著增强。

第四,严格实行社区行政事务准入机制。2013年《香洲区行政性职能和工作进社区管理办法(试行)》出台,明确行政性职能和工作进社区管理机构,明确准入范围和准入程序,建立社区行政性事务准入机制。凡属于镇街和职能部门职责范围内的事项,原则上不得转嫁给社区居委会;凡依法应由社区居委会协助的事项,应当为社区居委会提供必要的经费和工作条件;对确需进入社区的行政性事务,实行"权随责走、费随事转"。清理和废止与社区居委会签订的行政责任书,改为"委托管理"或"购买服务"协议书。规范各级政府对社区工作的考核评比活动,切实减轻社区居委会的行政负担。2014年6月,《关于印发珠海市社区行政事务准入管理工作实施方案的通知》正式印发,进一步明确了社区行政事务的准入目录和禁入目录,为社区回归"社会本位"的身份提供了制度保障。

(二)以发展社区社会组织增强社区活力,以政府购买服务提升社区生活品质

社区服务作为社区建设的基础和龙头,是社会保障体系和社会化服务体系中的重要组成部分。对社区来说,它是民主自治的本位。香洲区在提升社区服务水平方面,把握住推动社区社会组织发展和政府购买服务两个重点,具体做法包括以下方面:

第一,优化政府服务工作体系。从2009年起,香洲区积极探索镇街职能转型,在所有镇街都设立了综治信访维稳中心和社区政务服务中心,将镇街主要职能从经济工作转移到社会管理和公共服务上来,为社区居民提供劳动就业、社会保障、救济救助、卫生计生、信访调解等"一站式"政务服务。同时,按照"一居一站"的原则,在每个社区设立了"社区公共服务站",将社区居委会依法协助完成的政府公共服务交由社区公共服务站承担,实现了社区政务服务全覆盖。其中,梅华街道社区政务服务中心实行"预约叫号,弹性

工作；一口受理，综合服务；就近委托，异地办结"的工作模式，开创珠海市乃至广东省先河。

第二，大力培育社区社会组织。降低门槛、简化登记程序，建立区、镇街两级社会组织孵化基地，搭建发展平台。有针对性、有重点地培育扶持社会工作类、社区公益慈善类、社区福利服务类、社区医疗卫生服务类等社会组织，使社会组织成为社区社会治理与服务的辅助力量。截至2013年底，全区社区社会组织已达376个，已接近广东省政府提出的"截至2015年每万人拥有5个以上社会组织"的目标。此外，积极培育社区志愿者组织。依托各镇街力量，指导成立了"志愿时间银行""翠前社区公共服务协会""鸿运社工服务站""富华社区服务队"等多家社区志愿者组织。在此基础上，充分发挥"香洲义工"的品牌效应，在福利救助、优抚安置等领域开展"社工＋义工"服务，逐步形成了"社工引领义工，义工协助社工"的社会工作服务新模式。

第三，引入专业社工服务。充分发挥珠海高校众多的资源优势，依托北京师范大学珠海分校、珠海城市职业技术学院等高校资源，主动学习港澳先进经验，率先引入现代社会工作理念和方法，成功培育了"梅华社工服务中心""京师社会工作中心"等6家社区社工机构，并引入珠海远博社会工作促进中心、国际慈善机构广东狮子会等知名社会组织，在辖区内开展多元化的社区公共服务。2011年香洲区社工协会的成立，为有效推进社会工作的职业化和专业化进程，实现社会工作统一管理、专业培训、长效服务、资源有效调配的发展目标奠定了基础。专业社工服务的出现，为居民享受多层次、全方位的优质服务，全面推进基层社会管理和服务主体多元化创造了条件。

第四，创新政府购买服务机制。按照合理分工、专业服务、市场调节的原则，区民政局牵头组织拟定了《香洲区政府购买社会组织社区服务实施细则（试行）》，从政策面建立政府购买服务机制，积极推动政府购买社区服务。它把市场机制引入社区服务领域，调动社会组织参与社区公共服务、承接政府购买服务项目的积极性。它也逐步将政府有关职能有序转移给社会组织，培育壮大社会组织，增强社会自治功能，推动政府和社会组织共同管理公共事务，提高公共服务水平和财政资金的使用效率。2010年7月，梅华街道作为试点，率先在全市推行镇街向社会组织购买社区老年人居家养老服务、社区青少年服务和困难单亲家庭维权就业社区服务。此后，政府购买服务在社区各项工作中越来越常见。2013年，《香洲区社会建设创新专项资金使用管理办法》正式出台，区财政每年投入1500万元，扶持社会建设创新项目。它标志着香洲区政府购买服务得到进一步规范化与制度化。

(三) 以特色社区创建工作进一步提升社区建设水平

2011年,香洲区正式启动"创特色、创文明"的社区"双创"工程,以"民主、公开、竞争、择优"为原则,设置竞争性经费,按每个社区每年100万元的标准大力投入特色社区建设工作。这一工程以"一社区一主题""一社区一特色"为指导思想,分阶段、分层次地选择工作基础较好的社区进行重点培植。2012年,香洲区政府八届四次常务会议明确指出开展"特色社区"创建组织、指导工作的重要意义。区委社管部、区财政局、区民政局组成特色社区评估指导小组,指导和组织各镇街继续探索社区建设模式。2010—2014年间,区财政分两批共投入2374.8万元,对硬件设施、创建项目等基础扎实、条件成熟的社区进行重点打造,倾力推动社区标准化、规范化、特色化建设。截至2014年8月,共有36个社区被成功打造升级,取得良好成效;另有25个社区正处在新一轮的申请过程中。区民政局与区委社管部定期对特色社区进行巡查,了解进度绩效,及时掌握特色社区创建动态,给予个性化督导,并对各社区特色创建工作进度绩效进行通报。以下对香洲区各镇街的特色社区建设情况进行简要介绍:

第一,南屏镇广昌社区"六位一体服务体系"特色项目。广昌社区充分利用场地优势等资源,进一步加强社区基础设施建设,全力打造社区卫生服务中心、居家养老服务中心、康复服务中心、就业服务中心、家庭服务中心、文化活动中心"六位一体"服务体系,重点突出服务品牌,创建贴近群众生活、符合社区发展实际的新路子,各项服务阵地建设齐备,较好地满足群众的需要,致力于打造生活富裕、文明祥和、环境优美、管理有序、服务优质的现代化社区。

第二,拱北街道港昌社区"家庭互助服务"特色项目。港昌社区根据社区资源禀赋,充分发动和挖掘社区资源,依托三支队伍(社区义工站、社区书画协会、社区公益律师服务站),打造两个平台(百合一家互助社、社区兰雅轩文化学习中心),开展青少年服务、老年人服务、家庭综合服务,取得了明显效果,得到社区居民的广泛认可和肯定,受到媒体的广泛报道。珠海电视台在"'孵化器'让社会组织更专业"专题中播出百合一家互助社相关服务情况,在新闻节目"守望——香洲特色社区建设硕果累累""社区绽放文明花 港昌社区:家庭互助 特色服务"中也播出了该社区的特色建设情况。

第三,吉大街道景莲社区"健康文明型"特色项目。景莲社区通过召开会议,向辖区单位、党员、居民代表等宣传创建特色社区的意义,并广泛征求意见,力求使创建工作更贴近居民需求。定期进行法律宣讲活动,使居民知法懂法守法；利用家长学校，每月开展家庭教育讲座；针对流行病与常见病，开展健康类的讲座；针对社区居民对体检较为忽略的问题，依托吉大社区卫生（中医）服务中心，联合市红会、社区服务中心，组建了景莲社区"健康天使"医疗志愿服务队，定期到社区开展健康咨询、义诊服务、健康讲座等活动，了解关心居民的健康，掌握社区居民的健康动向，务求为社区居民的生理、心理健康文明发展提供强而有效的服务。

第四，狮山街道南香社区"邻里互助"特色项目。南香社区充分整合、调动社会资源，发挥品牌效应，让专业引领社区服务，成功打造"邻里互助"活动品牌。通过开展形式多样的活动，聚合社区社会组织，搭建邻里之间相识、相知、相助的平台，为社区居民开展互助树立样板。按照"抓住重点，打造亮点"的工作思路，把社区社会组织参与社区建设，融合渗透到社区居民自我管理、自我教育、自我服务中去，调动社区的不同群体，包括老人、青年、儿童、妇女及弱势群体等的积极性，促进群体之间的互动，助推居民自我服务功能，使助困和解困等各得其所，共同打造"幸福南香"的和谐社区新局面，社区自治管理水平得到较大提升。

第五，翠香街道沿河社区"惠老型"特色项目。沿河社区注重引进和培育发展社会组织，坚持积极引导与依法管理并举，促进社会组织"自立、自主、自律"发展，逐步成为服务居民的主力军。"社区居民之家"建成后，引进珠海市青少年综合服务中心、珠海市邻里互助社、珠海市五洲公益社会服务中心等社会组织，并将社区中心全部用作社会组织和社区自治组织办公用房和服务场所，开设了青少年服务、老年人服务、妇女服务、残疾人服务、社区帮教等服务项目，年服务居民超过2万人次。对于社区土生土长的各类草根性组织，给予场地、资金等方面的支持，鼓励其规范化发展。

第六，香湾街道海霞社区"渔村文化服务型"特色项目。海霞社区以社会服务体系、社会中心及社会服务制度为三大支柱，全力打造品牌特色社区。在香湾街道的帮助下，成功置换了新的办公用房，面积达300多平方米，设立青少年活动场所。在香洲区政府的倡导与大力支持下，充分利用辖区资源，主办"快乐四点半"公益课堂，以解决辖区内小学生下午放学后没人接、没处去的困境，为孩子们提供一个趣味学习、轻松娱乐，安全健康的场所，受到辖区学生家长的大力支持和高度赞誉。

第七，梅华街道悦城社区"文体服务型"特色项目。悦城社区通过向专业社工机构购买"金色蒲公英"以及"悦暑期·越欢乐"等特色青少年服务，开展了内容丰富、形式多样、寓教于乐的各种文体活动，营造起社区青少年讲文明、树新风、爱社区的浓厚氛围，提高青少年的文化素质，受到了辖区学生家长及青少年儿童的广泛好评。积极打造廉洁社区，把反腐倡廉的宣传对象从党员干部延伸到领导干部的"身边人"，延伸到青少年群体中。将特色社区工作与"创建全国文明城市"工作结合起来，着力开展社区友爱互助和志愿服务活动，努力实现创建活动群众化、城市管理长效化、志愿服务常态化、专业化。通过每月一次的明德讲堂活动、"学习雷锋做好人"义工服务活动，宣扬道德文明，普及传统文化，从而提升社区综合服务水平。

第八，前山街道福石社区"智慧活力型"特色项目。福石社区着力于社区党建品牌创新。一是开展党员认领社区服务公益岗位"红细胞工程"活动，为想干事、能干事、肯干事的党员提供舞台，社区党员从"无职"到"有职"、从"无责"到"有责"、从"无为"到"有为"转变。二是"三室二厅"推进服务型党组织建设，即党代表工作室搭建党群"连心桥"，心理咨询室搭建居民"心驿站"，人民调解室搭建社区"稳定点"，居民议事厅搭建民意"直通车"，为民服务大厅搭建服务"新模式"。三是着眼于社会组织发展创新，成立福石社区艺术团，建立健全市容环境义工劝导队、巾帼爱心服务队、"邻里互助"婆婆团、"爸爸去哪儿"亲子七彩队等社会组织队伍，社区充满生机与活力。

第九，湾仔街道连屏社区"美丽家园"特色项目。连屏社区根据社区内异地务工人员多的特点，以新居民圆桌委员会为纽带，积极打造圆桌会议形式的自治组织，与原有的社区居民代表大会相结合，打造居民"议事厅"制度，提高居民自治水平。组织成员主要从在社区居住、工作的外来居民中通过海选产生，同时委托社会组织，对海选产生的17名候选委员进行社区建设等方面的相关培训。并且，建立起一系列工作机制。例如，委员采用轮值主席的形式，定期召开圆桌会，决定新居民家园的事务；实行社区网格化服务管理全覆盖，将连屏社区划分为7个网格，委员对单元网格的事件进行跟踪巡查，主动发现问题、解决问题；等等。

四、珠海社区建设存在的问题与展望

珠海市社区建设工作已开展多年，在取得了一定成效的同时，也遇到了一些亟须突破的困境，它们主要包括以下方面：

第一，社区管理与服务仍然存在资源匮乏的问题。目前，社区工作人员主要由区统一招聘的社会工作者、劳动协管员等构成，人员不足，结构不合理，直接影响了社区的服务水平。社区行政事务准入制度落实不到位，只有部分部门拨付部分社区建设经费，社区的经费有很大的缺口，影响了社区服务工作的有效开展。而且，社区公共服务站定位模糊，只能部分承担起政府的行政性事务，还不能完全具备履行其职责的能力。大部分社区社会组织自我发展能力比较弱，且在组织结构、管理体制、决策程序等方面不够健全，导致内部管理状况欠佳，难以动员更多社会资源支持其发展。

第二，各镇街对下属社区的支持存在明显差距。一是活动用房方面。区委、区政府要求全区社区活动用房问题要完全解决，拱北街道、香湾街道提前做好统筹、整合资源，通过租赁、新开发小区预留、原有政府物业腾退等方式，率先解决场地、资金不足等难题。而部分镇街目前仍把居委会活动场所出租以增加收入。二是资金投入方面。如"快乐四点半"项目，湾仔街道自筹财政投入近50万元，香湾、狮山两个街道均通过多渠道争取到经费支持；但仍有5个镇街为零投入。三是项目统筹方面。特色社区的项目和经费都经区委、区政府审查核定，但在居委会活动开支时，镇街还要重审，甚至随意改变项目内容和经费，出现了"政府大投入推进，镇街设卡关水闸"的现象，导致一方面居委会大喊经费不足，服务活动停滞或开展缓慢，另一方面镇街账上特色社区创建经费大面积剩余。镇街支持力度的差异，使特色社区创建进程和效果参差不齐，预期目标无法完全实现。

第三，部分镇街对特色社区建设相关政策文件理解不透彻，项目推进缩手缩脚。一是某些镇街对招投标、政府采购等相关政策、操作要领的理解存在偏差，从而出现了1万元的服务也采取招投标方式进行的现象，增加了成本，又降低了效率，大大影响了项目整体推进进度；某些街道对政府购买服务的理解有偏差，区委区政府已经审核通过的特色社区服务项目，实施时，还要委托社会组织统筹审查，导致社区特色服务项目推进缓慢。二是镇街对特色项目缺乏指导，导致做了大量零零散散的工作，却没有形成核心亮点，未能打造包装成为精品项目。部分社区也没有对本社区居民的需求进行充分了解，只是简单效仿，出现项目同质化的现象。此外，特色项目发展持续性不强，出现居民参与度不高、社区服务流于形式、社区居民"被服务"等尴尬局面。

第四，社区建设中存在"面子工程"的问题。部分社区的特色社区创建经费的70%用于装修、购买设备，用于服务的所剩无几，再加上个别镇街设卡拦截，项目资金后续不足，居民得不到真正的服务。部分社区装修了很漂亮的服务中心，但门庭冷落，甚至关门，只等上级来检查、兄弟单位来参观。部分社区硬件配套设施已走在全国前列，本应花更多精力投入到服务居民上，但却疲于接待来自各地的参观学习团队，无法平衡"社区接待任务重"和"深入居民家中走访次数较少"两者的矛盾，逐渐疏远了与居民的关系。

五、珠海社区建设展望

展望未来,珠海社区建设可以从以下几个方面着手改进:

第一,继续健全社区治理和服务的新机制。明确居委会协管、协办、维稳的行政性事务,进一步强化其自治与服务功能。探索发展社区社会组织的新模式,积极建立对社会组织扶持培育和资助奖励机制,为社区改革提供更多的资金支持,鼓励社区公益性社会组织加快发展,发挥其管理社区、服务居民方面的积极作用。

第二,不断拓宽社工人才队伍建设的渠道和范围,建立科学合理的社会工作人才培养、使用、激励和评价机制、大力开发社会工作岗位,推进社会工作的职业化和专业化。此外,将"社工引领义工开展服务,义工协助社工改善服务"的运行机制具体化和精细化。联合高校培养社会工作人才,引进港澳的先进理念,不断提高社会工作者的工作水平。

第三,强化社区队伍建设。通过公开招考、竞争上岗、招收高校毕业生等方式,招聘一批年轻化、知识化的社区工作者,优化社区工作者队伍年龄、知识结构。同时制定计划,组织社区工作人员学习社区管理政策法规,定期举办社区工作人员业务培训班,并邀请专家、教授做辅导报告,有条件的还可以组织社区工作人员到外地学习考察社区管理经验,不断提高社区工作人员的政策业务素质,适应当前社区治理的需要。

第四,打造社区社会治理与服务数字平台,创新社区公共服务。推进社区信息资源整合,在现有社区综合信息管理和服务平台的基础上,完善政务信息资源交换共享平台,加大投入,建设以社区党务、社区居务、社区服务为重点的公用基础数据库,打造社区社会治理与服务"三位一体"数字平台,促进跨部门、跨镇街、跨社区业务协同和公共服务一体化,运用信息化创新社区公共服务。

参考文献

[1] 陈茵. 珠海社区民主自治的现存问题及成因探析 [J]. 珠海市行政学院学报,2013 (3).

[2] [美] 理查德·C. 博克斯. 公民治理——引领21世纪的美国社区 [M]. 北京:中国人民大学出版社,2005.

[3] 何增科. 论改革完善我国社会管理体制的必要性和意义——中国社会管理体制改革与社会工作发展研究之一 [J]. 毛泽东邓小平理论研究,2007 (8).

［4］中共广东省委广东省人民政府关于经济特区和沿海开放城市继续深化改革开放率先实现科学发展的决定［EB/OL］. http://gzdaily.dayoo.com/html/2008-12/17/content_411521.htm.

［5］珠江三角洲地区改革发展规划纲要（2008—2020年）［EB/OL］. http://politics.people.com.cn/GB/1026/8644751.html.

［6］珠海市财政支持幸福村居建设［EB/OL］. http://www.mof.gov.cn/mofhome/mof/xinwenlianbo/guangdongcaizhengxinxilianbo/201407/t20140730_1120140.html.

城市社区治理改革的"深圳经验":
回顾与反思

马卫红　汪宇慧　王春红[*]

深圳作为中国首个经济特区,一直是中国改革开放的窗口城市。40年的经济体制改革尝试,深圳已经为整个中国的市场经济体制建设作出了应有的贡献。而且,40年经济发展的成就,使深圳成为新兴大都市,据第六次人口普查的数据显示,深圳已是拥有1036万人口的大型城市。就经济方面而言,深圳已经形成自己的产业结构,以高科技为基础,以现代服务业为支点,重点发展现代物流、金融服务和文化产业。然而,作为经济先发展地区,深圳在享受经济增长带来的益处时,也经历着经济与社会不均衡发展所引起的种种挑战。经济发展与社会发展不均衡是我国近些年面临的主要问题,在社会改革领域,深圳再一次被寄予厚望,成为社会建设和社会管理的试验区和先行者。

近年来深圳的基层社区管理改革在全国引起了广泛关注,不仅因为深圳在基层社会管理创新方面多次获得地方政府创新奖(唐娟,2011),更因为整体而言深圳已形成具有独特风格的基层治理形态,有学者称之为"深圳经验"(杨敏,2012)。对"深圳经验"进行系统分析,可以揭示经过一定程度的经济发展后社会流动加剧、利益分化凸显的社会如何通过社区管理革新来适应并容纳相应的变化,为我国即将或者已经出现类似情况的其他城市提供可资参考的样本。

2009年,《深圳综合配套改革总体方案》的提出,使深圳在改革方面具有先行先试权,尤其是明确了"四个先行先试"。同年,民政部和深圳市政府签署了《推进民政事业综合配套改革合作协议》,即著名的"部市协议"。"部市协议"的内容共包括34项,基本可以概括为推进两项改革、建立两项制度、完善两个体系。其中,两项改革指的是基层管理体制改革和社会组织登记管理

---

[*] 马卫红,深圳大学管理学院公共管理系教授,深圳大学当代中国政治研究所研究员,深圳大学社会管理创新研究所研究员;汪宇慧、王春红,深圳大学管理学院公共管理系硕士。本文是教育部人文社会科学研究青年基金(项目编号11YJC840036)的阶段性成果。

改革。根据合作协议，民政部准备在全国推行的一些重大改革项目和措施将会在深圳先行试验，只有深圳市才有条件、有基础、有能力做好的事项将单独安排先行先试。"部市协议"无疑为深圳今后的改革注入一支"强心剂"。梳理并反思过往的改革，无疑对正在进行的事业具有重要意义。

本文将从动力、过程、特征三个方面系统性回顾深圳城市社区管理改革，并在此基础上反思改革未完成之议题及未来的挑战。

一、推动深圳城市社区管理改革的原动力

2000 年以来，国内对城市社区的研究较为关注，不同学科的学者参与其中，取得了丰硕成果。研究的主题相当丰富，有关研究从社区结构变迁、社区自治空间发育以及社区资本等角度对城市基层社会转型和社区建设展开了深入探讨，并从不同理论视角阐述了社区管理改革的实践（肖林，2011）。大体而言，可以把现有对社区改革的理论分析归纳入两个基本框架：国家—社会关系框架和多元行动者框架。在国家—社会关系框架中，常常体现出两种取向：国家政权建设取向和社会自治增长取向，由此出现了以"强"和"弱"的词汇来形容国家和社会在社区管理改革过程中的变化情况（侯伊莎，2007）；在多元行动者框架中，又可见要素分析和网络分析两种路径（卢爱国，2008；夏建中，2010）。

学界对深圳社区管理改革的理论阐释几乎涉及上述各种观点（陈家喜、黄卫平，2009），然则不禁令人思虑到底哪种解释更接近改革之初的原始理念及改革是如何成为可能的。理论阐释多数是事后对实践经验的理性概括，常看重对实践结果的分析，结果并不时时都会体现行动之初的原始动因。而知晓原始改革动力具有重要的意义，因为它能使我们对实践经验有更本真的判断。也正因此，本文不打算细数对深圳社区管理改革的理论解释，而是分析推动改革的原始动力。

推动深圳进行社区管理改革的原始动力主要可以归结为四个。

首先，巩固政府在基层社区的行政权力。这是全国进行社区管理改革的共同动力，主要源于基层社会结构的变迁。对于政府而言，单位制的消亡意味着旧有城市基层管理手段的失效，亟须寻求新的基层管理手段，而且经济的发展、住房制度的变革使得水平化的组织在基层社区迅速增长，社区内部结构发生了很大变化，社区出现了多元的利益相关者，这些都是政府管理城市面临的根本问题，因此，重建社区对政府具有重塑合法性的重要意义。这一点可以从2000 年颁布的《民政部关于在全国推进城市社区建设的意见》里得到佐证。

同时，现有文献的分析也指出社区建设的动力来源于此（耿曙、陈奕伶，2007；姚华，2010）。

其次，有效解决社区问题，协调各方利益，传递公共服务。深圳作为经济先发展地区，又是大型移民城市，一些社会层面的问题可能会先于其他城市表现出来，因此，深圳在这一层面上所进行的探索具有前沿性和典型性。经济发展与房产私有化汇聚于社区所表现出的是居民在社区内的利益相关度提高，突出表现为与房产有关的利益。深圳居民大多是移民人口，依靠个人技能和自身优势在经济发达的地区获得不菲的收入，从而购买了属于个人的房产。房子不像其他的商品，可以购买多个。对绝大多数人来说，一生中只有一套属于自己的房产，因此，人们会更加珍爱并积极维护它。任何可能影响到居民利益的事情都会遭到反抗或抵制。出于对切身利益的维护，这类社区的居民具有较强的自治意识和自治需求。面对此种情况，深圳社区管理改革试图求解如何实现社区多元利益的有序表达，如何重整党和政府、社区组织与居民的角色。这些问题在深圳市南山区的社区建设过程中尤其突出，因此也造就了独特的社区管理"南山模式"（陈家喜、黄卫平，2009）。

再次，行政自觉。在我国社会发展的现阶段，行政自觉对于社区管理改革是非常必要的，它可以从动力和组织体系两个方面推动社区改革。在深圳尤其如此，行政自觉是一种重要动力源，推动着各区的社区管理改革，恰如有学者所言，"'深圳经验'的关键意义在于……有意识地追求一种现代社区"（杨敏，2012）。行政权力在社区是把双刃剑，它有可能成为限制性因素，但也可成为积极因素。所谓行政自觉，是指政府对自身所处环境有清醒认识，从而能主动采取行动适应新环境。行政自觉不仅包括政府对行政权的维护，也包括对社区自治权的觉醒。就深圳的实践来看，无论是盐田模式还是南山模式，都表现出了行政自觉这一动力因素。如在盐田区，从社区治理模式的初始建构到其后的再次创新都是依靠政府的推动。组织架构基本上是政府部门权衡目标实现和手段合理的基础上设计出来的，是一种由上至下的置入式模式建构。盐田模式的建立基于三个主要目的：解决居委会组织定位问题；改善政府在基层的行政执行能力；搭建社区自治的组织载体，从体系框架方面保证前两个目的的实现，同时也是为了更好地适应转型期的基层社会特点，为居民提供更周全的服务（马卫红，2009）。

最后，地方创新的竞争与压力。如果说深圳城市社区管理早期改革是为了有效应对社会转型和社会结构变动所产生的管理压力，那么近几年推动基层社区改革的动力主要来源于地方政府创新的竞争和随之而来的压力。笔者在近几年的社区调研中，屡次听到基层官员和管理者因兄弟社区或街道的创新举措得到肯定和嘉奖而自身也不得不绞尽脑汁"创新"的无奈之言。在创新基层社会管理的总体考核要求下，基层社会管理者对自身工作的定位以"创新"为终极目标，因为这一指标决定着他们政绩的优劣。对基层管理者来说，创新意味着"求变"和"差异化"，因此形形色色的模式就此产生，不一而足，出现了所谓"一社一色"的多样性（唐娟，2011）。

二、深圳城市社区管理改革的过程

深圳城市社区管理改革可以从纵、横两个纬度来梳理。纵向主要指社区管理体制改革，横向主要指社区管理具体措施和机制。横向的管理改革呈现平面化发展特点，没有明显的阶段性，且每个时段所采取的具体措施差异性较大；纵向的管理体制改革则具有明显的过程性和一致性。因此，本节主要梳理社区管理体制改革。

深圳社区管理体制改革主要经历了四个阶段。

第一个阶段为街居体制，主要指深圳建市到2000年。这一时期，深圳的基层社区管理架构是按照全国通行的城市居委会相关法律在社区成立居委会，同时居委会的角色是行政性和群众性兼有。显而易见，居委会需要承接街道办下放的大量行政任务。在这一时期，居委会是社区内"独大"的组织，它的办公用房、经费以及人员工资待遇都可以通过区财政拨款或街道办补助。这种情形类似其他城市，所遇到的部分基层社区管理问题自然也雷同。但是深圳终究是改革开放的前沿，有不同于其他城市的地方。在社区层面的表现就是，深圳率先出现了商品房小区和物业管理。1980年8月，深圳市第一个商品房小区开始兴建，并实施全新的物业管理；1991年，深圳出现了全国第一个业主委员会（曾宇青，2010）。这些社区层面的变化对原有社区管理体制提出了挑战，在深圳，对社区管理体制的实质性改革需要来得更早、压力更大。

第二个阶段为"议行分设"，主要指2000—2004年。早在20世纪80年代，深圳的社区结构就开始分化，社区组织多元化，现实变化迫切要求对原有管理体制进行突破性变革。从20世纪90年代末开始，深圳已经有试点社区进行"议行分设"的改革探索，其目的是从根本上解决居委会职能行政化问题。首先，进行"居改社"，即将原有的居民委员会更名为社区居民委员会。这不是简单的更改名称，而是对全市的社区规模进行了调整，重新划分社区。其次，通过"一会两站"式改革来实现"议行分设"，即在社区居委会下面设立社区工作站和社区服务站。居委会作为议事组织对社区重大事务和社区管理行使决策权、监督权；工作站、服务站作为居委会的"执行"机构，分别完成政府委托的行政工作、办理社区自治事务和为民服务（祖玉琴，2006）。"议行分设"的改革原本要解除居委会的行政任务，使之专注于居民自治事务，但"一会两站"的体制设计显然无法实现这一目标。因为，社区工作站虽然承接政府委托的行政工作，但仍然属于居委会的下属分支，这样一来，居委会的行政任务不但没有减轻，反而进一步增加了。

第三个阶段为"居站分设"，主要指 2005—2007 年。针对"一会两站"体制运行中出现的新问题，深圳在总结自身和其他城市社区建设成功经验的基础上，于 2005 年颁布了《深圳市社区建设工作试行办法》。该办法规定社区工作站从社区居委会独立出去，专门承接政府职能部门在社区开展的治安、卫生、人口、文化、法律、环境、科教、民政、就业、维稳综治、离退休人员管理等工作，以及其他由各区政府确定需要进入社区的工作事项；同时，积极配合和支持社区居委会或其他社会力量开展便民利民社区服务。这一规定明确了社区工作站和社区居委会的关系，即二者是平行关系，应互相支持与配合。由社区工作站主要承担政府行政职能、社区居委会主要发挥群众自治功能。至此，深圳具有鲜明特点的"居站分设"社区管理体制得以确立。

第四个阶段为"一站多居"，主要指 2007—2009 年。随着深圳市居住人口的扩张，在社区层面，居委会所辖人口平均为 2 万，如此庞大的规模不利于居民之间的互动以及对社区活动的参与。2007 年，在"居站分设"的基础上，深圳市启动"一站多居"的社区管理体制改革，实现以较大的社区工作站整合社区资源，以较小的居委会方便居民沟通和自治（李舒瑜，2010）。

至此，深圳的社区管理体制改革基本完成，但深圳探索社区管理改革的步伐并没有停止，因为现实在不断变化，尤其深圳在探索行政管理体制改革，与之相适应，基层社区管理体制也会发生相应变化。另外，深圳新设的四个功能区在社区结构、发展阶段等方面都不同于原有行政区。以坪山新区为例，这里有农民"洗脚上田"后的城市化，也有城乡二元经济模式的并存，这里也是人口比例倒挂明显的区域。作为城市边缘区，坪山新区在地价机制和中心区城市改造的双重影响下，从市中心区迁出的居民和来自其他地区寻求工作机会的外来人口在这里汇集，有各种由于新旧交替、人口增加、社会结构变得复杂而产生的矛盾。这些矛盾随着社会经济的发展，在社区中得到了集中体现，如土地整备、环境保护、产业结构调整、基础设施建设等，诸多复杂因素形成的冲突让坪山新区在跨越发展的过程中必须从社会建设上谋求新路，在基层社区管理改革方面也会有新的发展。

三、深圳社区管理改革的主要特征

有学者指出,深圳的社区管理改革呈现出地方多样性(唐娟,2010)。这有两层含义:其一,深圳市行政区与行政区之间的社区改革实践具有差异;其二,每个行政区内也存在不同的实践样本。仅就"居站分设"的实施来看,各行政区之间差异明显,大体存在三种形式:一是分离式,即社区工作站与社区居委会各自单独设立,人员完全分离,不交叉任职;二是交叉式,即社区工作站与社区居委会人员部分交叉任职,尤其社区工作站站长通过法定程序当选为社区居委会主任;三是重合式,即社区工作站和社区居委会人员完全一致,"两块牌子,一套人马"(祖玉琴,2006)。

同一城市的社区改革出现地方多样性并不为奇,因为我国的城市管理历来采取"多管齐下"的策略(黄冬娅,2010),不仅宏观层面的国家治理采取"上下分治"(曹正汉,2011),地方治理中同样存在"上下分治"现象,加之地方政府对社区的定位不同,而且所处的经济环境和所面临的管理问题有异,自然就会形成实践中的差异性。深圳的社区管理体制改革从市到区、从区到街道、从街道到社区都有不同的实践形式,难以穷尽,况且这本身仍是个正在进行的过程。因此,本节对深圳社区管理改革的分析不打算以"模式"来归类,而对实践中共同关注的主要议题及其特征加以总结,这些特征也构成了"深圳经验"的内涵。

第一,政社分离,明确政府与社会的基本职能。深圳社区管理的最明显特征就是形成了政社分离的基本形态,从体制和职能上划分了政府和社会的基本边界。行政和自治作为社区建设过程中的两个主导因素,二者的互动主导着全国各地不同的社区建设模式。早期的社区体制改革最关注的是如何平衡基层社区空间内行政和居民自治之间的权力关系。2005年深圳市全面推开了"居站分设"社区体制的改革。在基层社区设立工作站,与居委会是平行关系,相互独立。条件成熟的社区,社区工作站和居委会在工作人员、财务和办公场所等方面实现了完全分开。社区工作站作为街道的派出机构,承担政府在社区的具体行政工作;社区居委会作为居民自治组织,负责社区内部公共事务的管理。社区工作站人员由街道聘用,社区居委会人员由社区居民直接选举产生。为落实居民自治权,居委会下设专门机构——社区服务站,主要承接具体的社区服务工作。特别值得一提的是,盐田区把社区服务站作为民办非企业在区民政局注册,通过政府购买服务的方式促进服务站的运转,同时允许服务站进行有偿服务。

第二，撬动体制资源，疏通矛盾冲突。深圳处在改革开放的最前沿，从20世纪90年代末以来，深圳经历着城市更新和经济转型，这一变迁的社会后果是社会分化突出、利益关系交错和社会结构复杂。各类公共纠纷多发，其中，小区物业管理纠纷、市政管理纠纷、劳资纠纷最为突出。为妥善处理各类矛盾冲突和维权纠纷，深圳市形成了特点鲜明的利用现有体制资源的社区调处机制，如"人大代表工作站"制度、"两代表一委员"制度、"民意表达工作室"等。

第三，善用市场和社区力量，形成多元共治机制。在基层社区管理机制方面，深圳进行了诸多有益的尝试，其总体特点是在政府、市场和社区之间形成相对稳定的组合，通过整合各种资源来促进管理目标的实现。在这种组合中，根据所实现的目标不同，协调和合作的权力安排也不同，可能是政府机构或者某个官员主导实施，也可能是参与实际管理过程的组织和个人来主导。这样一来，社区管理就不是单纯地由政府自上而下的行政控制过程，而是加入了市场组织和社区组织的力量，形成不同主体之间共同管理社区事务、提供社区服务的机制。深圳以此为特征、较有影响的管理形态有西乡"花园街区"、桃源居社区公益事业发展基金会、"社工＋义工"联动社区服务、罗湖社区综合治理等。

第四，依赖技术支撑，构建管理网络。由于历史原因，深圳城市管理与社会形态至今仍然带有特区关内外差异的烙印。深圳原特区关外流动人口聚集，社会问题多发，城市管理任务艰巨。面对这一现实问题，关外社区建立了独特的以技术支撑的管理形态。龙岗区的"大综管"模式是其中的典型。"大综管"就是利用数字化城管为支撑，通过整合条块管理力量，建立一种常态、长效的基层管理机制。这一新模式在保留一定的条块管理部门管理力量的基础上，把各种机动的管理力量和管理资源充分整合，全区统一建立一张大网，划成13张街道中网、147张社区小网，居民小组（或小区）成为工作网，大网包小网，一级套一级。"大综管"实现了资源最优化组合和最大化利用，推动了城市和社区管理的常态化、规范化与精细化（唐娟，2011）。

四、对深圳社区管理改革的反思

上述深圳城市社区管理改革具有鲜明的特点，为现行基层社区管理的良性运转提供了有效的体制和机制支持。但是，反思深圳社区管理的实际工作会发现其中也遇到一些问题，大致可归为两类：一类是先前改革未完成之议题，另一类是现实新变化所产生的挑战。这些问题在全国来说具有一定的代表性，如何应对这些问题应该是进一步改革的方向。

第一,如何理顺社区工作站与社区居委会的关系。按照"居站分设"的理念,社区工作站与社区居委会是合作伙伴关系,二者共同完成社区事务。而笔者在实地调研中却发现,这两个组织之间常出现遇事相互推诿的现象,这种情况在社区工作站和社区居委会分设的社区尤为突出。在"居站分设"体制改革之初,对社区工作站和居委会的主要职责有划分,但彼时的制度安排更多是强调二者的职能分离,对如何协作却没有明确的规章可循。实践证明,一方面,在社区层面存在一些无法清晰归属是行政事务还是社区事务的事项;另一方面,在实际的社区工作中无论是行政事务还是社区事务最终都会借助人情化的私人方式来完成。这样一来,二者的工作就有交叉重叠的部分。目前的现实是,需要协作的事项落实得如何,依赖于工作站站长和社区居委会主任之间私人关系的好坏,并没有相应的机制来协调或者加以明确。因此,如何更好地解决二者之间的协作是下一步改革需要解决的问题。

第二,如何建立社区行政事务准入机制。从体制设计上看,"居站分设"解决了居委会行政化问题,但由于社区内需要落实的行政事务并未随着社区管理体制改革而减少,且有些行政事务的落实仍需居委会发挥重要作用,因此,"居站分设"后的居委会并不轻松。笔者认为,建立社区行政事务准入机制可以有效为社区减压,激发活力,并能防止社区重新行政化。2018年初,深圳宝安区发文提出探索建立社区工作站行政事务准入制度,意在理顺政社关系,完善社区管理制度。如何建立社区行政事务准入机制、通过政府职能转变来理顺基层社区管理体制也是重要的问题之一。

第三,如何使居委会功能再生。从单位制到街居制再到社区制的社会转型使居委会角色和地位经历"由边缘到中心,再由中心到逐步边缘化"的过程。当前居委会在基层的角色复杂而尴尬,面临多重两难困境:制度与现实、自治与行政、利益表达与基层维稳之间的矛盾与张力使居委会陷入发展危机。居委会功能衰落与角色失调成为社区体制建设的瓶颈,因此,居委会如何发展下去是一个亟待解决的现实问题和理论问题。居委会去行政化之后,之前所附带的行政资源也随之转移,导致居委会行政触角被切断、社会末梢又无力延伸的局面。在深圳,有些社区居委会如鱼得水,较好地发挥了居民自治功能;但多数社区居委会平凡无奇,甚至不为居民所知。因此,居委会的功能再生是一个仍未解决的问题。

第四,业委会在社区管理中如何定位。第一个业委会组织于20世纪90年代初现身深圳,它的出现对于社区结构和管理形态的改变毋庸置疑。然而,全国来看业委会绝大多数情况下仅仅跟房屋管理相关联,在社区综合性管理中并未发挥重要影响。深圳现行的几种主要社区管理模式对业委会的角色定位也较为含糊。从实践层面来看，业委会不能很好地融入基层社区管理体制也是造成社区矛盾与冲突的根源之一。在未来，深圳作为社区管理改革试点区，或许可以在这些新问题上作出尝试。

最后，防止基层社区管理改革中的"假创新"。"创新"是当下社会建设和社会管理最流行的词汇。如前所述，囿于创新社会管理的评价体系，一些社区或片区仅仅为了创新而创新，导致"假创新"现象产生。"假创新"可以由两个方面来判断：第一，搞运动式创新，走过场、搞形式，一阵风过后创新改革不再继续；第二，新瓶装旧酒，换汤不换药，这种创新不针对实际问题，只在表现形式上做文章。"假创新"不仅消耗体制资源，也会掩盖基层管理中需要解决的真问题。

参考文献

[1] 曹正汉. 中国上下分治的治理体制及其稳定机制 [J]. 社会学研究, 2011 (1).

[2] 陈家喜, 黄卫平. 探索社区和谐的治理之道——南山模式的创新与启示 [J]. 当代中国政治研究报告, 2009 (7).

[3] 耿曙, 陈奕伶. 中国大陆的社区治理与政治转型：发展促变或政权维稳？[J]. 远景基金会季刊, 2007 (1).

[4] 侯伊莎. 激活和谐社会的细胞——"盐田模式"制度研究 [M]. 北京：中央编译出版社, 2007.

[5] 黄冬娅. 多管齐下的治理策略：国家建设与基层治理变迁的历史图景 [J]. 公共行政评论, 2010 (4).

[6] 卢爱国. 使社区和谐起来：社区公共事务分类治理 [D]. 武汉：华中师范大学, 2008.

[7] 李舒瑜. 社区自治显成效. 基层民主开新篇 [N]. 深圳特区报, 2010 - 05 - 09.

[8] 马卫红. 现代城市社区行政权与自治权互构的模式与内动力——基于对深圳"盐田模式"和"南山模式"的分析 [J]. 上海城市管理职业技术学院学报, 2009 (3).

[9] 唐娟. 深圳市社区治理结构课题成果简介 [EB/OL]. http://www.szass.com/newsinfo_402_11836.html, 2011.

[10] 唐娟. 深圳特区三十年：政府主导与多样性的社区治理形态 [J]. 现代物业, 2010 (10).

[11] 肖林. "社区"研究与"社区研究"——近年来我国城市社区研究述评 [J]. 社会学研究, 2011 (4).

[12] 夏建中. 治理理论的特点与社区治理研究 [J]. 黑龙江社会科学, 2010 (2).

[13] 杨敏. 社会学视野中的社区建设和制度创新——"深圳经验"的一种社会学理论感悟 [J]. 哈尔滨工业大学学报（社会科学版）, 2012 (1).

［14］姚华．社区自治：自主性空间的缺失与居民参与的困境——以上海市 J 居委会"议行分设"的实践过程为个案［J］．社会科学战线，2010（8）．

［15］曾宇青．基层管理体制变迁与社区制的建立［J］．特区实践与理论，2010（2）．

［16］祖玉琴．创新社区管理体制夯实和谐社会基础——浅论深圳市社区管理体制的改革与发展［EB/OL］．http://www.gdmz.gov.cn/oldsite/luntan/2006/0303_36.htm．

调查报告编

广州市越秀区社区公共服务调查报告

越秀区民政局和中山大学课题组[*]

广州市从 2011 年、2012 年开始在全市推行社区公共服务购买活动，在每一个街道设立了家庭综合服务中心。很快，这一做法在市区普及后，又迅速推广到全市的乡镇。由此，广州市社区公共服务取得了较大发展，尤其是在供给模式上有较大的改变。为了解社区公共服务供给和需求的基本情况，我们以越秀区居委会工作人员为调查对象，于 2015 年底至 2016 年初在全区对每一个社区进行了普查。以下是普查结果的分析报告，涉及社区基本情况、社区自治、居民参与、公共服务项目、家庭综合服务中心工作开展情况等方面。我们试图通过调查，了解广州市社区公共服务的基本情况。

一、社区基本信息

本次调查共涵盖广州市越秀区 18 个街道 218 个社区。关于社区基本信息的调查结果如下：

第一，社区类型以老旧社区为主，其次为单位制小区和新建商品房小区。在已知社区类型的 216 个社区中，56.9% 的社区属于完全的老旧社区，74.1% 的社区至少部分属于老旧社区；12.1% 的社区属于完全的单位制社区，25.9% 的社区至少部分属于单位制小区；3.2% 的社区属于完全的新建商品房小区，14.4% 的社区至少部分属于新建商品房小区；3.7% 的社区属于完全的村改居社区，6% 的社区至少部分属于村改居社区。混合型社区大约占到 24.1%（图1、图2）。

---

[*] 本课题组由越秀区民政局工作人员和中山大学政治与公共事务管理学院社会保障与社会政策研究所师生组成，来自中山大学的成员包括岳经纶教授、管兵副教授、彭宅文讲师、博士生黄博函、研究生杨宇泽、本科生谢宣。本报告主要执笔人是杨宇泽、谢宣和黄博函。

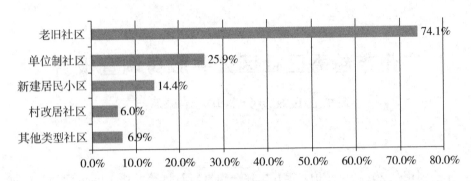

图1　不同类型社区所占比例（允许多选）

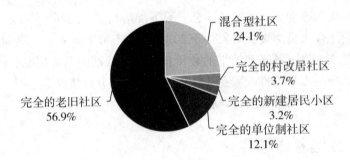

图2　不同类型社区所占比例（不允许多选）

第二，社区占地面积整体较小，不同类型的社区规模差异较大。在已知占地面积的212个社区中，平均占地面积为0.155平方公里，约53.3%的社区占地面积不超过0.1平方公里，约80.2%的社区占地面积不超过0.2平方公里，仅有2个社区占地面积超过1平方公里。每个社区平均有5.31个小区、100.25栋居民楼、2010.99户居民，但不同社区间差异较大。通过交叉表分析可知，整体而言，村改居社区无论是占地面积、楼栋数还是总户数均较大，反映出大面积高密度的"城中村"式特征；老旧社区的占地面积较少，楼栋数多但总户数较小，反映出老旧街坊人口流失、衰落的特征；单位制社区的占地面积较大，但楼栋数与总户数较少，反映出计划经济时期低密度的居住特征；新建商品房小区占地面积较大，楼栋数较小而总户数较多，反映出高层商品住宅高人口密度的居住特征（图3、表1）。

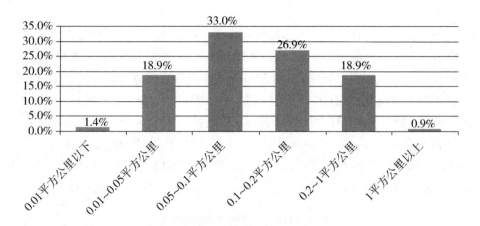

图3 不同规模社区所占比例

表1 不同类型社区规模比较

社区类型	平均占地面积（平方公里）	平均居民楼栋数（栋）	平均总户数（户）
老旧社区	0.119	87	1927
单位制社区	0.201	66	1930
新建居民小区	0.191	63	2207
村改居社区	0.320	455	3364
其他类型社区	0.202	101	2274

第三，社区整体人口规模大、人口密度高。如表2所示，社区常住人口平均为6213.19人，平均人口密度高达4.01万人/平方公里。本社区户籍人口平均为4536.95人，约占社区常住人口的73%；非本市户籍人口数平均为1358.33人，约占社区常住人口的21.9%，有10个社区外来流动人口比重超过50%；境外人口平均为33.03人，仅占社区常住人口的0.53%，但也存在个别境外人口集中的社区，如有4个社区境外人口比重便超过了10%。

表2 社区人口户籍身份构成情况

人口类型	平均值	标准差	中位数	最小值	最大值
社区常住人口	6213.19	2617.12	5701	856	19500
本社区户籍人口	4536.95	1895.842	4414	920	10571
非本市户籍人口	1358.33	1980.041	856	0	14936
境外人口数	33.03	121.025	2	0	1055

第四，社区常住人口性别结构较为均衡，但年龄结构呈老龄化态势。如表3所示，在已知不同性别人口数的163个社区中，男性常住人口平均为3188.03人，约占社区常住人口的52.1%，性别结构较为均衡，但也有11%的社区男性人口比重达到60%及以上，这可能与外来人口的涌入有关。社区0~6岁常住人口平均为337.29人，约占社区常住人口的5.4%；7~18岁常住人口平均为695.57人，约占社区常住人口的11.2%；60岁及以上常住人口平均为1168.86人，约占社区常住人口的18.8%；75岁以上常住人口平均为525.9人，约占社区常住人口的8.5%。从数据来看，越秀区已步入老龄化社会。

表3 社区人口性别及年龄构成情况

人口类型	平均值	标准差	中位数	最小值	最大值
男性常住人口	3188.03	1472.52	2880	871	10291
女性常住人口	2935.76	1294.77	2654	992	9945
0~6岁常住人口	337.29	314.94	252.5	16	2465
7~18岁常住人口	695.57	664.21	447	12	4300
60岁及以上常住人口	1168.86	807.71	1008.5	10	6055
75岁以上常住人口	525.9	448.25	428	31	3699

第五，社区特困人员比重低，社会救助压力不大。如表4所示，社区残疾人常住人口平均为65.08人，约占社区常住人口的1.05%；"三无"老人与孤儿常住人口平均分别为4.95人与0.59人，皆不足社区常住人口的0.01%；领取低保的常住人口平均为24.46人，约占社区常住人口的0.39%。整体上，越秀区社会救助压力并不大。

表4 社区特困人员构成情况

人口类型	平均值	标准差	中位数	最小值	最大值
残疾人常住人口	65.08	32.98	61	1	171
"三无"老人常住人口	4.95	8.72	2	0	63
孤儿常住人口	0.59	4.61	0	0	66
低保常住人口	24.46	28.79	15.5	0	196

第六，驻社区单位以企业为主，不同社区单位数量差异悬殊。如表5、图

4 所示,在已知正确驻社区单位信息的 190 个社区中,每个社区平均驻有 74.93 个单位,其中逾半数社区(55.3%)所驻单位不超过 10 个。每个社区平均驻有党政机关 1.09 个、事业单位 2.59 个、企业 62.49 个。不同社区所驻单位数差异显著,且差异主要体现在驻社区企业数方面。有 52.6% 的社区所驻企业不超过 5 个,最少为 0 个;同时,有 16.3% 的社区所驻企业超过 100 个,最多的甚至达到 1215 个。这种驻社区单位资源的差异极有可能对社区的治理能力产生重要的影响。

图 4　驻社区单位构成情况

表 5　驻社区单位情况

单位类型	平均值	标准差	中位数	最小值	最大值
全部单位	74.93	160.23	10	0	1218
党政机关	1.09	2.91	0	0	28
事业单位	2.59	3.93	2	0	40
企业	62.49	150.21	5	0	1215

第七,社区网格员配备相对不足,网格员专职化程度较低。在已知正确网格员信息的 174 个社区中,如表 6 所示,每个社区平均划分为 8.49 个网格,其中,最少为 2 个,最多为 18 个。每个社区平均拥有 8.17 个网格员,略少于网格数,反映出网格员配备相对不足。具体到网格员的具体类型,如图 5 所示,每个社区平均拥有专职网格员 3 人,专职化率约为 36.72%;拥有兼职网格员 4.85 人,其他类型网格员 0.32 人。总体而言,网格员的专职化水平有待进一步提高。

表 6　社区网格化情况

网格化相关指标	平均值	标准差	中位数	最小值	最大值
网格数	8.49	2.58	8	2	18
网格员数	8.17	2.45	8	4	16
专职网格员数	3	3.122	2	0	10
兼职网格员数	4.85	3.63	5	0	16
其他类型网格员数	0.32	1.12	0	0	7

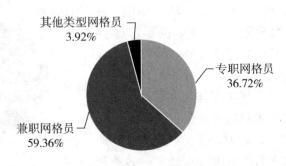

图5　社区网格员构成情况

二、居委会与社区居民自治

第一，居委会工作人员以女性、大专或本科学历、50岁以下、社区专业工作人员为主，拥有社工资格证人员比重较低。经统计，平均每个社区拥有专职人员6.58人，其中，最少者为2人，最多者为13人，绝大多数为5~8人（约占91.7%）。居委会工作人员在性别上以女性为主，约占79.2%，有14.3%的社区居委会为清一色的"娘子军"（图6）；学历上以大专或本科学历为主，分别约占41.3%和54.3%（图7）；年龄上多为50岁以下，其中，35岁及以下人员约占40.9%，36~49岁人员约占52.4%（图8）；来源方面，以社区专业工作人员为主，约占62.2%，其次为其他类型人员（约占12.6%）和政府下派人员（约占5.0%）（图9）；而拥有社工资格证的工作人员仅占约28.7%，不足三成。

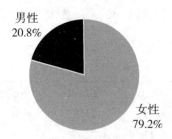

图6　社区居委会工作人员不同性别所占比例

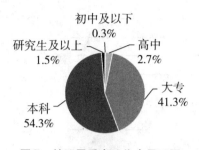

图7 社区居委会工作人员不同受教育程度所占比例

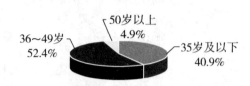

图8 社区居委会工作人员不同年龄所占比例

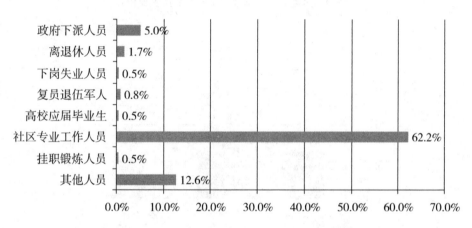

图9 社区居委会工作人员不同来源所占比例

第二，居委会成员的选举方式以直接选举为主，绝大多数社区居委会存在人员短缺现象。如图10所示，有69.6%的社区采用直接选举的方式选举居委会成员，此外，各有15.2%的社区采用户代表选举或居民代表选举的方式选举居委会成员。针对社区居委会是否存在人员短缺现象这一问题，如图11所示，有25.2%的社区认为大量短缺，65.1%的社区认为略有短缺，仅有9.6%的社区认为人员配备合适。因此可以说，超过90%的社区认为居委会存在人员短缺现象。

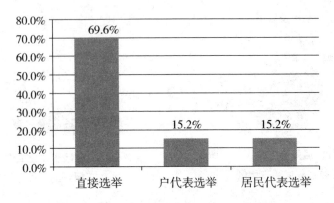

图 10　居委会成员选举的不同方式所占比例

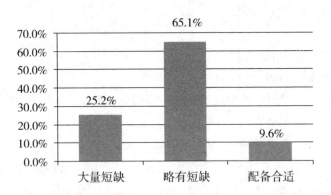

图 11　居委会对于人员短缺状况的认知分布

第三，在社区治理的主体之中，居委会、党组织、政府与居民为参与社区公共事务决策最重要的四大主体。如表 7 所示，在参与社区公共事务决策第一主体方面，有 41.5% 的社区选择了政府，其次为党组织（28.6%）和居委会（15.2%）；在第二主体方面，有 41.2% 的社区选择了居委会，其次为党组织（占比 31.5%）和居民（占比 13.0%）；而在第三主体方面，有 38.4% 的社区选择了居民，其次为居委会（占比 27.8%）和物管公司（占比 11.1%）。若综合考虑每个社区对三大主体的选择，则有约 84.2% 的社区认为居委会为最重要的三大主体之一，其次为党组织（占比 66.6%）、居民（占比 65.7%）和政府（占比 55.8%）。

表7　不同社区主体在不同位次的得票率（%）

社区主体	政府	党组织	居委会	居民	物管公司	驻社区单位	社会组织
第一主体	41.5	28.6	15.2	14.3	0	0	0
第二主体	7.4	31.5	41.2	13.0	3.2	3.2	0.5
第三主体	6.9	6.5	27.8	38.4	11.1	6.9	2.3
总计	55.8	66.6	84.2	65.7	14.3	10.1	2.8

倘若我们根据序次将第一主体赋值为3分，第二主体赋值为2分，第三主体赋值为1分，则最终得分最高的主体为居委会（337分），其后依次为党组织（336分）、政府（317分）与居民（232分），如表8所示。从中我们能够看到，尽管多数社区认为居民是重要的主体之一，但多将其排在第三位，因此其最终总分较低；同时，虽然将政府视为重要主体之一的社区相对较少，但这些社区往往将政府视为最重要的主体，多将其排在第一位，因此其最终得分较高；而居委会和党组织无论是在总得票率还是序次方面均较为均衡，不仅选择二者作为重要主体的社区数量较多，而且序次排位也比较靠前，因此，二者高分数不相伯仲。

表8　部分社区主体在社区事务决策方面的重要度得分

社区主体	第一位次得票	第一位次得分	第二位次得票	第二位次得分	第三位次得票	第三位次得分	总分
政府	90	270	16	32	15	15	317
党组织	62	186	68	136	14	14	336
居委会	33	99	89	198	60	60	337
居民	31	93	28	56	83	83	232

第四，居民会议、党组织和居委会以及居民自我管理是社区居民参与社区事务最主要的三个渠道。在问及社区居民通过哪些渠道参与社区事务管理时，如图12所示，有94.0%的社区选择了居民会议，90.8%的社区选择了党组织和居委会，62.8%的社区选择了居民自我管理，而选择物管公司和社会组织作为参与渠道的社区分别仅占39.4%和25.7%。

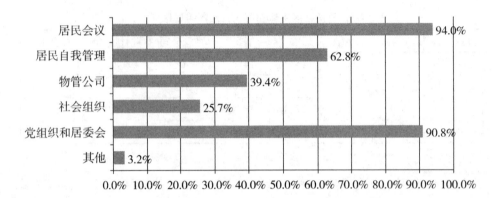

图12 社区居民参与社区事务的不同渠道所占比例（多选）

第五，社区计算机网格信息管理平台的应用十分普遍，但平台数量过多，且各平台之间的共享性较差。如图13所示，在已知计算机网络信息管理平台应用信息的212个社区中，除1个社区不使用网络平台外，其余99.6%的社区均使用了计算机网格信息管理平台，且有92.5%的社区同时使用多个平台，7.0%的社区仅使用一个平台。在同时使用多个平台的其中187个社区中，平均每个社区2015年度同时使用7.26个平台，近20%的社区同时使用的平台数超过10个，最多的甚至达到23个。如图14所示，在同时使用多个平台的其中174个社区中，有46.2%的社区各个平台间完全不联通，有45.7%的社区仅部分平台实现联通，而所有平台均实现联通的社区只占到8.1%。

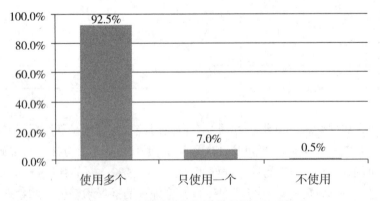

图13 社区使用计算机网络信息管理平台情况

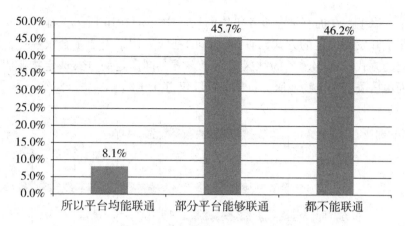

图14　社区计算机网络信息管理平台间联通情况

第六，社区业主委员会成立率不足50%，多为自发成立或居委会引导，居委会主任均不兼任业委会主任。在已知业主委员会信息的215个社区中，有42.3%的社区建立了业主委员会。在建立了业主委员会的91个社区中，平均每个社区建立有1.57个业主委员会，最多的建有5个，有89.7%的社区建有1~2个业主委员会。在建立业主委员会的社区中，有64.7%的社区采用了自发成立的形式，有60.0%的社区采用了居委会引导的形式，如图15所示。在建立业主委员会的社区中，有88个社区的居委会主任不兼任业主委员会主任。

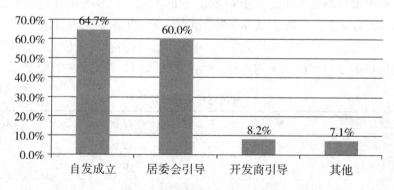

图15　社区业主委员会成立方式所占比例（多选）

第七，物业服务机构建立率近80%，主要由开发商选定，以及由业主会议和业主委员会选定。在已知物业服务机构信息的212个社区中，有77.8%的社区拥有物业服务机构。在拥有物业服务机构的165个社区中，平均每个社区拥有3.16个物业服务机构，最多的达12个，有近50%的社区物业服务机构数在 2 个及以下。在拥有物业服务机构的社区中，如图 16 所示，有 63.5% 的社区采用了开发商选定的方式，有 34.0% 的社区采用了由业主会议和业主委员会选定的方式，有 24.4% 的社区采用了多方共同商定的方式选定物业服务机构，而由居委会选定物业服务机构的社区仅占 0.6%。

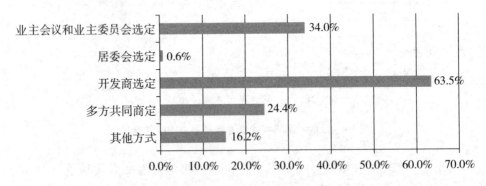

图 16　社区物业服务机构选定方式所占比例

第八，社区每年平均组织逾 17 次居民活动，但居民活动参与率整体略低。在作出有效回答的 211 个社区中，如表 9 所示，平均每个社区在 2015 年组织了 17.19 次居民群体活动，其中最少的为 2 次，最多的达到 167 次。有 35.1% 的社区年组织活动数在 10 次及以下，有 78.2% 的社区年组织活动数在 20 次及以下，年组织活动数达到或超过 50 次的不足 4%。在 2015 年社区组织的活动中，参与人数最多的一次活动其人数平均为 198.27 人，约占社区常住人口的 3.19%；每次参与活动的平均人数为 70.62 人，约占社区常住人口的 1.14%，而平均动员率（参与活动平均人数÷社区常住人口）最高的社区达到了 11%。

表 9　社区组织居民活动情况

统计项目	平均值	标准差	中位数	最小值	最大值
年组织活动数	17.19	17.91	12	2	167
最多参与人次	198.27	173.81	150	30	1000
平均参与人次	70.62	57.56	50	8	400

第九，有近 50% 的社区培育或发现了社区领袖，不同社区的社区领袖数量存在显著差别。在已知社区领袖信息的 212 个社区中，如图 17 所示，有 49.1% 的社区培育或发现了社区领袖。在培育或发现了社区领袖的其中 91 个社区中，平均每个社区拥有 9.18 名社区领袖，最少的为 1 名，最多的达到 70

名。有58.2%的社区拥有5名及以下社区领袖,有28.6%的社区的社区领袖人数达到或超过了10名。

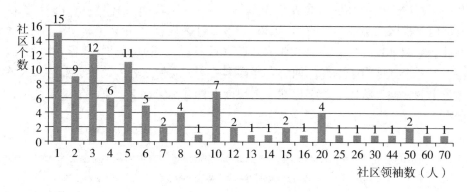

图17　社区领袖数量分布

第十,社区与街道办事处、民政部门以及家庭综合服务中心(以下简称"家综")的互动频率最高。如图18所示,在已知与外界互动信息的209个社区中,各社区每月与街道办事处平均要互动12.87次,与民政部门平均互动2.17次,与家综平均互动1.92次,其后依次为社区内企业单位(1.33次)、其他政府部门(1.1次)、志愿团体(1.03次)、社区内事业单位(0.65次)、社区内社会组织(0.46次)、社区外社会组织(0.22次)以及大学专业院(系)(0.14次)。其中,考虑到部分社区所填报的与街道办事处每月互动次数过高(最高达900次),有误报的嫌疑,故若剔除填报100及以上频次的社区数据,则各社区每月与街道办事处平均互动次数降为5.82次,但依旧位居第一。

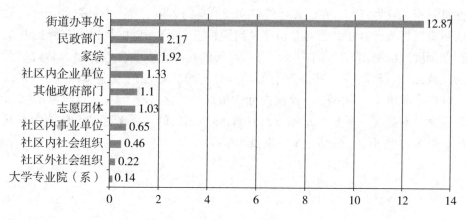

图18　社区与外界各单位的月平均互动次数

如若仅计各社区每月与外界各单位有无互动,则85.6%的社区与街道办事处存在互动,76.4的社区与家综存在互动,36.8的社区与志愿团体存在互动,其后依次为社区内企业单位(34.9%)、民政部门(34.0%)、其他政府部门与社区内事业单位(均为26.8%)、社区内社会组织(25.8%)、社区外社会组织(11.5%)以及大学专业院(系)(4.8%),如图19所示。然而,考虑到各个社区对于本题的回答存在许多敷衍、应付之处,跳答、漏答、误答现象十分普遍,故以上数字仅在一定程度上具有参考意义,未必能够反映真实情况。

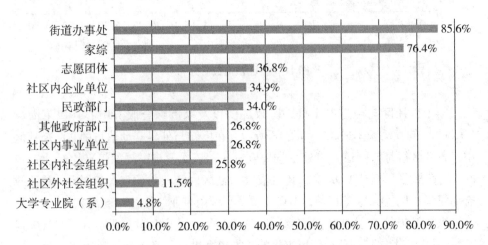

图19 与外界各单位存在互动的社区比例

第十一,社区与外界互动普遍欠缺制度性机制,与街道办事处互动的制度性机制相对最为完善。在已知与外界互动信息的209个社区中,有20.6%的社区明确回答与街道办事处的互动存在制度性机制,9.6%的社区与家综的互动存在制度性机制,7.7%的社区与志愿团体的互动存在制度性机制,其后依次为民政部门(6.2%)、其他政府部门(5.7%)、社区内事业单位(3.8%)、社区内企业单位(3.3%)、社区内社会组织与社区外社会组织(均为2.9%)以及大学专业院(系)(0.5%),如图20所示。同样,考虑到不佳的回答状况,以上数字可能会低估甚至背离真实情况。

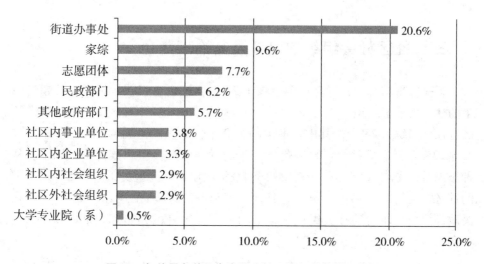

图20 与外界各单位存在制度性互动机制的社区比例

第十二，街道办事处、家综与志愿团体成为社区联合开展居民活动三大最主要的合作对象。有78.5%的社区与街道办事处联合开展了社区居民活动，71.8%的社区与家综联合开展了社区居民活动，33.5%的社区与志愿团体联合开展了社区居民活动，其后依次为民政部门（32.5%）、其他政府部门（27.8%）、社区内事业单位（24.4%）、社区内企业单位（23.9%）、社区内社会组织（23.0%）、社区外社会组织（13.9%）以及大学专业院（系）（6.2%），如图21所示。

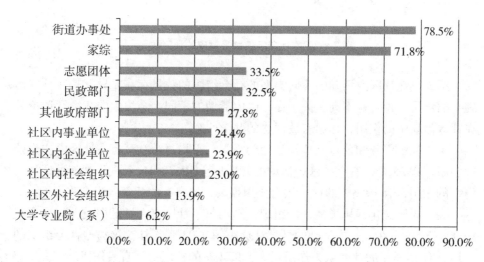

图21 与外界各单位联合开展居民活动的社区比例

三、社区社会组织的培育及其治理角色

第一,平均每个社区有社会组织1.28个,社会组织数量偏低,且超过一半的社区无社会组织。在已知社区社会组织信息的204个社区中,平均每个社区有社会组织1.28个,其中,最少的为0个,最多的达到12个(见图22)。有58.3%的社区无社会组织,有94.6%的社区的社会组织数在5个以下。从种类来看,平均每个社区有在民政部门登记注册的社会组织0.7个、经过备案的社区社会组织0.45个、未经过任何登记和备案的草根社会组织0.46个。在民政部门登记注册的社会组织中,平均每个社区有民办非企业单位0.18个、社会团体0.5个、基金会0.02个。

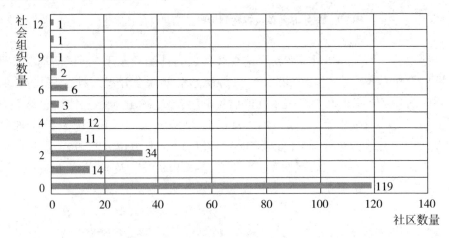

图22 不同社会组织数量对应的社区数量

第二,在社区内活动的不同类型的社会组织的数量存在差异,其在社区治理中的作用评价普遍不高。关于在社区内活动的不同社会组织的数量及评价其在社区治理中的作用,作出有效回答的共165个。

关于社区服务和公益慈善类的社会组织,平均每个社区有在社区内成立的社会组织0.25个,有在社区内活动的外部社会组织0.16个。针对该类型社会组织的作用,有10.3%的社区认为作用很大,13.3%的社区认为有些作用。

关于居民文化娱乐类的社会组织,平均每个社区有在社区内成立的社会组织0.87个,有在社区内活动的外部社会组织0.03个。针对该类型社会组织的作用,有15.8%的社区认为作用很大,17.0%的社区认为有些作用。

关于协助社区管理(社区发展规划和经济发展与就业)类的社会组织,

平均每个社区有在社区内成立的社会组织 0.26 个，有在社区内活动的外部社会组织 0.02 个。针对该类型社会组织的作用，有 10.3% 的社区认为作用很大，10.9% 的社区认为有些作用。

关于居民自我管理与服务类的社会组织，平均每个社区有在社区内成立的社会组织 0.48 个，有在社区内活动的外部社会组织 0.02 个。针对该类型社会组织的作用，有 15.8% 的社区认为作用很大，13.9% 的社区认为有些作用。

在社区内活动的不同类型的社会组织中，居民文化娱乐类的社会组织数量最多，其次是居民自我管理与服务类、公益慈善与社区服务类，协助社区管理类最少。社区对社会组织在社区治理中的作用评价普遍不高，仅居民文化娱乐类社会组织的作用很大和有些作用的评价达到 32.8%，其他均不足三成。

第三，社会组织主要参与社区的居民文化娱乐事务，其次是居民自我管理与服务、公益慈善事业和社区服务事业。在问及社会组织参与社区的哪些事务时，有 74.7% 的社区选择了居民文化娱乐，58.9% 的社区选择了居民自我管理与服务，48.1% 的社区选择了公益慈善事业，46.2% 的社区选择了社区服务事业，而选择社区发展规划和经济发展与居民就业的社区分别占 14.6% 和 7.6%，同时有 1.3% 的社区选择了其他事务（图 23）。

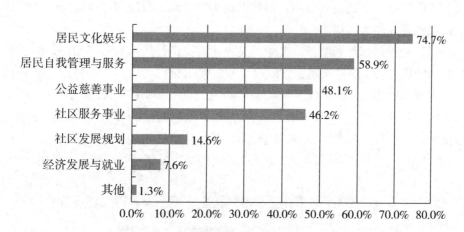

图 23　社会组织参与的社区事务

第四，在社区社会组织与居委会之间的协商议事与合作形式中，社会组织代表居民向居委会反映意见和社区社会组织参与社区公共事务是最主要的两种形式。在被问及社区社会组织与居委会之间都有哪些协商议事与合作形式时，有 71.9% 的社区选择了社会组织代表居民向居委会反映意见，61.0% 的社区选择了社会组织参与社区公共事务，而选择居委会就重大事项征求社会组织意见和社会组织代表列席居委会会议的社区分别仅占39.7%和36.3%（图24）。

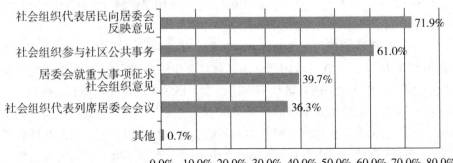

图24　社区社会组织与居委会的协商议事与合作形式

四、社区服务项目

第一，大多数社区提供多种社区服务项目；超过六成的社区购买了社区居家养老服务项目，其他服务项目的政府购买率较低。政府和居委会是社区服务项目最主要的两大提供方。

（1）社区居家养老服务。超过八成的社区提供社区居家养老服务，超过六成的社区购买了该服务项目，且政府、专业社工机构和居委会是最主要的提供方。有86.4%的社区提供社区居家养老服务。其中，69.4%的社区选择政府提供社区居家养老服务，31.7%的社区选择专业社工机构提供，21.3%的社区由居委会提供，而由社工机构之外的社会组织和企业提供的社区分别仅占3.8%和1.6%（图25）。社区居家养老服务属于政府购买服务项目的社区占到了61.7%。

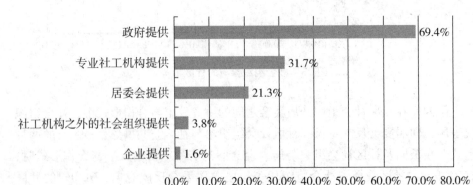

图25　社区居家养老服务的提供方

(2) 机构养老服务。一半的社区提供机构养老服务，超过一成的社区购买了该服务项目，且政府是最主要的提供方。有50.0%的社区提供机构养老服务。其中，64.2%的社区选择由政府提供机构养老服务，22.0%的社区由专业社工机构提供，各有12.8%的社区由企业或居委会提供，由社工机构之外的社会组织提供的社区仅占5.5%（图26）。机构养老服务属于政府购买服务项目的社区占16.8%。然而，考虑到各个社区对于本题的回答存在许多敷衍、应付之处，跳答、漏答、误答现象十分普遍，故以上数字在一定程度上具有参考意义，未必能够反映真实情况。

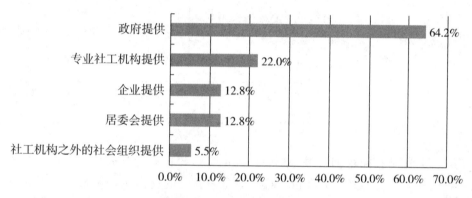

图26　机构养老服务的提供方

(3) 社区医疗服务。超过七成社区提供社区医疗服务，超过一成的社区购买了该服务项目，且政府是最主要的提供方。有73.8%的社区提供社区医疗服务。其中，83.4%的社区选择由政府提供社区医疗服务，11.5%的社区由专业社工机构提供，10.2%的社区由居委会提供，而由社工机构之外的社会组织和企业提供的社区分别仅占4.5%和1.9%（图27）。社区医疗服务属于政府购买项目的社区占15.4%。

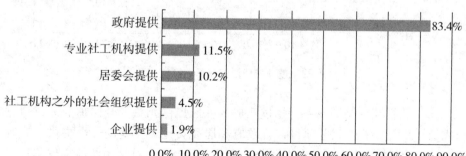

图27　社区医疗服务的提供方

（4）残疾人服务。超过九成的社区提供残疾人服务，超过一成的社区购买了该服务项目，且居委会和政府是最主要的两个提供方。有93.0%的社区提供残疾人服务。其中，64.8%的社区选择由居委会提供残疾人服务，60.3%的社区由政府提供，19.1%的社区由专业社工机构提供（图28）。残疾人服务属于政府购买项目的社区占17.8%。

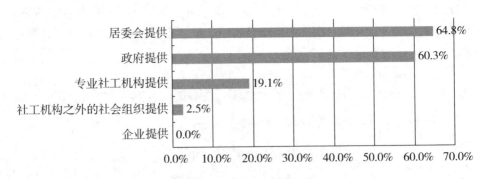

图28　残疾人服务的提供方

（5）就业技能培训服务。超过八成的社区提供就业技能培训服务，超过一成的社区购买了该服务项目，且政府是最主要的提供方。有82.2%的社区提供就业培训服务。其中，88.6%的社区选择由政府提供就业技能培训服务，21.6%的社区由居委会提供，而由专业社工机构提供的社区仅占9.7%（图29）。就业技能培训服务属于政府购买项目的社区仅占15.4%。

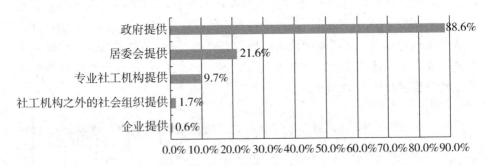

图29　就业技能培训服务的提供方

（6）儿童社会保护服务。超过八成的社区提供儿童社会保护服务，超过两成的社区购买了该服务项目，且政府和居委会是最主要的两个提供方。有87.4%的社区提供儿童社会保护服务。其中，54.5%的社区由政府提供儿童社会保护服务，50.8%的社区由居委会提供，34.4%的社区由专业社工机构提供

（图30）。儿童社会保护服务属于政府购买项目的社区占20.1%。

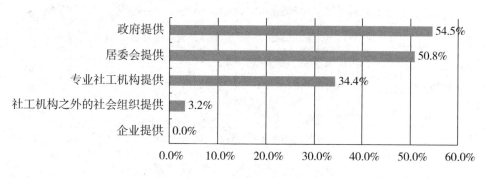

图30 儿童社会保护服务的提供方

（7）青少年服务。超过九成的社区提供青少年服务，超过两成的社区购买了该服务项目，且居委会、政府和专业社工机构是最主要的提供方。有90.7%的社区提供青少年服务。其中，56.9%的社区由居委会提供青少年服务，48.2%的社区由政府提供，38.5%的社区由专业社工机构提供（图31）。青少年服务属于政府购买项目的社区占21.5%。

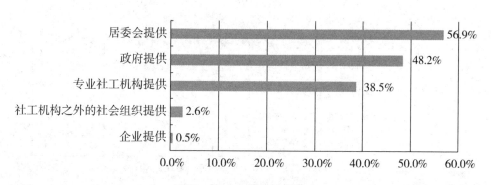

图31 青少年服务的提供方

（8）妇女权益保护服务。超过九成的社区提供妇女权益保护服务，超过一成的社区购买了该服务项目，且居委会和政府是最主要的两个提供方。有93.0%的社区提供妇女权益保护服务。其中，63.0%的社区选择由居委会提供妇女权益保护服务，55.0%的社区由政府提供，而由专业社工机构提供的社区仅占22.5%（图32）。妇女权益保护服务属于政府购买项目的社区占16.8%。

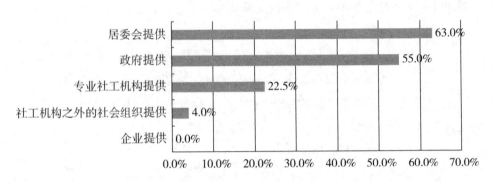

图32　妇女权益保护服务的提供方

（9）法律援助服务。超过九成的社区提供法律援助服务，超过两成的社区购买了该服务项目，且政府和居委会是最主要的两个提供方。有95.8%的社区提供法律援助服务。其中，67.5%的社区选择由政府提供法律援助服务，50.5%的社区由居委会提供，而由专业社工机构和社工机构之外的社会组织提供的社区分别仅占9.7%和5.8%（图33）。法律援助服务属于政府购买项目的社区占到了21.5%。

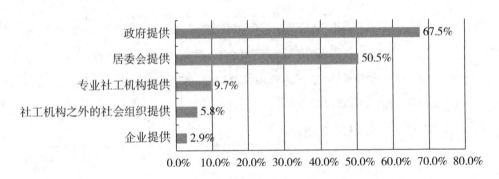

图33　法律援助服务的提供方

（10）社区矫正服务。超过九成的社区提供社区矫正服务，超过一成的社区购买了该服务项目，且居委会是最主要的提供方。有93.9%的社区提供社区矫正服务。其中，78.2%的社区选择由居委会提供社区矫正服务，48.0%的社区由政府提供，由专业社工机构提供的社区仅占9.4%（图34）。社区矫正服务属于政府购买项目的社区仅占11.7%。

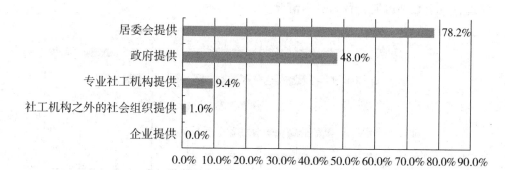

图34 社区矫正服务的提供方

(11) 动迁人员安置帮扶服务。超过四成的社区提供动迁人员安置帮扶服务，不足一成的社区购买了该服务项目，且政府是最主要的提供方。有43.5%的社区提供动迁人员安置帮扶服务。其中，85.9%的社区选择由政府提供动迁人员安置帮扶服务，38.0%的社区由居委会提供，而由专业社工机构提供的社区仅占8.7%（图35）。动迁人员安置帮扶服务属于政府购买项目的社区仅占4.2%。然而，考虑到不佳的回答状况，以上数字可能会背离真实情况。

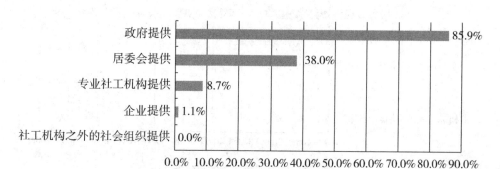

图35 动迁人员安置帮扶服务的提供方

(12) 家政中介服务。超过四成的社区提供家政中介服务，不足一成的社区购买了该服务项目，且居委会、政府和企业是最主要的三大提供方。有45.3%的社区提供家政中介服务。其中，35.4%的社区选择由居委会提供家政中介服务，29.2%的社区由政府提供，22.9%的社区由企业提供，由专业社工机构和社工机构之外的社会组织提供的社区分别占17.7%和14.6%（图36）。家政中介服务属于政府购买项目的社区仅占4.7%。同样，考虑到不佳的回答状况，以上数字可能会背离真实情况。

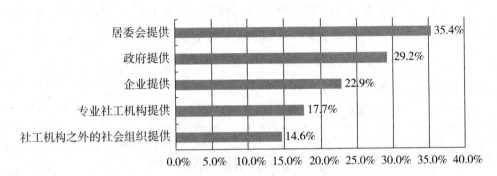

图36 家政中介服务的提供方

（13）邻里调解服务。超过九成的社区提供邻里调解服务，不足一成的社区购买了该服务项目，且居委会是最主要的提供方。有92.5%的社区提供邻里调解服务。其中，87.9%的社区选择由居委会提供邻里调解服务，34.2%的社区由政府提供，由专业社工机构提供的社区仅占8.5%（图37）。邻里调解服务属于政府购买项目的社区仅占6.1%。

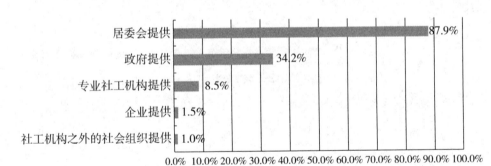

图37 邻里调解服务的提供方

（14）社区环境维护服务。超过八成的社区提供社区环境维护服务，不足一成的社区购买了该服务项目，且居委会和政府是最主要的两个提供方。有87.9%的社区提供社区环境维护服务。其中，78.0%的社区选择由居委会提供社区环境维护服务，50.3%的社区由政府提供，由专业社工机构和企业提供的社区分别占4.2%和3.7%（图38）。社区环境维护服务属于政府购买项目的社区仅占6.1%。

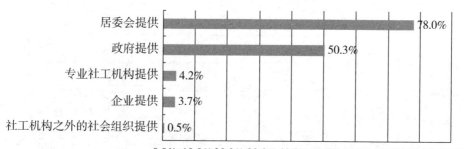

图 38 社区环境维护服务的提供方

（15）社区安保服务。超过八成的社区提供社区安保服务，不足一成的社区购买了该服务项目，且居委会和政府是最主要的两个提供方。有86.0%的社区提供社区安保服务。其中，71.7%的社区由居委会提供社区安保服务，52.9%的社区由政府提供，由企业提供的社区仅占5.3%（图39）。社区安保服务属于政府购买项目的社区仅占9.3%。

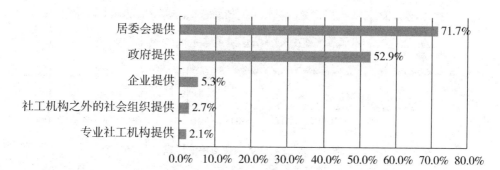

图 39 社区安保服务的提供方

第二，社区对服务项目评估的普及率不高，上级政府部门评估和服务对象反馈意见是最主要的两种评估方式。在已知开展社区服务项目评估的194个社区中，14.4%的社区全部进行过评估，15.5%的社区对2/3以上的项目进行过评估，16.5%的社区对半数以上的项目进行过评估，14.4%的社区对1/3以上的项目进行过评估，而很少对项目进行评估和没有进行过评估的社区分别占到了25.3%和13.9%（图40）。在有效回答项目评估形式的173个社区中，通过上级政府部门评估的社区最多（65.9%），其次是服务对象反馈（60.7%），再者是委托第三方（38.7%）、社区党委和居委会评估（32.9%），如图41所示。

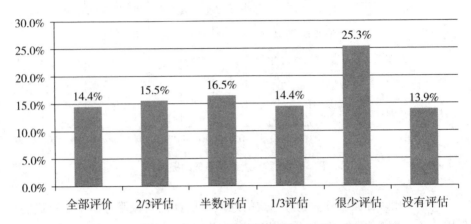

图40 是否对社区服务项目进行过评估

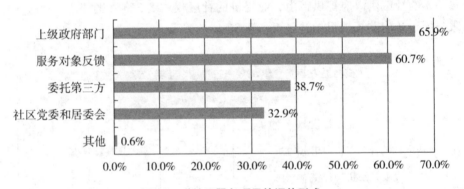

图41 对社区服务项目的评估形式

第三，超过六成的社区的志愿者组织数在2个以下，平均每个社区有逾100人的注册志愿者。在已知社区内志愿者组织数量的203个社区中，平均每个社区有志愿者组织17.52个。但是，如果去除高于400的过高数据，则平均每个社区有5.98个志愿者组织。有10.3%的社区无志愿者组织，有64.5%的社区的志愿者组织数在2个及以下，志愿者组织数达到或超过5个的社区为21.2%（图42）。同时，平均每个社区的注册志愿者人数为102.15人，其中，最少的为0人，最多的为902人。无注册志愿者的社区占22.1%，注册志愿者人数为1~20人的社区占23.5%，注册志愿者人数超过50人的社区占31.9%（图43）。

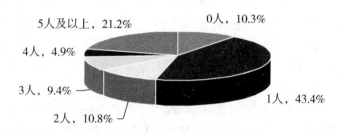

图42 社区内志愿者组织的数量

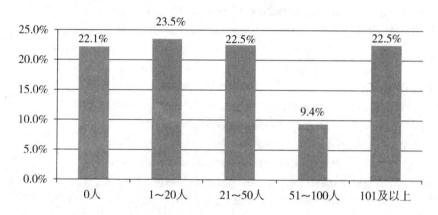

图43 社区内注册志愿者的人数

第四,社区居民是社区志愿者队伍的最主要来源。在被问及社区志愿者队伍的主要来源时,91.8%的社区选择了社区居民,36.1%的社区选择了驻社区单位人员,35.1%的社区选择了社区内社会组织,而选择高校大学生和社区外社会组织的社区分别占14.4%和13.0%(图44)。

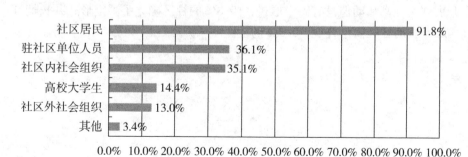

图44 社区志愿者队伍的来源

第五，在社区开展的志愿者服务活动中，社区文体活动、政策宣传与咨询、居民关系调解、治安和生活困难人员帮扶是社区开展的最主要的五种活动。在被问及2015年社区都开展了哪些志愿者服务活动时，最主要的回答是社区文体活动（77.1%）、政策宣传与咨询（76.6%）、居民关系调解（71.5%）、治安（70.1%）和生活困难人员帮扶（70.1%），其次是残疾人服务（65.9%）、青少年儿童服务（59.3%）、养老志愿服务（58.4%）和妇女权益保护（57.0%），再者是环境保护（51.9%）和慈善活动（41.6%），如图45所示。

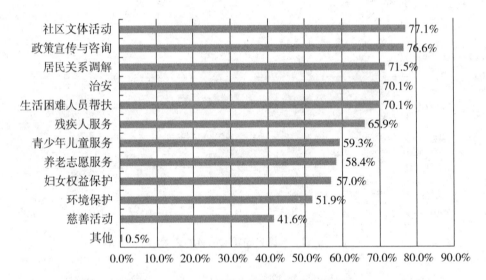

图45　社区开展的志愿者服务活动的类型

第六，超过七成的社区长期开展或经常开展邻里互助活动，但超过八成的社区无固定形式。在已知开展邻里活动信息的215个社区中，58.1%的社区经常开展邻里互动活动但没有固定形式，15.8%的社区确立了固定形式并长期开展，25.1%的社区偶尔开展，0.9%的社区从未开展（图46）。

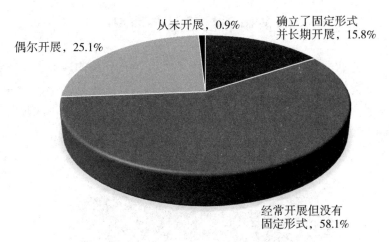

图46 是否开展过邻里互助活动

第七，在制约志愿服务的因素中，居民参与度不高、缺乏激励和资金不足是最主要的三大因素。在被问及制约志愿服务的因素时，有67.3%的社区选择了居民参与度不高，66.8%的社区选择了缺乏激励，64.5%的社区选择了资金不足，54.7%的社区选择了缺乏场地，而选择缺乏参与途径的社区占26.6%（见图47）。

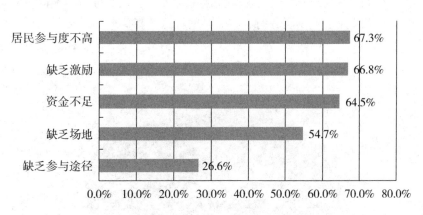

图47 制约志愿服务的因素

五、家庭综合服务中心社区服务情况

第一，近八成社区的家综社工与社区建立了制度化的沟通渠道。在有效回答家综社工是否与社区建立了制度化的沟通渠道的218个社区中，79.4%的社区的家综社工与社区建立了制度化的沟通渠道，而未建立制度化沟通渠道的社区占20.6%（图48）。

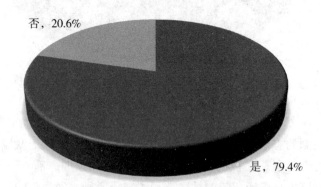

图48 家综社工是否与社区建立了制度化的沟通渠道

第二，超过四成的社区经常主动要求家综社工提供服务。在被问及社区有无主动要求家综社工提供服务时，44.2%的社区选择偶尔主动要求，42.9%的社区选择经常要求，12.4%的社区很少要求，另外有0.5%的社区没有要求过（图49）。

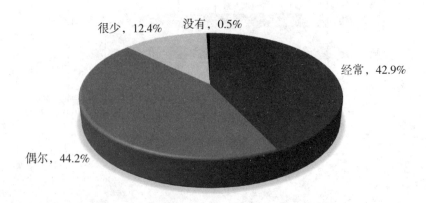

图49 社区有无主动要求家综社工来社区提供服务

第三，在家综社工从事服务的类型中，老年人个案、志愿者服务和组织集体活动是最主要的三项活动。在有效回答家综社工从事服务的类型的214个社区中，最主要的家综服务项目是老年人个案（85.0%）、志愿者服务（55.1%）和组织集体活动（51.9%），其次是儿童个案（45.3%）、低收入家庭个案（37.9%）、家庭和邻里服务（37.4%），再次是配合社区开展其他工作（30.8%）和社区工作（24.3%），如图50所示。

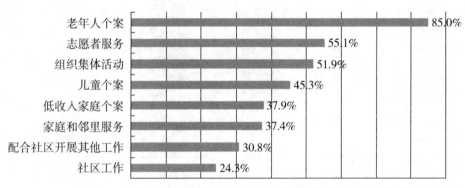

图50　家综社工从事服务的类型

第四，不足三成的社区的家综经常与社区内社会组织合作开展服务。在已知家综与社区内社会组织合作开展服务信息的216个社区中，有41.2%的社区偶尔开展，29.6%的社区经常开展，有16.2%的社区很少开展，另外有13.0%的社区没有开展过（图51）。

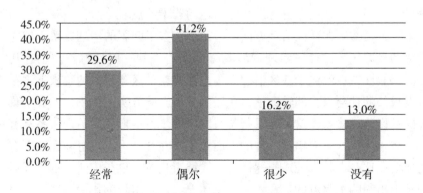

图51　家综是否与社区内社会组织合作开展服务

第五，超过八成的社区认为家综社工的工作可以在一定程度上满足社区需要。在有效回答家综社工的工作能否满足社区需要的217个社区中，45.6%的社区认为有些作用，35.0%的社区认为作用还可以，15.7%的社区认为基本没有作用，只有3.7%的社区认为家综社工的工作极大满足了社区需要（图52）。

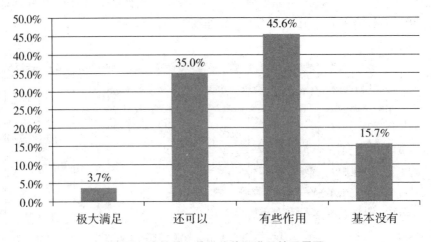

图52　家综社工的工作能否满足社区需要

六、社区公共服务供给多元化与社会组织伙伴培育建议

越秀区是广州市的老城区，在社区治理方面有着老城区的特点；同时因为隶属一线大城市，也有着非常多的便利条件和创新机会。通过对上述调查结果的分析，我们可以总结出越秀区社区治理的若干特点。

第一，越秀区在社区治理方面已经初步建立了完善的治理体系。越秀区是广州市的老城区，在社区治理领域既有社区治理的一般性特点，也有其特殊性。其一般性特点就在于社区治理结构方面，在社区党组织的统领下，在培育和自发成长的社会组织的辅助下，在居民委员会的务实工作下，形成了具有代表性的社区治理体系。这一体系与各大城市逐步发展形成的治理体系具有相似性。而越秀区在这方面稍微特殊的方面在于其在社会组织培育和发展上有着丰富的经验。这一点与身处广州这样的一线城市相关，也与广州市迅速开展的政府向社会组织购买服务的实践相关。总体上，社会组织的快速发展，为多元主体的新治理体系完善奠定了基础。

第二，越秀区在社区公共服务供给方面初步建立了政府主导和社工机构参与的协同治理局面。在公共服务供给的调查部分，我们可以看到，基本上各项公共服务的主要供给方是政府，其次是居委会，这显示了非常强烈的政府主导的色彩。只是在养老领域，除了政府提供之外，社工也扮演着重要的角色。而在其他的公共服务供给方面，基本上是由政府和居委会直接提供，并占据了主导性的分量。在部分服务领域，社工机构供给可以占据到第三的位置。可以说，这一调查反映了越秀区和广州市社区公共服务供给的真实情况。同时，我们也发现，在政府主导的情况下，社工机构开始逐步介入公共服务供给，展示了社会工作的专业性，并在工作中获得认可。

第三，越秀区在公共服务供给方式上开始推广政府购买服务的制度模式。在社会治理和社区建设领域，各地在机制创新领域做了非常多的尝试，其中很重要的一个突破点就是动员和利用社会力量参与到治理中来，这也正是"治理"这一概念的应有之义。广州市从2011年开始在全市推广建立家庭综合服务中心，越秀区是最先试点的区，并迅速覆盖了每一个街道。广州市政府购买服务有其独特的模式，在调查中，我们也重点调查了具体的实践情况。总体上可以看到，政府购买服务为在社区基层开展专业性的公益服务奠定了制度和人才基础。与此同时也产生了一些问题，如家综嵌入街道和行政体系中，难免会影响其专业性和独立性。调查中也发现家综没有获得更好的评价，有六成以上的调查对象认为家综社工的工作基本没有作用或者只有很少的作用。

为进一步提升越秀区和广州市的社区公共服务质量，我们以多中心治理的理论视角，结合调查实际，给出以下具体建议。

首先，进一步培育和壮大社会组织，建立更为高效的多中心治理体系。"治理"取代"管理"和"统治"的最显著不同就在于后两者的主体仅仅是政府，而"治理"的主体是多元的，政府只是其中的一个主体。理想中的"治理"是政府与多元伙伴在平等的基础之上共同处理公共事务和解决公共问题。在基层政府和居委会主导当前社区治理的情况下，如何能够利用和动员好社会力量参与到社区治理中来，是当务之急，也是政府职能改革和简政放权的应有之义。政府向社会组织购买服务这一制度和实践中有两点至关重要，直接影响这一实践的成败：一是在理念上要重视社会组织，尤其是专业性的公益服务的社工机构在社区公共服务供给中的重要作用；二是要进一步利用好社区内的草根社会组织，给予他们资源，形成社区内良好的自组织形态。

其次，进一步加大政府购买服务的资助力度。广州市在政府购买服务中投入的财政资金处于全国前列，但相对于发达国家和地区，投入的财政资源还远远不足。在中国香港地区，社会福利署每年以百亿港元以上的经费资助民间机构用于公共服务。加大这方面的财政预算有着非常必要的现实意义。一方面，在社区以及更宏观的社会层面,有着大量的公共服务空白,需要在很多领域开展工作;另一方面,政府的财政也应该越来越多地转向公共服务的提供。从全球来看,社会组织的资金来源中至少有40%来自政府的资助,这些受到资助的社会组织与政府一同在公共领域向民众提供公共服务。广州市可以在市一级、区一级和街道一级都设立一定金额和比例的购买服务资金,用于和社会组织合作,向辖区内的民众提供基础和多元的专业公共服务,弥补政府能力和人员的不足。唯有如此,才能真正落实培育社会组织的任务。

再次,建立规范的政府与社会组织之间的权责清单。社会组织与政府共同提供公共服务的一个必要的前提条件是尊重彼此的独立性和专业性。在这方面,社会组织比较容易受到政府的影响,从而失去其专业性,甚至会有行政化的趋势。这个情况在家综的具体工作中表现得比较明显。为避免这一现象,一个可行的办法就是建立政府和社会组织之间的权责清单,尤其是针对承接政府购买服务的社会组织来说,明确职、权、责,建立权责清单和负面清单,不能将政府的各种职能工作都纳入社工的具体工作之中。

最后,完善拨款和考核机制。既然政府购买服务在本质上是市场化操作,那么对效率的考察是必需的。如何分拨经费给社会组织,如何对这些经费的使用效果进行考察,是加强对社会组织内部运行过程的监管还是考察其提供公共服务的效果,背后都有不同的逻辑。在经历了数年的实践之后,广州市可以在制度建设上进行更多的改革和尝试,为各地有效开展政府购买服务提供更多的可资借鉴的制度框架。

中山市公益创投公众评议报告

岳经纶　庄文嘉　易　剑[①]

一、政策简况

（一）公益创投项目出台的背景

自党的十八届三中全会将"国家治理现代化"确定为全面深化改革的总目标以来，如何加强社会建设、创新社会治理成为摆在各级政府面前的重要课题。为加强社会建设、推进社会治理创新，中山市委、市政府大力探索"一个理念、两个突破、三个共享"的社会建设管理模式，坚持以包容增长、共建共享理念为引领，积极破解城市人与农村人、本地人与外地人的两对二元结构难题，努力实现全民共享发展成果、基本公共服务和平等发展机遇。在这个过程中，中山市委、市政府发展出了"人人参与公益、人人享受公益"的政策理念。在这一理念指导下，中山市在2013年开展了第一届"博爱100"公益创投。到2015年，中山市的"博爱100"公益创投活动进入了第三届。为有效实施本届公益创投活动，2015年5月22日，中山市民政局下发了《关于印发〈中山市第三届"博爱100"公益创投活动实施方案〉的通知》。

（二）公益创投项目制定的依据

本项目的出台主要依据以下政策文件：
(1) 民政部《民政事业发展第十二个五年规划纲要》。
(2)《珠江三角洲地区改革发展规划纲要（2008—2020年）》。
(3)《民政部 广东省人民政府共同推进珠江三角洲地区民政工作改革发展协议》。
(4)《广东省民政事业"十二五"规划》。

[①] 岳经纶，中山大学中国公共管理研究中心、政治与公共事务管理学院教授；庄文嘉，中山大学政治与公共事务管理学院副教授；易剑，中山市社会工作委员会公共服务促进科科长。

(5)《中山市城市总体规划（2004—2020年）》。

(6)《中山市国民经济和社会发展第十二个五年规划纲要》。

(7)《中山市落实〈民政部 广东省人民政府共同推进珠江三角洲地区民政工作改革发展协议〉工作方案》。

(8)《中共中山市委、中山市人民政府关于加强社会建设创新社会管理的实施意见》。

(9)《关于印发〈中山市第三届"博爱100"公益创投活动实施方案〉的通知》。

(10)《关于做好第三届"博爱100"公益创投活动相关实施工作的通知》。

（三）公益创投项目制定的目标

通过"博爱100"公益创投大赛的举办，动员全民参与公益事业，培育并支持一系列具有较强创新性、可操作性的公益项目。传播全民公益理念，动员全民参与社会治理，激发全民参与公益事业的热情与活力，使一切有利于公益事业发展的资源与社会力量充分涌流，共建共享善治中山。

（四）公益创投项目的基本内容

中山市第三届"博爱100"公益创投活动由五大基本板块组成，分别为：主板块公益创投、镇区板块公益创投、社区公益创投大赛、"逸仙杯"中山海外青年公益创新大赛和职工服务公益创投大赛。五个板块的具体内容及承办实施单位如下：

(1) 主板块。包括覆盖全市范围的创投项目和未设立板块的镇区项目，由组委会办公室直接组织开展。

(2) 镇区板块。包括"创益菊城"公益创新大赛等10个镇区板块，由各相关镇区组织开展初赛和项目实施。

(3) 社区公益创投大赛。由市社工委、市文广新局组织开展，征集各社会组织、草根社会组织实施的社区公益服务项目。

(4) "逸仙杯"中山海外青年公益创新大赛。由团市委负责组织开展。

(5) 职工服务公益创投大赛。由市总工会负责组织开展。

二、项目成效

据主板块、镇区板块和社区公益数据来看（"逸仙杯"等其他板块未纳入统计范围），第三届"博爱100"公益创投共有6个活动板块、12个镇区板块，共计8个党政部门参与主办或协办，422个组织机构参与其中，总申报数目达973项。大赛共评出200个各级别的优胜项目。支持赞助的单位数目为348个。累计提供种子资金460万元。

三、公众评议的基本情况

自2013年开展第一届"博爱100"公益创投以来，中山市委、市政府及各政府部门倡导"人人参与公益、人人享受公益"的设计理念，不断修订规则。在此过程中，究竟项目设计是否科学、公益创投的执行是否有力、群众是否从中真正受益，很多问题需要得到客观独立的检验与回答。为此，中山市社会工作委员会（以下简称"社工委"）委托中山大学社会保障与社会政策研究所以独立第三方身份，就中山市第三届公益创投项目开展公众评议，试图对项目进展、实施及其成效给出相对客观与科学的评估结果。自2015年10月起，课题组相继开展了专业评估、实地调研，并参与和组织了相关代表座谈会及公众评议会。

在专业评估阶段，课题组与中山市社工委就项目进度、取得成绩与存在问题等进行了深入调查了解。社工委提供了较多宝贵的第一手材料供课题组阅读分析。

在实地调研阶段，2015年11月10—11日，课题组走访了中山市小榄镇全民公益园等公益活动场所，与公益创投项目代表及对象人员代表等进行了深入座谈，获取了大量第一手资料。

在问卷评议阶段，课题组在2015年12月面向中山20个镇和街道发放了公益创投公众评议问卷，收集公众对该项目实施情况的评价与意见。下面主要对问卷评议的情况进行简要介绍。

（一）评议主体

本次公众评议的主体是18岁以上、具有合法权益的公民，包括中山户籍和非中山户籍的常住人口（以在中山市居住半年以上为标准）。

从2015年11月16日发放问卷至12月1日回收问卷，发放的问卷数量为360份，实际回收问卷304份，实际有效问卷回收率达到了84.4%。

从回收的问卷来看评议主体的身份类别，公益创投成员占43.37%，服务对象占34.30%，小额资助者占7.77%，普通群众占14.56%。如图1所示。

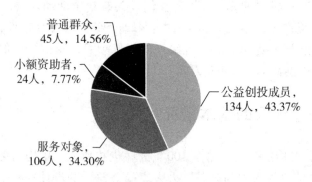

图1 评议主体身份结构

(二) 评议方式

对公益创投项目的评议主要有两种方式，一是评议问卷的投放，二是现场公众评议会。在公众评议会中，第三方机构根据公众报名和独立邀请相结合的原则，组织申报团队、专家代表、市民代表和媒体代表召开现场评议会，由申报团队分别进行陈述介绍和讨论互动，进行充分的审议和辩论。评议问卷最后由课题组进行回收并用于报告分析。

(三) 评议内容

本次评估主要从四个方面展开：一是客观评价，主要是收集公益创投成员、服务对象、小额资助者、普通群众对公益创投项目的资金资助方式、政策讨论过程、评审方式、满意度评价等方面的数据，并进行定量分析。二是主观评价。一方面，通过问卷调查的方式测量服务对象和普通群众对公益创投项目各项工作的主观感受；另一方面，通过对公益创投成员的访谈，获得对整个政策出台的背景、目标、内容、实施效果和存在问题的整体把握，并对政策提出建设性建议。三是对中山市公益创投"博爱100"项目的完成落实情况进行定性描述和分析，侧重于定量评价指标未能覆盖的相关工作。四是综合评价，即在客观评价、主观评价、工作任务分析三者的基础上，得出综合评估结论。

(四) 问卷结果分析

1. 评议主体对公益创投项目的满意度评价

问卷第二至六题涉及评议主体对公益创投项目的满意度评价。从问卷调查结果分析来看，从总体上说，中山市民对于公益创投项目的需求和了解程度较高。针对此前是否了解中山市"博爱100"公益创投活动一题,共有282人回答,其中了解的占86.2%,不了解的占23.8%,如图2所示。

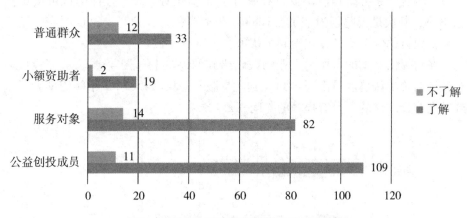

图2 评议主体对公益创投项目的了解程度

具体从公益创投项目的资金资助方式、对市民和企业的鼓励措施两个方面来看评议代表对项目设计合理程度的评价,问卷结果如图3和图4所示。1代表非常合理,2代表比较合理,3代表不太合理,4代表非常不合理,通过计算各项平均分来对评议代表的满意度进行比较,得分越接近1表示对项目的认可度越高。

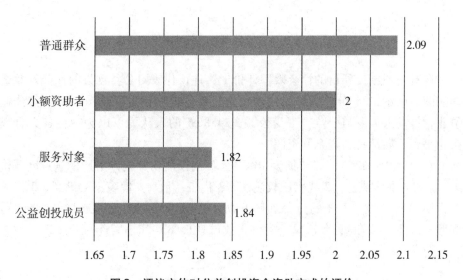

图3 评议主体对公益创投资金资助方式的评价

在对公益创投项目的资金资助方式评价上,共有304人回答,其中有49人对资金资助方式表示不清楚,评议代表对资金资助方式的了解程度为83.9%。从图3可以看出,服务对象对于资金资助方式合理性的认可度最高(1.82),其次是公益创投成员(1.84)和小额资助者(2)。这说明在一定程度上,项目的资金资助方式得到了认可。

在对提供资助的市民和企业的鼓励措施的评价上(图4),公益创投成员对鼓励措施的认可度最高(1.8),其次是服务对象(1.81),小额资助者对于鼓励措施合理性的评价有提升的空间(2.1)。

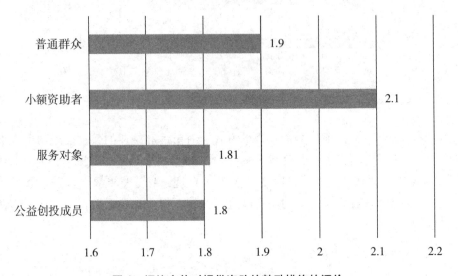

图4 评议主体对提供资助的鼓励措施的评价

在对公益创投项目的社会效益评价上,评议代表对公益创投的社会效益选择如图5所示,28.61%的评议代表认为公益创投项目可以动员全民参与公益事业,推动人人参与公益、享受公益;24.86%的人认为可以为社会各方合作搭建平台,激活社会资金和资源。

在对《中山市第三届"博爱100"公益创投活动实施方案》的满意度评价上,1代表非常满意,2代表比较满意,3代表一般,4代表不太满意,5代表非常不满意。评议主体的打分如图6所示,最为满意的是普通群众(1.79)和服务对象(1.79),其次是公益创投成员(1.88)和小额资助者(2.2)。

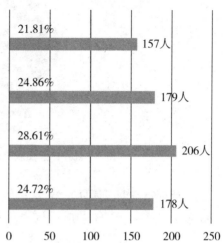

图5 评议主体对公益创投社会效益的评价

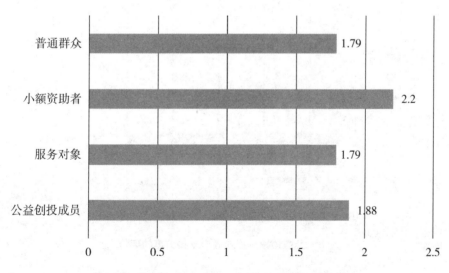

图6 评议主体对公益创投活动实施方案的满意程度

2. 公益创投成员的评价

发放给公益创投成员的问卷测量了其在项目中获得的资金捐助和政府支持等方面。在公益创投团队收到社会定向捐助方面（图7），41.32%的团队收到过定向捐助，20.66%的团队没有收到过，38.02%的团队正在洽谈中；超过五成的团队的资金支持需要得到落实。

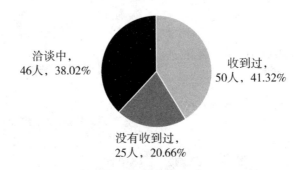

图 7　公益创投团队收到社会定向捐助情况

在政府对公益创投团队的支持力度上，55.65%的公益创投成员认为政府的支持力度比较大，25%的成员认为政府的支持力度非常大（图 8），由此可见，政府对公益创投团队的支持力度是得到团队成员的认可的。

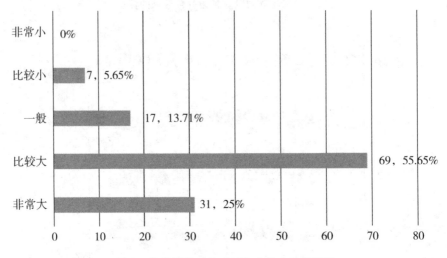

图 8　公益创投成员对政府支持力度的评价

图 9 显示了公益创投成员对申报项目类别覆盖情况的评价，73.6%表示项目类别的覆盖比较充分，21.6%表示非常充分。总体来看，公益创投成员对项目类别的覆盖面是比较满意的。

具体来看公益创投成员对项目各方面工作的评价（图 10），得分从 1 到 5，分数越接近 1 说明此项工作的满意度越高。公益创投成员对项目的宣传动员、评审专家构成、现场服务和评审标准方面比较满意，对项目经费拨付方式的便利性、种子资金分配的合理性和信息传播方面的满意度有待提升。

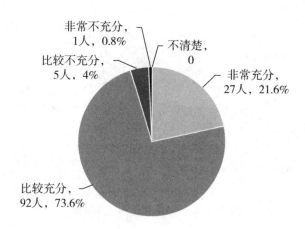

图9 公益创投成员对申报项目类别覆盖的评价

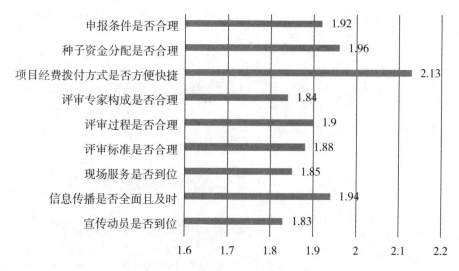

图10 公益创投成员对项目工作的评价

3. 服务对象的评价

由公益创投服务对象填写的问卷测量了服务对象对活动的满意度、存在问题和建议。图11 显示了在公益创投活动期间,服务对象所接受的服务类型。服务对象所享受的主要服务类型有文体服务与设施(24%)、精神慰问(20%)和关爱妇女儿童服务(19%)。

图12 显示了服务对象对本届公益创投活动存在问题的看法,其中34.5%

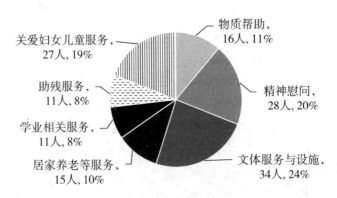

图11 服务对象享受的服务类型

的服务对象认为项目执行过程中资源整合力度不足,提供给民众的福利与服务浅尝辄止;30.2%认为公益创投举办经验不足,项目多缺乏实践经验,覆盖范围有限;23.2%认为项目缺乏新意,不太有吸引力;12.1%认为项目多出于想象,与民众最真实的需求不符,不接地气。

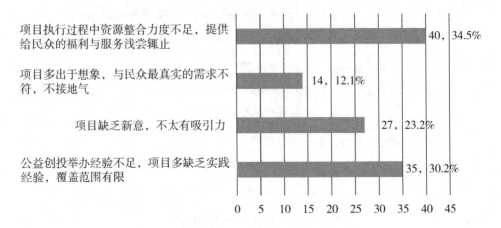

图12 服务对象认为本届公益创投活动的问题

针对公益创投活动中存在的问题,服务对象评议代表对可以改进的方面进行了选择(图13)。服务对象认为最应该加强的方面是"注重外部资源的整合,适当通过大型广场活动进行多方资源链接,主动与伙伴机构、合作方等洽谈,共同开展活动,注重需求导向,鼓励更多的社会组织主动去发现社区居民的需求,参与公益性服务"(26.3%)和"加强社会化和社区化的媒体资源运用,扩大社区居民的知晓度,在老百姓关注的媒体资源上下功夫"(26.3%)。

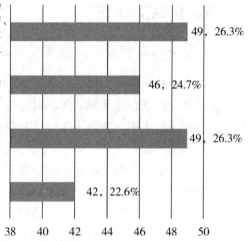

图13 服务对象认为可以改进的方面

4. 小额资助者的评价

问卷测量了公益创投项目在筹资环节对小额资助者的主要影响因素,结果如图14所示,排在第一位的影响因素是"多方参与公益的良好平台,可以量力而行进行微公益"(29.1%),另外三个因素也起着重要作用。

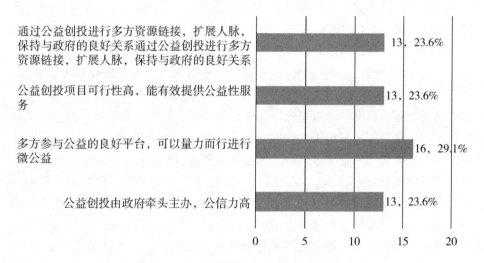

图14 吸引小额资助者筹资的主要因素

四、反映的问题

(一) 与社工委调研时发现的问题与改进建议

中山大学社会保障与社会政策研究所在 2015 年 11 月 10—11 日到中山市社工委以及街道进行实地调研时,通过与社工委工作人员、民政局领导在小榄镇全民公益园的走访,获得了第一手资料。在调研的过程中,发现主要存在以下三个方面的问题:

第一,草根社会组织财务体系需要完善,财务运作不够规范。首先,由于很多社会组织都是草根组织,对于如何专业使用配套资金没有清晰的规划;加上社会组织疲于应付会议、培训等事项,草根社会组织很难集中精力做好项目本身,这也造成金奖项目数量的下降。其次,资金的分配结构不合理,在调研中发现,目前人员支出占总资金支出比重的 30%,这将大大降低项目资金使用的效率。最后,资金使用的问责也是一个值得反思的方面。

第二,由于缺乏专业的运作人才,很多社会目标组织面临管理能力缺失的问题。在资源链接上许多资源无法充分配套,尤其是对于新成立的组织和社工机构,缺少人脉,场地、资金、人员,都是需要组织考虑的问题。

第三,项目评估的流程和标准的科学性有待加强。一方面,在项目类型的板块设置上欠缺考虑,在调研中发现,金奖项目中政府项目已经占了一定比重,不利于全民参与理念的推广;另一方面,对于资金资助的类型也缺乏细分和考虑。因此,从长远来看,这将不利于公益创投项目的发展。

针对以上问题,在调研中,各方通过讨论协调得出的解决建议是:首先,将社会组织的财务体系纳入审计监督,使其运作规范化;完善公益领域从业人员的酬劳规定,提升社会组织队伍的专业化水平。其次,发挥社会机构的资源链接功能,培育枢纽型组织。从筹资看,要增强资金来源的社会化,充分利用多元化和社会化的筹资渠道,有效增强公益创投自身的社会影响力;从投资过程看,要重视与慈善基金、商业创投的联合投资,重视多元化投资工具的选择。再次,完善项目评估标准和流程,在项目筛选上对公益创投市场进行细分,囊括政府、媒体、草根社会组织、专业社工和企业等板块。一方面,能够使大量资源集中于单一板块,形成优势互补的网络构造,打破彼此竞争局面;另一方面,在投资过程中能够更好地优化资源配置,更高度地参与投资对象管理过程。同时,公益创投市场的细化将对社会效应的评估产生巨大帮助,细分的公益创投板块需要设置更为专业和公正的评审标准,从而更准确地评估项目的社会效应。

（二）回收问卷发现的问题与建议

在304份有效问卷中，共有38份填写了对公益创投项目实施进程中的建议和意见，占比12.5%。公众评议的建议主要体现在以下三点：

第一，扩大宣传面，让更多人认识并参与到活动中来。可以考虑联系更多企业进行赞助，扩大受惠人群，跨界组织和宣传，让满意度高的公益创投活动持续进行下去。

第二，简化申报流程，给予起步的社会组织更多的支持。评议代表建议将评估的形式简单化，加大对社会组织的资金支持力度。有公益创投成员评议代表反映资金的支出结构不合理，人力占比过重，这给项目的运行造成困难，另外，对于镇区板块的项目应该予以同样力度的支持。

第三，加强不同项目之间的交流，开展各环节链接的培训。评议代表建议增强创新意识，打造更专业的队伍，对队伍进行专业培训。

五、进一步完善项目的对策与建议

在此次公众评议活动中，中山大学社会保障与社会政策研究所收集到了较多来自普通群众、社会各界代表以及现场评议代表的建议，并对其进行了梳理。在全民共建共享的社会治理格局下，为了加强社会建设管理，激发广大社会组织、社会工作者及其他社会力量参与幸福和美中山建设，中山市"博爱100"公益创投活动已经举行了三届。所以，为了更好地推进中山市公益创投项目的发展，课题组在结合群众和社会各界代表意见的基础上，提出以下几点建议。

（一）完善政策的建议

第一，政府应出台相关法律和产业政策，支持公益创投活动的大力发展：降低法律注册门槛，支持公益创投项目的设立。政府对公益组织、社会目标组织成立、运行的相关规定将直接影响公益创投的投资行为与投资方式。

第二，政府应丰富资金来源，多渠道筹集资金。根据福利多元主义理论，应该充分发挥社会力量，实现投入多元化。可以考虑支持建立公益创投"母基金"，引导社会资金投入公益创投机构。"母基金"的角色不仅可以大力引导社会基金注入创投事业，而且可以避免传统的救济慈善基金所面临的行政无效等缺点。

第三，明确政府的角色。①扶持者的角色，由于草根社会组织缺乏筹款活动的能力，政府作为培育其成长的平台，初期要对草根社会组织进行扶持，可以引进香港方面专业"导师"，在财政方面进行资金指引，做好财务预算方面的培训工作，同时简化项目经费拨付流程；②倡导者的角色，在草根社会组织获得合法性并且起步之后，需要政府营造氛围，动员社会力量和资金注入草根社会组织，推动筹资来源社会化、投资方式多元化；③监督者的角色，在公益创投组织运行的整个过程中，政府对于社会组织的运作、财政透明需要进行问责，对于资金的使用情况需要政府或者由政府委托专业第三方进行审计和监督，量化社会组织的贡献价值，更科学地评估社会组织的社会效应。

第四，完善公益领域从业人员的酬劳规定，提升社会组织队伍的专业化水平。我国"十二五"规划出台了《关于加强社会工作专业人才队伍建设的意见》，提出完善社会工作专业人才队伍薪酬设计，此类政策的不断完善，有助于吸引越来越多高素质人员加入公益创投队伍，促进公益创投队伍专业化水平的提高。

第五，加大对"博爱100"公益创投项目的宣传力度，让更多有需要的群体知晓这一政策和服务，扩大服务的范围和影响面，尤其面向企业要加大宣传力度，激活企业家精神，发掘有意愿支持但是不知如何支持的企业力量。

第六，细化项目评审的标准和分类，提升评审的科学性和公正性。首先，项目类型分设不同比例，覆盖政府、媒体、草根社会组织、专业社工和企业等主体，资金分配以需求为导向，增强种子基金分配的合理性；其次，设立梯度体系，进行分类申报——全额资助、差额资助、无资助；最后，提升评委标准化和独立性，为评估设立清晰的维度，进行独立、匿名的评审，建立完善反馈机制。

(二) 完善公益创投项目的建议

1. 政府主导力推，社会各界参与

在推动公益创投项目时，应该把明确不同主体的角色定位、具体职能和供给范围放在首位，形成以政府为主导、民间社会组织为实施主体、市场机构为补充，大力提倡社会化筹资和多元化投资体系，将公益创投草根社会组织作为价值传递和资源整合的枢纽，动员社会力量的广泛参与。

各级政府要将公益创投工作纳入当地社会建设发展总体规划，从项目流程设计、社会组织培育、服务主体扶持、公共财政保障、服务队伍建设等方面进行总体设计，根据不同区域实际情况进行合理布局。其一，在政府的主导下，拓宽思路，鼓励和引导社会组织、草根社会组织、市场服务主体积极参与公益

创投项目，发挥社会组织自身的造血功能，引导组织提升组织的合法性和信用评级，重塑社会组织品牌，促进管理层的专业化。其二，和企业建立长期合作，将有社会价值的项目直接与企业对接，进行定向分配和非定向分配，发挥市场机制的作用；综合运用政策优惠、减免税收、专项奖励等手段，鼓励更多的创业投资基金、慈善基金会转型为公益创投；其三，加强社会宣传，利用多种信息传播平台扩大社会和个人的参与，联动社会力量，积极引导社会各界、广大人民群体和公民投身公益，逐步实现服务供应和服务需求相互促进同步发展。

2. 健全筛选、评估、反馈机制，鼓励市民参与

第一，建立完善公益创投项目筛选机制。进行有效的投资对象选取，是公益创投活动的重点，项目筛选过程本身也是创造社会价值的一种来源。可以借鉴欧洲的经验，通过现有投资组合网络、案头研究搜索、各类组织会议、商业计划大赛、社交网络等在内的多种方式主动进行对象挖掘。

第二，建立完善公益创投项目评估机制。在评估时需要考虑项目评估内容的综合性，必须兼顾投资对象的财务可持续性与社会价值增长性；同时，可委托专业评估第三方不断发掘量身定做的评估工具，提升项目评估的科学性和公正性。

第三，建立完善公益创投项目反馈机制。为了使公益创投项目价值最大化，政府需要及时收集项目的反馈。在社会目标组织的成立初期，最重要的支持是帮助其获得更多资金，帮助其接触更多的融资渠道，达成一定的投资意向。在社会目标组织的发展过程中，要逐步帮助其完善内部治理结构，建立有效的激励约束机制。在社会目标组织发展的后期，要帮助其建立可持续经营的能力。在收集反馈的过程中，需要充分考虑服务对象和普通市民的意见与建议，让公益创投的社会价值真正实现全民共享。

3. 加强部门合作，促进地区交流

要按照部门协同、镇街社区运作、社会共同参与的工作思路，明确具体牵头单位，发挥相关部门优势，整合基层民政、劳动、卫生以及教育、体育、文化等公共服务资源，依托区域社会救助、劳动保障、养老机构、青少年服务、社区服务、医疗卫生、残疾康复等服务设施，建立完善镇街、社区运作平台和支持系统，形成整体合力，多渠道、多形式、多方位提供支持，政府部门资源形成联动，简化不必要的流程。

可以参考国内外一些地区的优秀公益创投发展经验，如英国、法国、意大利公益创投在筹资来源、项目筛选、投资方式、增值服务、退出过程方面的经验，加强地区间的经验交流。

4. 推进公益创投团队和社工队伍专业化

第一，进一步提升草根社会组织人员专业化水平。加大公益创投团队技能、管理等专业化培训力度，加快培养公益事业所需的管理和服务人员，提升组织的专业化程度。

第二，支持引导大中专院校开设社会工作专业。引导支持社工专业人才投身公益事业，发挥社工价值。跨地区引进专业社工人才，服务本地区的服务对象。

第三，逐步完善社工队伍薪酬设计，提高社工工资标准，努力使社工的收入不低于本地区平均工资水平。

第四，强调分层次培训，对于不同层次不同类型的机构工作人员进行内容不同的、有针对性的培训。

后 记

本书的正式出版大大滞后于预期,可以说是一本姗姗来迟的新书。

进入 21 世纪以来,党和国家高度重视社会管理体制改革和社会治理创新实践,由此也开启了我们团队的一个新的研究领域:社会政策与社会治理研究。2010 年,我们团队受广东省发展改革委员会的委托,开展"广东省社会管理体制改革研究";2012 年,团队获得广东省教育厅广东省普通高校人文社会科学重大攻关项目"基于社会管理创新的广东和谐社区研究"。此后几年,随着社会治理创新热潮的到来,我们团队又陆续承接了广州、珠海、佛山、中山、东莞等地方政府委托的相关研究课题。可以说,本书是我们团队参与的有关社会治理和社区建设相关课题的产物,也是团队的同事和学生长期学术积累的结果。尽管书中的一些资料已不再鲜活,但毕竟是我和同道们参与 21 世纪社会治理创新活动的一个见证。

很多人为本书的写作作出了贡献。首先,要感谢我的同事管兵博士(现任华南理工大学公共管理学院教授)、庄文嘉副教授、彭宅文博士,他们不仅参与了多个研究课题的设计和申报,而且承担了不少调研工作。其次,要感谢历届博士和硕士研究生,他们是博士研究生邓智平、郭英慧、谢菲、黄博函、方萍、温金荣,硕士研究生钟嫦、李宏、韩清颖、江蓝、刘璐等,他们不仅积极参加课题调研,而且参与了课题报告和相关论文的写作。再次,要感谢几位参与本书撰写的同行,他们是深圳大学的马卫红教授、广东财经大学的李晓燕副教授,以及《南方农村》的陈勇副编审。最后,要感谢为我们开展调研和撰写报告提供支持的相关政府部门及其工作人员,特别是广州市越秀区民政局的张雅丽同志和杨凯阳同志,以及中山市社会工作委员会的易剑同志。

本书的出版有赖多方支持。首先要感谢广东省普通高校人文社会科学重大攻关项目"基于社会管理创新的广东和谐社区研究"对本书出版的资助;其次要感谢管兵教授、博士生张虎平在书稿编辑过程中的付出；再次要感谢《学术研究》和《武汉大学学报（社会科学版）》同意将已经发表的论文收入本书；最后是中山大学出版社同仁、特别是责任编辑赵婷对本书出版的辛勤劳动。

岳经纶

2019 年 3 月 27 日

于中山大学康乐园